Crimes Tributários
ASPECTOS CRIMINAIS E PROCESSUAIS

L896c   Lovatto, Alecio Adão
           Crimes tributários: aspectos criminais e processuais / Alecio Adão Lovatto. 3. ed. rev. e ampl. – Porto Alegre: Livraria do Advogado Editora, 2008.
           243 p.; 23 cm
           ISBN 978-85-7348-575-2

           1. Sonegação fiscal. 2. Direito penal tributário. I. Título.

                              CDU – 336.2.04

           Índices para o catálogo sistemático
           Direito penal tributário
           Sonegação fiscal

           (Bibliotecária responsável: Marta Roberto, CRB-10/652)

Alecio Adão Lovatto

Crimes Tributários
ASPECTOS CRIMINAIS E PROCESSUAIS

Terceira edição
revista e ampliada

livraria
DO ADVOGADO
editora

Porto Alegre, 2008

© Alecio Adão Lovatto, 2008

Revisão
Rosane Marques Borba

Capa, projeto gráfico e diagramação
Livraria do Advogado Editora

Direitos desta edição reservados por
Livraria do Advogado Ltda.
Rua Riachuelo, 1338
90010-273 Porto Alegre RS
Fone/fax: (51) 32253311
E-mail: info@doadvogado.com.br
Internet: www.doadvogado.com.br

Impresso no Brasil / Printed in Brazil

Para Elaine,

Aline, Márcio e Lorenzo,

Gisele, João Carlos e Henrique,

Daniel e Carolina,

pela família que me proporcionam.

Prefácio à 3ª edição

Algumas decisões jurisprudenciais fazem com que seja necessário rediscutir certos temas do Direito Penal Tributário. O STF e o STJ têm adotado uma postura inovadora em matéria penal tributária, criando a figura da condição objetiva de punibilidade, de forma a ensejar a inserção do assunto na nova edição.

Na verdade, como já se disse nas edições anteriores, há necessidade de uma reformulação ou, mais precisamente, de uma especificação legislativa de determinados assuntos. Entre eles, destaca-se a questão do parcelamento. A Lei nº 10684/03 foi mal formulada, ao não especificar, em seu artigo 9, o momento em que o parcelamento deva ser feito para suspender a ação penal. Esse lapso fez com que a reparação parcial do dano, na jurisprudência, tivesse benefício maior do que a reparação integral do dano. Diante disso, os tribunais passaram a considerar revogada a Lei nº 9.249/95 e aplicando o mesmo princípio de que o pagamento integral do tributo devido, a qualquer momento, extingue a punibilidade. Critica-se tal posição, embora seja respeitada, porquanto há norma expressa (art. 34 da Lei nº 9.249/95). Se no Brasil e em outros países o benefício é concedido somente se a reparação integral do dano fosse efetuada antes do recebimento da denúncia, é lógico que a reparação parcial (parcelamento), embora não especificasse o momento de sua ocorrência, não poderia ser mais ampla. No fundo, é o velho problema da punibilidade dos crimes de colarinho branco.

Porto Alegre, junho de 2008.

O Autor

Prefácio à 2ª edição

Com satisfação, passamos aos estudiosos dos crimes tributários a segunda edição, revista e ampliada. A promulgação de novas leis desatualizou algumas referências legislativas, como a Lei nº 9.964/2000, referente ao Refis, cujo artigo 15 edita norma de cunho penal material e processual; a Lei nº 9.983/2000, revogando as normas penais da Lei nº 8.212/91 e inserindo os artigos 168-A e 337-A (Crimes Previdenciários) no Código Penal, bem como a Lei Complementar nº 105/2001, que trata do sigilo bancário.

Quando da primeira edição do livro, fazíamos referência à necessidade de reforma legislativa. Tal referência ainda se impõe, porquanto a Lei nº 9.964, art. 15, tem várias correntes de interpretação, fazendo com que autores de delitos da mesma espécie tenham julgamentos diversos, dependentes da sorte de cair numa ou noutra turma recursal. Quando isso ocorre, a matéria passa a ser preocupante. Mais ainda, porquanto a norma penal inserida na Lei do Refis é para fatos passados, deixou-se de corrigir, *ad futurum*, a questão relativa aos reflexos penais do parcelamento dos débitos fiscais.

Após a impressão da primeira edição, saiu a reforma penal tributária italiana, impondo-se, agora, algumas referências a ela. Quando ela surgiu, algumas referências à *abolitio criminis* preconizada pela reforma italiana ensejaram dúvidas de tal alcance. Depois, em concreto, verificou-se que aquilo que a reforma italiana aboliu como crime, para a legislação brasileira, nem era crime. A reforma italiana, entretanto, não chegou a prever a punição direta da empresa como ocorreu em Portugal.

Acrescenta-se, por sugestão de um amigo leigo em Direito, um anexo com a legislação mencionada no trabalho, possibilitando uma conferência rápida e objetiva.

A ordem tributária é da estrutura constitucional, como as demais ordens nela previstas. Tem cunho eminentemente social, donde a relevância estrutural-social de sua proteção, inclusive penal, quando o agente pratica fatos já considerados criminosos para o próprio Direito Penal comum. Se a ordem tributária não for respeitada, se nela se estabelecer a falsidade, quebra-se a estrutura constitucionalmente estabelecida e, em conseqüência, não terá o Executivo recursos para resgatar as condições humanas para todos os cidadãos. O tributo, hoje em dia, tem um fim eminentemente social. Impõe-se, pois, protegê-lo, desde a sua constituição até a aplicação do valor arrecadado pela administração pública.

Esperamos que esta obra possa contribuir nesse sentido.

Porto Alegre, novembro de 2002.

O Autor

Sumário

Introdução 15
1. A lei penal tributária no tempo 19
    1.1. Conflito de leis no tempo 19
    1.2. O conflito de leis e crime continuado 21
    1.3. A Lei do REFIS – Lei nº 9.964/00 23
    1.4. A Lei nº 10.684/03 26
2. Conflito aparente de normas 28
    2.1. Princípio da especialidade 28
    2.2. Tributação oriunda de conduta ilícita 30
3. A lei penal no espaço 33
4. A lei tributária e a lei penal tributária 35
5. As teorias da natureza do ilícito tributário 36
    5.1. Teoria penalista 36
    5.2. A teoria administrativista 37
    5.3. Teoria tributarista 38
    5.4. Situação específica da legislação brasileira 38
6. Concurso de pessoas 40
    6.1. Teorias 40
    6.2. Autoria, co-autoria, autoria mediata e sonegação fiscal ... 42
    6.3. Autoria colateral 46
    6.4. Participação 47
    6.5. O contador 48
    6.6. O empregado testa-de-ferro 49
    6.7. Artigo 11 da Lei nº 8.137/90 50
    6.8. Responsabilidade da pessoa jurídica 50
    6.9. A pessoa jurídica e a pessoa física 55
    6.10. Das divergências com o Direito Tributário 57
    6.11. Da modernidade e Mercosul 57
7. A materialidade 59
    7.1. Auto de exame do corpo de delito 60
    7.2. A materialidade anexada aos autos 61
        7.2.1. Nota fiscal "calçada" 61
        7.2.2. Nota fiscal paralela 63
        7.2.3. Nota fiscal de firma inexistente 64
        7.2.4. Crédito inexistente 64
    7.3. Outros aspectos da materialidade 67

8. Da culpabilidade. 71
  8.1. Consciência da ilicitude 71
  8.2. Erro 73
  8.3. Erro de tipo e erro de proibição 74
  8.4. Das descriminantes putativas 77
  8.5. Coação irresistível 77

9. Tipicidade 79
  9.1. Questões gerais 79
  9.2. Dos crimes definidos no artigo 1º 82
    9.2.1. O dolo 82
    9.2.2. Natureza dos crimes 84
  9.3. O bem jurídico protegido 88
  9.4. Figuras típicas do art. 1º 97
    9.4.1. Elementares genéricas obrigatórias em cada conduta 97
    9.4.2. As modalidades específicas de condutas 100
      9.4.2.1. Omissão de informação ou declaração falsa 100
      9.4.2.2. Fraude pela inserção de elementos inexatos ou pela omissão de operação 103
        9.4.2.2.1. Fraude por ação 104
        9.4.2.2.2. A omissão do registro de operações 107
      9.4.2.3. A falsidade material 110
      9.4.2.4. O engenho dos meios falsos e seu uso 112
      9.4.2.5. Recusa ou omissão de fornecimento de documento 114
      9.4.2.6. Obstáculo à ação fiscal 117
    9.4.3. Os delitos do artigo 2º 119
      9.4.3.1. Da natureza dos crimes do artigo 2º 120
      9.4.3.2. Quanto ao bem jurídico protegido no artigo 2º 121
      9.4.3.3. Modalidades de condutas 121
        9.4.3.3.1. Das rendas, bens ou fatos 121
        9.4.3.3.2. Não-recolhimento do tributo 124
        9.4.3.3.3. Incentivos fiscais 129
        9.4.3.3.4. Incentivo fiscal 130
        9.4.3.3.5. Programa de processamento de dados 130
    9.4.4. Os delitos praticados por funcionários públicos 131
      9.4.4.1. Extravio, sonegação ou inutilização de documento 133
      9.4.4.2. Concussão e corrupção passiva 136
      9.4.4.3. Da advocacia administrativa perante a Fazenda Pública 138

10. Concurso de crimes 140
  10.1. Do crime continuado 140
  10.2. Concurso material 141
  10.3. Concurso formal 141
  10.4. Crime anterior e tributos 142

11. Consumação e tentativa 143

12. Das penas e suas circunstâncias 146
  12.1. Da pena privativa de liberdade 146
  12.2. Das causas de aumento ou de diminuição da pena 149
  12.3. Das minorantes 150
  12.4. Das circunstâncias agravantes 150
  12.5. Das circunstâncias atenuantes 151
  12.6. Das penas alternativas 151

13. Da elisão e da evasão 154
   13.1. Da fraude 154
   13.2. Da simulação 155
   13.3. Do conluio 156
   13.4. Da elisão 156
   13.5. Da evasão 158
   13.6. Elisão – evasão 159

14. Extinção da punibilidade 162
   14.1. Das causas gerais 162
      14.1.1. Morte do agente 162
      14.1.2. Anistia 163
      14.1.3. O indulto e graça 165
      14.1.4. *Abolitio criminis* 165
      14.1.5. A prescrição, a decadência ou a perempção 165
      14.1.6. O inciso V 165
      14.1.7 A retratação do agente 166
      14.1.8. Os demais incisos, VII, VIII e IX 166
   14.2. Das causas especiais 166
      14.2.1. Antes da Lei n° 10.684/03 166
      14.2.2. A Lei n° 10.684/03 e os Tribunais Superiores 169
      14.2.3. Divergência 171
         14.2.3.1. Novo regime jurídico-penal do parcelamento 171
         14.2.3.2. Requisito penal do parcelamento 172
   14.3. Das causas extintivas no Direito Tributário 173
   14.4. Do reflexo das causas extintivas do crédito na esfera penal 175

15. Prisão preventiva 183
   15.1. Considerações gerais 183
   15.2. As hipóteses de prisão preventiva 184
      15.2.1. Garantia da ordem pública 184
      15.2.2. Conveniência da instrução criminal 185
      15.2.3. Assegurar a aplicação da lei 185
   15.3. *Habeas corpus* 186

16. Procedibilidade e condição objetiva de punibilidade 187
   16.1. Procedibilidade 187
   16.2. Condição objetiva de punibilidade 198
      16.2.1. Jurisprudência do STF 198
      16.2.2. Doutrina 199
      16.2.3. Divergência 201

17. Medidas cautelares 206

18. Sigilo bancário. Garantia constitucional 211

19. Competência 216

Anexos – legislação 219

Bibliografia 237

Índice analítico 241

Introdução

Em junho de 1989, a convite do Procurador-Geral de Justiça, por indicação do Corregedor-Geral, participamos de uma reunião com a Secretaria da Fazenda do Estado do Rio Grande do Sul. Foram apresentadas três notas fiscais de créditos "frias", as quais correspondiam a um valor superior a um milhão de dólares. Havia preocupação dos fiscais de tributos estaduais, parecendo-lhes uma ponta do *iceberg*. E era. A busca e apreensão de documentos, obtida por meio de ordem judicial, no dia seguinte, no apartamento do principal suspeito, adquirente de empresas pré-falidas para venda de notas fiscais, com apreensão de planilhas do esquema de como deveriam ser emitidas e quitadas as duplicatas, nas quais se explicitava a percentagem de pagamento do valor do crédito, foi início de um trabalho de combate à sonegação, fazendo com que cessasse, por parte daquele agente, uma atividade criminosa, cujo valor sonegado com diversas empresas ultrapassava a importância de 100 milhões de dólares.

Durante vários anos, observamos que a grande dificuldade da área jurídica era a compreensão do fato. Promotores, juízes, advogados e fiscais não estavam habituados a lidar com o aspecto criminal da sonegação fiscal. A errônea compreensão do fato tanto podia induzir, e induzia, a uma absolvição, como a uma condenação injusta. Havia, inclusive, resistência à aplicação da então vigente Lei nº 4.729/65, por entenderem os resistentes ser ela muito benévola com a falsidade na área dos tributos, motivo por que denunciavam pelo crime-meio.

Na verdade, a cultura da veracidade, na área tributária, inexistia. O próprio legislador foi benevolente. Basta verificar que a falsidade material ou ideológica era o crime-meio para a sonegação fiscal. E esta conduta-meio era prevista no Código Penal, quer como falsificação de documento público ou particular, uso de documento falso, estelionato, etc., e tinha pena de reclusão de 1 ano no mínimo. Entretanto, a lei especial de combate à sonegação reduziu a pena mínima para 6 meses de detenção, criando um privilégio. Não bastasse tal privilégio, criou ela dois outros. O segundo foi a extinção da punibilidade, caso descoberto o fato delituoso, se o agente tivesse efetuado o pagamento do tributo antes de iniciada a ação fiscal, logo modificada para antes do recebimento da denúncia. E o terceiro previa que, se denunciado e condenado, o agente não tivesse usado de tal privilégio, a pena privativa de liberdade seria convertida em multa, caso ele fosse primário. E, não bastassem tais privilégios, os promotores e juízes criaram um quarto privilégio consistente em denunciar pelo crime-meio, e, em face da pena a este prevista, era designada audiência com maior elasticidade temporal, com o que, quando da sentença, havia que ser aplicada a lei especial, perante ao princípio da especialidade, do que, geralmente, resultava prescrito o delito.

A Lei nº 8.137/90, apesar de seus problemas de redação, teve o mérito de resgatar a pena em relação às condutas cujo crime-meio fosse falsidade material ou ideológica.

A presente obra objetiva tornar mais compreensível o Direito Penal Tributário, priorizando algumas distinções fundamentais como sonegação e inadimplência, sob pena de se transformar o Direito Penal num mero cobrador de tributos ou instrumento de coação para o inadimplente colocar-se em dia perante o fisco. Busca discernir a responsabilidade tributária da penal tributária, o bem jurídico protegido pela nova Lei nº 8.137/90 no artigo 1º, bem como os bens jurídicos protegidos no artigo 2º, realçando-se o real enfoque da reprovabilidade da conduta feita pela ingerência do Direito Penal na ordem tributária.

Igualmente, necessário se faz abordar aspectos processuais junto com aspectos materiais. Dessa forma, analisam-se questões de conflito de leis no tempo, no espaço, concurso de pessoas, tipicidade, aplicação da pena, causas de extinção da punibilidade, etc., junto com a materialidade, a procedibilidade e outras questões processuais relevantes na área dos crimes contra a ordem tributária.

Trata-se, na verdade, de uma área do Direito que aborda uma das espécies de crimes do colarinho branco. Os agentes, na maioria dos delitos, são pessoas bem situadas socialmente, com poder econômico e/ou político, cuja atividade é essencial à sociedade. Sua conduta, contudo, é delituosa quando pratica falsidade material ou ideológica, quando se apropria de dinheiro público, etc., o que tem feito o administrador, diante da opção pelas soluções simplistas, elevar a carga tributária, punindo e onerando economicamente os empresários honestos.

Se os tributos existem como essenciais à sobrevivência do Estado, especialmente para minorar o desequilíbrio social, fundamental para que se invista na educação, na saúde, no transporte, etc., torna-se evidente a necessidade de o poder público zelar para que não haja sonegação fiscal e inadimplência. Mas esse aspecto só tem subsistência na medida em que o tributo seja aplicado para o bem comum. Noutras palavras, arrecada-se para a sociedade e aplica-se em prol da sociedade. Inexiste razão alguma para se arrecadar tributo, e ser ele malversado. Daí ser fundamental o zelo pela veracidade na área tributária, mas, também, é da maior relevância o cuidado pela aplicação do dinheiro público, fazendo-se uso de todas as medidas necessárias para que não haja improbidade administrativa, malversação do dinheiro público, corrupção ativa e passiva, etc. Sem essa macrovisão, com o zelo necessário à sua observância, pode o Direito Penal transformar-se em instrumento de arrecadação de tributo ou instrumento de jogo político-partidário. Não é isto que a sociedade deseja, nem para semelhante desvirtuamento existem as normas penais. Se de um lado da moeda deve haver combate à sonegação, do outro é essencial a probidade administrativa, sob pena de desmoralização das autoridades constituídas.

Por fim, convém ressaltar a necessidade de que o legislador esteja atento na fixação dos tipos penais e das penas. Recentemente, encaminhou-se projeto de lei pretendendo introduzir o terror (pena de 2 a 15 anos) para aquele que não arrecada a contribuição previdenciária. A lei penal não se presta para isso. Nestes casos, há que se ter em conta o valor do bem jurídico protegido, numa escala que tem como centro o homem, o cidadão. Necessário é evitar semelhantes discrepâncias legislativas, sob pena de desmoralizar o esforço para manter o equilíbrio do binômio: tributação e bem comum.

Igualmente, impõe-se, na área tributária, uma atitude de observância do princípio constitucional de que todos são iguais perante a lei. O combate parcelado, a tributação excessiva de uns e benevolente de outros criam mecanismos psicológicos desfavoráveis à observância do bem jurídico protegido. Não se pode ouvir o que recentemente circulou como notícia relativa às CC-5, cujo levantamento feito pela Receita Federal demonstrou que "as 70 pessoas que não pagam IR enviaram R$ 3,223 bilhões ao exterior via CC-5",[1] sendo que muitos deles nem declaravam IR; outros eram, perante a Receita, considerados isentos. Nem isso, nem o fato de que os bancos pagam menos de 5% sobre os lucros, tornam, na esfera jurídica, um ambiente sadio para a aplicação da lei para todos.

Mas, felizmente, nossa legislação não se socorre do Direito Penal objetivando a arrecadação em si mesma. A legislação penal imbrica na esfera tributária, punindo condutas que, na atividade comum do ho-

---

[1] *In Folha de São Paulo* de 7 de junho de 1999, secção Brasil, p. 6.

mem, são definidas como crime. Esse, além do resgate da pena mínima do crime-meio, é o grande mérito da Lei nº 8.137/90.

As imperfeições podem ser corrigidas por uma reforma legislativa. Será oportuna desde que se mantenha fiel ao enfoque ora vigente: na área tributária só se penalizam condutas que merecem reprovabilidade geral, condutas que, em geral, são consideradas crimes no Direito Penal, mantendo-se hígida a distinção entre sonegação (crime contra a ordem tributária) e inadimplência. Para combater a criminalidade na área tributária, o Direito Penal Tributário; para combater a inadimplência, a lei já estabelece, na esfera cível, instrumentos jurídicos que podem e devem ser usados com eficiência, não transformando a ineficiência administrativa em motivo de penalização generalizada.

1. A lei penal tributária no tempo

1.1. CONFLITO DE LEIS NO TEMPO

Embora simples a questão, ressalta, em importância, o estudo da lei penal no tempo, quanto aos crimes contra a ordem tributária, pelas contínuas alterações que o legislador tem feito, quer em relação à tipicidade, quer em relação às causas de extinção da punibilidade.

A regra geral é de que se aplica a lei do tempo do fato (*tempus regit actum*). Assim, se um fato foi praticado durante a vigência da Lei nº 4.729/65, por ela deve ser processado o autor do delito, porquanto a Lei nº 8.137/90, posterior, por ser mais severa, não retroage. Dá-se, em semelhante situação, a chamada ultra-atividade da lei mais benéfica. O mesmo ocorre em relação aos crimes tipificados na Lei nº 8.212, crimes previdenciários, os quais, por ela, lei posterior à dos crimes contra a ordem tributária, são apenados mais severamente. Aplica-se, pois, a lei do tempo do ato. E o ato, na área da tributação, em linhas gerais, é o fato gerador do tributo. Diz-se em linhas gerais, porquanto, se houver falsidade, por omissão, quanto aos tributos ICMS ou IPI, no registro de venda de mercadoria, ocorreu, na oportunidade o fato gerador, sendo que os lançamentos posteriores se restringem a lançar nos livros fiscais, *v.g.*, livro de registro de saída de mercadoria, aquilo que fora registrado nas notas fiscais. Contudo, se a omissão for de recibo de prestação de serviço de um profissional liberal, em relação ao imposto de renda, há que se ter em mente que o tributo deve ser declarado no ano seguinte, sendo que o não-fornecimento de nota fiscal ou do documento equivalente, pura e simplesmente, não significa que o profissional não declare aquilo que recebeu durante o exercício do ano anterior. Conseqüentemente, o tempo do ato é o momento em que se consuma o delito ou, se for o caso, em que se realiza a tentativa.

O princípio do *tempus regit actum* fica, contudo, rompido quando a lei posterior é mais favorável. E ela será mais favorável quando houver *abolitio criminis* ou *novatio legis in mellius*. Assim, se a lei posterior não mais considerar crime determinada conduta, como, por hipótese, a verificada no inciso II do artigo 2º da Lei nº 8.137, aplica-se a nova lei, porquanto *ninguém pode ser punido por fato que lei posterior deixa de considerar crime* (art. 2º do CP). Se a lei posterior beneficiar o agente, quer por diminuir a pena, quer por favorecer o réu de outra forma, por ser regra mais benéfica, deve a nova lei ser aplicada. Assim, *v.g.*, a Lei nº 9.249, ao restabelecer, como causa extintiva de punibilidade, o pagamento do tributo, beneficiou o agente e, embora no tempo do fato vigorasse o art. 83 da Lei nº 8.383/91, a nova lei retroage, porquanto houve *novatio legis in mellius*.

Se muitas vezes a lei posterior é mais benéfica, em outras tantas ou mais vezes, a lei posterior é incriminadora ou há *novatio legis in pejus*. Na primeira hipótese, *novatio legis incriminadora*, a lei posterior passa a considerar crime determinada conduta, não podendo retroagir para alcançar fatos anteriores. Se ao tempo do fato não era ele considerado crime, a lei posterior, incriminadora da conduta, não pode retroagir. Na segunda hipótese, quando a lei posterior for mais severa, vige o princípio de que "a lei penal não retroagirá, salvo para beneficiar o réu" (CF, art. 5º, inc. XL). E, como a lei anterior, do tempo do fato, foi revogada pela lei mais severa, aquela, mais benéfica, passa a ser ultra-ativa, ou seja, mesmo revogada, produz ela efeitos *ad futurum*, devendo ser aplicada a todos os fatos praticados antes da vigência da lei mais severa. Assim, a Lei nº 4.729/65 é ultra-ativa em relação à Lei nº 8.137/90, por ser esta mais severa, para os fatos praticados até a vigência desta. Igualmente, a Lei nº 8.137/90, em relação aos crimes de não-recolhimento da contribuição previdenciária ocorridos antes da vigência da Lei nº 8.212/91 e da Lei nº 9.983/00, que inseriu o artigo 168-A, no Código Penal, é ultra-ativa, porquanto estas últimas leis são bem mais severas. Entretanto, em relação aos crimes previdenciários de não-recolhimento da contribuição social correspondente, ocorridos na vigência da Lei nº 8.212/91, o artigo 168-A, do Código Penal retroage por ter como pena máxima pena menor da prevista na lei revogada.

Da mesma forma, aplica-se o Código Penal nos casos de concussão, corrupção passiva, extravio de livros (relacionados com a tributação) e advocacia administrativa perante a Fazenda Pública, aos fatos praticados antes da vigência do art. 3º da Lei nº 8.137/90, porquanto esta é mais severa, não podendo retroagir em relação aos fatos ocorridos antes de sua vigência.

1.2. O CONFLITO DE LEIS E CRIME CONTINUADO

Abordando a questão, anteriormente já consignamos que, com muita acuidade, sobre a matéria, discorreu o Prof. Manoel Pedro Pimentel, ao prelecionar:

> "*Lex gravior*. A doutrina hesita nesta questão da aplicação da lei nova mais severa, se uma parte dos crimes em continuação foi praticada sob seu império. O deslinde da dúvida deve obedecer às normas de interpretação, sem se perder de vista as regras atinentes à matéria do crime continuado.
> Em se tratando de concurso de lei, ou do conflito intertemporal, é sabido que não é admissível o hibridismo decorrente de se aplicar, ao mesmo tempo, duas ou mais leis. Este primeiro princípio limita o campo do debate, pois assenta que uma só das leis terá aplicação.
> Se a lei posterior é menos favorável, e alcança uma parte da série dos crimes em continuação, enquanto que a outra parte fora cometida na vigência da lei mais benigna, qual das duas se aplica?
> Claro é que a lei mais recente, se ela for mais severa, não se aplicará aos fatos praticados antes de sua vigência, vedada que é sua retroatividade. Na hipótese do crime continuado, porém, fica aberta uma exceção ao princípio, se pelo menos um dos crimes tiver sido praticado sob a sua vigência, vedada que é sua retroatividade. Dá-se, aqui, uma solidificação das infrações, e a definição menos favorável contida na lei nova terá aplicação a todas elas, através da unidade de pena.
> Esta é a opinião de César Hernandez: 'Lei mais severa. Como é lógico, não tem efeito retroativo e, portanto, não poderá ter aplicação para o delito continuado esgotado antes da sua entrada em vigor; porém, quando parte das ações em continuação tenham sido realizadas antes da entrada em vigor da nova lei mais severa e parte depois, entendemos que há de ser aplicada esta.'
> Pillitu entende que, se o crime continuado foi praticado em parte sob o império de uma lei, e em parte sob o de outra, a aplicação da última lei deve ser sempre feita, ainda que mais grave, porque foi sob ela que o crime continuado se exauriu".[2]

No mesmo sentido são as lições de Nelson Hungria (*Comentários ao Código Penal*, I/136) e a de Álvaro Mayrink da Costa (*Direito Penal*, I/194).

---
[2] *Do Crime Continuado – Aplicações práticas*. São Paulo: RT, p. 186/187.

Na jurisprudência de alguns Estados, tem havido dificuldade de aplicação da lei quando os fatos imputados ao denunciado, praticados na vigência de duas ou mais leis, constituem crime continuado. Na verdade, a dificuldade existe em razão de uma leitura parcial do texto legal (art. 71 do CP), ou seja, lia-se ou lê-se até a parte do texto que considera um só fato ou especificamente: *devem os subseqüentes ser havidos como continuação do primeiro*, com o que aplicavam a pena-base, *v.g.*, da Lei nº 4.729, com o aumento da continuidade delitiva. Ocorre que o texto legal é expresso: "... aplica-se-lhe a pena de um só dos crimes, se idênticas, ou a mais grave, se diversas, aumentada, em qualquer caso de um sexto a dois terços". Não pode o aplicador do Direito cindir a norma que, por meio do instituto do crime continuado, beneficia o agente, para pretender somente aplicar a parte favorável, olvidando o restante da norma que, junto com o conceito de continuidade do primeiro crime, determina a aplicação da pena mais severa exatamente porque o agente praticou fato(s) na vigência da nova lei.

Deve-se fazer uma distinção fundamental: a lei posterior é mais severa ou mais benéfica? Se for mais benéfica, a dúvida na aplicação de qual das leis deva ser aplicada fica superada pelo princípio constitucional da retroatividade da lei mais benéfica: a lei posterior entendeu que o fato deve ser punido mais benignamente; logo, aplica-se retroativamente. Se a lei posterior é mais severa, deverá ela ser aplicada porquanto o agente, mesmo advertido de que seria punido mais severamente, continuou a delinqüir. Pergunta-se: não haveria, então, retroatividade da lei mais severa? É evidente que não. Mesmo que o agente tenha praticado um só fato na vigência da lei mais severa, a aplicação do artigo 71 do CP não irá agravar a situação do agente, desde que sejam ponderadas as circunstâncias todas: quantos crimes foram praticados na lei mais severa? Quantos na lei mais branda? Qual, conseqüentemente, seria a pena-base para que o agente não tenha sua situação mais agravada do que se fosse considerado concurso material de crimes? Noutras palavras, trata-se de aplicar, normalmente, a pena. Só numa aplicação absurda haveria uma situação mais desfavorável do que se aplicasse a lei nova para os crimes da lei nova e a lei velha para os crimes da lei velha em concurso material.

Logo, se o sujeito passivo da obrigação tributária praticou operações, umas na vigência da Lei nº 4.729/65 (lei mais benigna) e outras (ou uma só) na vigência da Lei nº 8.137/90, ou, então, se praticou omissões no recolhimento do INSS que fora descontado do empregado na vigência da Lei nº 8.137/90 e outra (ou outras) na vigência da Lei nº 8.212/91, aplica-se a Lei nº 8.137, no primeiro caso, e o Código Penal, artigo 168-A, conforme redação dada pela Lei nº 9.983/00, no segundo, com o aumento correspondente à continuidade delitiva. Noutras palavras, aplica-se sempre a última lei: ou porque ela é mais benéfica e retroage, ou porque o agente havia sido advertido de que se continuasse a delinqüir iria ser punido mais severamente e assim mesmo continuou a delinqüir, praticando fatos na vidência da nova lei mais severa, com o que, por ela, há que se calcular a pena-base, acrescida do percentual correspondente à continuidade delitiva.

O STF pacificou a questão ao editar a Súmula 711: A Lei Penal mais grave aplica-se ao crime continuado ou ao crime permanente, se a sua vigência é anterior à cessação da continuidade ou da permanência. Entenda-se, *data venia*, desde que a lei mais grave tenha sido a última lei vigente. Do contrário, estar-se-ia a revogar o princípio da retroatividade da lei mais benéfica.

1.3. A LEI DO REFIS – LEI Nº 9.964/00

Merece uma análise mais aprofundada o conflito da Lei nº 9.964/00, por seu artigo 15, com as normas até então vigentes, em especial o artigo 34 da Lei nº 9.249/95. A Lei do Refis, de 10 de abril de 2000, instituidora do Programa de Recuperação Fiscal, objetiva regularizar os créditos da União, decorrentes de débitos das pessoas jurídicas, relativos a tributos e contribuições administrados pela RF e pelo INSS, com vencimento até 29.12.00.

Simultaneamente, estabelece a possibilidade de parcelamento dos débitos antes mencionados, em 60 parcelas, observando as demais regras aplicáveis àquele programa. O parcelamento também se aplica aos débitos não-tributários inscritos em dívida ativa com vencimento até 29 de fevereiro de 2000.

Inserida nas normas tributárias do refinanciamento fiscal, pelo qual o agente pode efetuar o pagamento do débito tributário consolidado em 1º de março de 2000, em parcelas mensais correspondentes a um percentual da receita bruta do mês anterior, entre 0,3% a 1,5%, encontra-se uma regra de direito material penal. Havendo crime, desde que tenha ingressado no programa antes da denúncia, estabelece o artigo 15 o seguinte:

a) suspensão da pretensão punitiva do Estado em relação aos crimes contra a ordem tributária dos artigos 1º e 2º da Lei nº 8.137/90 e 95 da Lei nº 8.212/91 durante o tempo em que a pessoa jurídica – empresa relacionada com o agente do crime – estiver no programa, desde que a inclusão tenha ocorrido antes da denúncia.

b) a prescrição criminal não corre durante o período de suspensão;

c) a regra aplica-se, também, aos programas instituídos pelos Estados, DF e Municípios;

d) igualmente, aplica-se aos parcelamentos instituídos nos termos dos arts. 12 e 13;

e) extinção da punibilidade pela implementação do pagamento quer do Refis quer dos parcelamentos – se antes da denúncia.

Diante disso, como a lei estabeleceu norma de cunho material penal relativa à extinção da punibilidade, pergunta-se se ela é norma mais benéfica da existente ou se ela é mais severa.

Toda a origem do problema reside na seguinte questão de fundo: o parcelamento extingue ou não a punibilidade? Nossa posição, como adiante no capítulo próprio se analisa, é no sentido de que o parcelamento, em face dos termos da Lei n° 9.249/95, extingue a punibilidade. Contudo, a matéria não é pacífica. Três correntes básicas existem:

a) a primeira, encabeçada pela maioria do STJ, por parte do TRF da 4ª Região e outros, bem como pela maioria da doutrina, entende que o parcelamento é causa extintiva da punibilidade, sustentando que o verbo do artigo 34 da Lei n° 9.249/95 fala em *promover*, no que estaria inclusa a conduta de quem efetua o pagamento da primeira parcela, ficando as demais a vencerem no futuro, mês a mês.

b) a segunda, encabeçada pelo egrégio Supremo Tribunal Federal e pela 5ª Turma do STJ, com fundamento no argumento de autoridade, entende que o parcelamento não extingue a punibilidade. Esta se efetivaria somente com o pagamento integral do débito antes do recebimento da denúncia.

c) a terceira, por parte do TRF da 4ª Região, faz uma distinção: se o ingresso no Refis ocorreu pela forma de parcelamento em prestações fixas (até 60 vezes), aplica-se o artigo 34 da Lei n° 9.249/95; se o ingresso ocorreu pela forma criada pela Lei 9.964, ou seja, com o pagamento em percentagem do faturamento, entendem que há de ser aplicado o artigo 15.

Assim, para o STF e para a 5ª Turma do STJ, como entende que o parcelamento não extingue a punibilidade, a Lei do Refis, ao possibilitar o parcelamento, criou uma causa suspensiva da pretensão punitiva do Estado e uma causa que impede o transcurso do prazo prescricional, determinando somente a extinção da punibilidade ao término do pagamento do débito. Se, pois, suspende a pretensão punitiva, inegavelmente é uma lei mais benigna. Não fosse ela, mesmo que o agente tivesse parcelado o débito, deveria ele responder à ação penal. Portanto, para esta corrente, a Lei do Refis retroage como toda lei *mitior*.

Para a corrente que entende que o parcelamento extingue a punibilidade, conforme a Lei n° 9.249/95 vigente quando da prática dos fatos abrangidos pelo Refis, a nova lei é mais severa e, conseqüentemente, não pode retroagir. A lei existente quando da prática dos fatos (Lei 9.249/95) é mais benigna do que a do Refis, porquanto, conforme interpretação do STJ, o parcelamento é causa extintiva da punibilidade. Dessa forma, a norma contida no artigo 15 da Lei n° 9.964/00 não pode retroagir, por ser mais severa. Ainda, a Lei n° 9.964/00, além de ser mais severa, restringe sua aplicação aos créditos/débitos existentes até 29 de fevereiro de 2000. Isto ocorre tanto em relação ao Programa do Refis como em relação ao parcelamento em 60 meses, quer de débitos tributários, quer de débitos não-tributários (artigos 12 e 13). Contudo, a lei só passou a vigorar em 10 de abril de 2000, restringida sua aplicabilidade aos débitos anteriores a 1° de abril de 2000. Deflui, portanto, que é inaplicável o artigo 15 aos crimes contra a ordem tributária porque abrange somente situações anteriores à sua vigência e, por ser mais severa do que a lei existente quando da prática dos fatos, não é aplicável retroativamente.

Para a terceira corrente, que distingue a situação fática do agente em razão da adoção das opções oferecidas pelo Refis, se o agente ingressou no Refis, parcelando o débito em 60 meses, sua situação fática é enquadrável na Lei n° 9.249/95, porquanto, para a sua situação, antes da nova lei, era aplicável a extinção da punibilidade pela razão de que o agente, parcelando o débito, estava promovendo o pagamento do tributo devido. Entretanto, se o agente ingressou no Refis, adotando uma percentagem de seu faturamento bruto como forma de pagamento do débito, tal forma de agir não estava prevista anteriormente e, em conseqüência, há que se aplicar, *in totum* a nova lei: não só na parte que concedeu o benefício de pagar a dívida com 0,3% a 1,5% do faturamento, como na parte que suspende a pretensão punitiva, interrompe a prescrição e só considera como extinta a punibilidade com o pagamento da última prestação.

Nossa posição é no sentido de que a Lei n° 9.964/00 é mais severa do que a norma contida no artigo 34 da Lei n° 9.249/95. Refere-se a fatos passados quando vigente norma mais benéfica porque não era necessário esperar o pagamento da última prestação do parcelamento para extinguir a punibilidade, mas, efetuado o parcelamento, com o pagamento da primeira prestação, entendia-se que o agente estava promovendo o pagamento do tributo, e, conseqüentemente, tinha direito a ver extinta a sua punibilidade. Tanto isso é verdade que o próprio Executivo, ao justificar o veto ao inciso I do § 2° do artigo 337-A da Lei n° 9.983/00 (I – *tenha promovido, após o início da ação fiscal e antes de ofere-*

cida a denúncia, o pagamento da contribuição social previdenciária, mesmo que parcelada, inclusive acessórios) observa: "O inciso I do § 2° do artigo 337-A do projeto acima citado permite interpretação no sentido de que mero parcelamento possui, para fins tributários e penais, o mesmo efeito de pagamento *in totum* de débitos para com a Fazenda Pública, não deixando claro se o referido parcelamento deve ou não estar cumprido antes do recebimento da denúncia".

Embora a boa intenção do artigo 15 da Lei n° 9.964/00 fosse evitar que o contribuinte, autor de delito, fizesse o parcelamento e, após extinta a punibilidade, deixasse de efetuar o pagamento das demais prestações do débito, a lei deixou de sanar, de uma vez por todas, a questão da extinção da punibilidade/parcelamento, ao não legislar *ad futurum*, mas somente para fatos passados (até 29 de fevereiro de 2000). Igualmente, não se pode distinguir qual a forma de parcelamento, porquanto quer pela sistemática das prestações fixas em número de até 60, quer pelo pagamento de percentagem do faturamento da empresa, de uma ou de outra forma, tem-se que o agente está promovendo o pagamento do tributo devido. E a Lei 9.249 fala em promover o pagamento, cuja concretização pode ocorrer de várias formas. Inegável que deveria haver uma forma de coibir a "fraude" na extinção da punibilidade, contudo não se deveria legislar casuisticamente em matéria penal. Mais, não nos parece adequado permitir que alguém, simplesmente porque parcelou o débito oriundo de práticas de falsidade, tenha extinta a sua punibilidade. Mas isto é um posicionamento ideológico, e para se evitar tal equívoco, deve a lei explicitar, não repetindo expressões, como a da 9.249/95, cujo conteúdo seja elástico ou impreciso. Enquanto não corrigido o texto, há que se aplicar o princípio constitucional de que a lei não pode retroagir senão para beneficiar o réu.

1.4. A LEI N° 10.684/03

Em 30 de maio de 2003, foi editada a Lei n° 10.684/03, que trata do parcelamento de débitos junto à Secretaria da Receita Federal, à Procuradoria-Geral da Fazenda Nacional e ao Instituto Nacional de Seguro Social. Parcela os débitos tributários, em até 180 meses. E, no artigo 9° insere norma material de Direito Penal, cujo texto, praticamente, repete o da Lei n° 9.964/00:

"Art. 9° É suspensa a pretensão punitiva do Estado, referente aos crimes previstos nos arts. 1° e 2° da Lei n° 8.137, de 27 de dezembro de 1990, e nos arts. 168-A e 337A do Decreto-Lei nº 2.848, de 7 de dezembro de 1940 – Código Penal, durante o período em que a pessoa jurídica relacionada com o agente dos aludidos crimes estiver incluída no regime de parcelamento.

§ 1º A prescrição criminal não corre durante o período de suspensão da pretensão punitiva.

§ 2º Extingue-se a punibilidade dos crimes referidos neste artigo quando a pessoa jurídica relacionada com o agente efetuar o pagamento integral dos débitos oriundos de tributos e contribuições sociais, inclusive acessórios."

A nova norma corrigiu o problema de legislar para o futuro, uma vez que não se restringe aos parcelamentos regulados pela Lei nº 10.684/03. Como havia antes dela parcelamento, como há parcelamento concedido por ela e como haverá parcelamento após ela, aplica-se o texto aos fatos futuros. Contudo, omitiu o momento em que deva ser efetuado o parcelamento, aspecto que será analisado quando do estudo das causas extintivas especiais da punibilidade.

Ao estabelecer novas regras para que ingressa no regime de parcelamento, surge o conflito de leis: a Lei nº 9.249/95 e a Lei nº 10.684/03 em relação aos fatos ocorridos antes da vigência da norma. Tais fatos submetiam-se às normas da Lei nº 9.249/95, segundo interpretação dada pelo STJ, uma vez que, ao parcelar e pagar a primeira prestação, o agente está *promovendo* o pagamento do tributo e, conseqüentemente, extingue-se a punibilidade. Na Lei 9.249/95, o texto é amplo, não cabendo uma interpretação restritiva. Por isso, os fatos ocorridos antes da Lei nº 10.684 não são regidos por ela, mas continuam a ser regulados pela Lei nº 9.249/95 em razão da ultra-atividade da lei mais benéfica para os fatos ocorridos durante sua vigência[3]. Para os posteriores, aplica-se a nova norma, uma vez que ela suspende a prescrição e só extingue a punibilidade ao ser paga a última prestação. A nova lei, sendo mais severa, não pode retroagir.

Contudo, a intepretação feita pelo STF, como no estudo da extinção da punibilidade, é mais benevolente. Remete-se, pois, para o capítulo da extinção da punibilidade a análise da questão.

---

[3] Esse entendimento não prospera se o julgador adotar o entendimento do STF, pelo qual, o parcelamento, na Lei nº 9.249/95, não extingue a punibilidade.

2. Conflito aparente de normas

2.1. PRINCÍPIO DA ESPECIALIDADE

Embora alguns autores mencionem que o conflito aparente de normas deva ser tratado dentro do estudo da tipicidade, parece mais adequado tratar da matéria nas normas gerais da aplicação da lei penal.

Na sonegação fiscal (Lei nº 4.729/65), nos Crimes contra a Ordem Tributária (Lei nº 8.137/90) e nos Crimes Previdenciários (Lei nº 9.983/00), têm-se muitos delitos cujo crime-meio é delito previsto no Código Penal como delito autônomo. Na vigência da Lei nº 4.729/65, muitos réus eram denunciados pelo Código Penal (falsidade, uso de documento falso, estelionato...), mas, ao final, o aplicador do Direito devia aplicar a norma especial. Inegavelmente, naqueles casos enquadráveis na Lei nº 4.729, bem como nos casos em que o fato se subsume no artigo 2º da Lei nº 8.137/90 e, igualmente no artigo 95, letra *d*, da Lei nº 8.212/91, hoje, artigo 168-A e artigo 168-A, do Código Penal, há que se observar o princípio da especialidade: *lex especialis derogat generali,* ou seja, há que se aplicar a norma especial, a qual prepondera sobre a geral, não importando se a pena da norma especial seja menor ou maior.[4]

No caso do artigo 3º da Lei nº 8.137/90, cujo conteúdo se encontra, com poucas diferenças, no Código Penal, no capítulo dos crimes praticados por funcionários públicos contra a administração em geral, em se tratando de crimes de concussão, corrupção passiva, advocacia

---

[4] Se, contudo, a falsidade for praticada para encobrir a sonegação fiscal, constitui ela crime autônomo, não ficando absorvida pelo de sonegação fiscal. Nesse sentido a decisão do STJ: "II – O delito constante do preceito primário do art. 299 do CP, somente é absorvido pelo crime de sonegação fiscal, se o falso teve como finalidade a sonegação, constituindo, em regra, meio necessário para a sua consumação. Na hipótese dos autos, o delito de falsidade ideológica deve ser tido como crime autônomo, posto que praticado não para que fosse consumada a sonegação fiscal, mas sim para assegurar a isenção de futura responsabilidade penal". (REsp 503.368)

administrativa e extravio de livro ou documentos, quando praticados contra a Fazenda Pública da União, do Estado ou do Município, há que se aplicar a norma especial para os casos ocorridos a partir da vigência da lei dos crimes contra a ordem tributária: sua especificidade afasta a incidência do Código Penal. Entretanto, para os fatos anteriores à nova lei, como a prática de advocacia administrativa perante a Fazenda Pública, uma vez que a nova lei pune mais severamente semelhante conduta, aplica-se o Código Penal, ocorrendo a ultra-atividade da lei mais benéfica.

Mas nem sempre a lei posterior é a que dá especificidade. Ocorre que a Lei n° 7.752/89, anterior à Lei 8.137/90, previa a conduta de sonegação fiscal resultante da *obtenção da redução do Imposto sobre a Renda, utilizando-se o agente fraudulentamente de qualquer dos benefícios concedidos ao desporto amador.* A Lei n° 7.752/89 permitia e permite a redução do Imposto de Renda a apoiadores financeiros do esporte amador. Ora, se houver fraude na obtenção da redução do imposto de renda, esta ação de reduzir o mencionado tributo, embora o fato possa ser perfeitamente enquadrável no artigo 1°, inciso I, da Lei n° 8.137/90, não se aplica, porque a Lei n° 8.137/90 é uma lei geral em relação aos tributos, enquanto a Lei n° 7.852/89 é uma lei especial, tratando de uma situação específica (sonegação de imposto de renda com base na lei de apoio ao esporte amador). E a lei geral não revoga a especial, motivo pelo qual continua a ser aplicada a norma do artigo 14 da Lei n° 7.752/89 a todos os casos em que se enquadrar, pelo princípio da especialidade.

Segue a mesma solução o descaminho. Trata-se de norma prevista no artigo 334 do Código Penal, cuja especificidade (iludir, no todo ou em parte, o pagamento do imposto de importação ou exportação) não foi afastada pela Lei n° 8.137/90.

De forma semelhante, se o agente reduz o imposto de renda utilizando-se fraudulentamente dos benefícios da Lei n° 8.313/91, a qual estabelece o Programa Nacional de Apoio à Cultura. Embora a conduta do agente que pratica a falsidade para reduzir, por meio do benefício fiscal, a tributação do imposto de renda fosse enquadrável no artigo 1°, inciso I, da Lei n° 8.137/90, a lei posterior, lei especial, prepondera, devendo-se aplicar o artigo 40 da Lei n° 8.313/91, com pena de 2 a 6 meses, porquanto *lex specialis revogat generali*.[5]

---

[5] A reforma penal tributária italiana, segundo CORSO-CIPOLLINA, ao despenalizar crimes, criou uma substancial anarquia na interpretação jurisprudencial do princípio da especialidade. A norma penal inseriu uma explícita ab-rogação do instituto da ultra-atividade das normas penais tributárias. (v. SIENA, Marco Dri. *La Nuova Disciplina dei Reati Tributari*. Padova: Giufrè Editore, 2000, p. 82 e 92).

2.2. TRIBUTAÇÃO ORIUNDA DE CONDUTA ILÍCITA

Questiona-se a licitude da tributação quando o agente teve rendimentos oriundos de condutas ilícitas, ilícitos penais, v.g., tráfico de entorpecentes, fraudes nas licitações, jogo do bicho, peculato, corrupção, etc. Ora, o Código Tributário Nacional não distingue, ao tributar os rendimentos, se os rendimentos são lícitos ou ilícitos:

> "Art. 43. O imposto, de competência da União, sobre a renda e proventos de qualquer natureza tem como fato gerador a aquisição da disponibilidade econômica ou jurídica:
> I – de renda, assim entendido o produto do capital, do trabalho ou da combinação de ambos;
> II – de proventos de qualquer natureza, assim entendidos os acréscimos patrimoniais não compreendidos no inciso anterior.
> § 1º A incidência do imposto independe da denominação da receita ou do rendimento, da localização, condição jurídica ou nacionalidade da fonte, da origem e da forma de percepção."

O parágrafo é claro ao afastar qualquer distinção. Auferidos os rendimentos, incide a tributação independentemente de ser originarem de condutas criminosas como tráfico de entorpecentes, ou não. Não se entendesse dessa forma, estar-se-ia punindo o honesto e beneficiando o criminoso.

O STJ tem decidido no sentido da viabilidade do processo e condenação, inexistindo *bis in idem* "pelo fato de o agente ser condenado pela prática de sonegação fiscal e peculato", fundamentalmente, porque se trata de delitos de natureza diversa. Posterga-se o princípio da moralidade que estaria realçado na exoneração tributária dos rendimentos oriundos de atividade criminosa em prol do princípio de isonomia fiscal, conforme o STF.

O Min. Sepúlveda Pertence sintetiza a matéria, dizendo:

> "é verdade que alguns autores, embora aceitem a conclusão de serem tributáveis as operações ou atividades apreciadas, fazem restrições à plenitude desse entendimento, como é o caso de Oronzo Quarta, de Antonio Berliri e de Ottmar Bühler.
> A doutrina dominante, porém, manifesta-se pela tributação irrestrita.
> Nem pode ser de outro modo, se se tomar em consideração a natureza do fato gerador da obrigação tributária, como um fato jurídico de acentuada consistência econômica ou um fato econômico de relevância jurídica, cuja eleição pelo legislador se destina a servir de índice de capacidade contributiva. A validade da ação, da ativi-

dade ou do ato em Direito Privado, a sua juridicidade ou anti-juridicidade em Direito Penal, disciplinar ou em geral punitivo, enfim, a sua compatibilidade ou não com os princípios da ética ou com os bons costumes não importam para o problema da incidência tributária, por isso que a ela é indiferente a validade ou a nulidade do ato privado através do qual se manifesta o fato gerador: desde que a capacidade econômica legalmente prevista esteja configurada, a incidência há de inevitavelmente ocorrer.

A tese contrária representa, no acertado dizer de Popitz, a manifestação de um sentimentalismo ilógico e infundado e, do ponto de vista tributário, conduz, isto sim, à violação do princípio da isonomia fiscal.

Haveria na exoneração tributária um resultado na verdade contraditório, por isso que se estaria abrindo aos contraventores, aos marginais, aos ladrões, aos que lucram com o furto, o crime, o jogo de azar, proxenetismo etc., a vantagem adicional da exoneração tributária, de que não gozam os contribuintes com igual capacidade contributiva decorrente da prática de atividades, profissões ou ato lícitos.

(...)

Eis aí um obséquio que a correta identificação da consistência econômica do fato gerador oferece: a indiferença, para o Direito Tributário, de ser civil ou penalmente ilícita a atividade em que se consubstancie o fato gerador, não porque prevaleça naquele ramo do Direito uma concepção ética diversa, mas sim porque o aspecto que interessa considerar para a tributação é o aspecto econômico do fato gerador ou a sua aptidão a servir de índice de capacidade contributiva". (*sic*)

O Min. José Arnaldo, após citar o voto acima de Sepúlveda Pertence, conclui, dizendo "que os bens jurídicos tutelados nos tipos penais em questão – peculato e sonegação fiscal –, são absolutamente distintos".[6] No mesmo sentido é a decisão no HC n° 83.292, que teve como relator o Min. Félix Fischer:

"Segundo a orientação jurisprudencial firmada nesta Corte e no Pretório Excelso, é possível a tributação sobre rendimentos auferidos de atividade ilícita, seja de natureza civil ou penal; o pagamento de tributo não é uma sanção (art. 4° do CTN – 'que não constitui sanção por ato ilícito'), mas uma arrecadação decorrente de renda ou lucro percebidos, mesmo que obtidos de forma ilícita (STJ: HC 7.444/RS, 5ª Turma, Rel. Min. Edson Vidigal, DJ de 03.08.1998). A

---

[6] RT 762/590.

exoneração tributária dos resultados econômicos de fato criminoso – antes de ser corolário do princípio da moralidade – constitui violação do princípio de isonomia fiscal, de manifesta inspiração ética (STF: HC 77.530/RS, Primeira Turma, Rel. Min. Sepúlveda Pertence, DJU de 18/09/1998). Ainda, de acordo com o art. 118 do Código Tributário Nacional a definição legal do fato gerador é interpretada com abstração da validade jurídica dos atos efetivamente praticados pelos contribuintes, responsáveis ou terceiros, bem como da natureza do seu objeto ou dos seus efeitos (STJ: REsp 182.563/RJ, 5ª Turma, Rel. Min José Arnaldo da Fonseca, DJU de 23/11/1998)".

Por tais motivos, entende-se que, caso haja concurso com outro crime, donde se originaram os rendimentos, há concurso material de crimes.

3. A lei penal no espaço

Alguns princípios relativos à lei penal no espaço assumem relevância, na área dos crimes contra a ordem tributária, se considerarmos as exportações, em geral, e especialmente o Mercosul.

Aplica-se a lei brasileira aos crimes praticados no território brasileiro (princípio da territorialidade). E, se o agente for nacional, mesmo que tenha cometido o crime em outro país, poderá ele ser punido pela legislação brasileira (princípio da nacionalidade). Se a conduta dos agentes atingiu tributo brasileiro, reduzido ou suprimido em razão de ação praticada em território estrangeiro, aplica-se a lei brasileira (princípio de proteção).

Na Comunidade Européia, em 1992, pelo Tratado de Maastrich, art. 209, estabeleceu-se que os estados-membros adotariam as mesmas medidas para combater a fraude que afetasse os interesses financeiros da Comunidade, determinando recorrerem às medidas que adotam para combater a fraude que afeta a seus próprios interesses financeiros.

No Mercosul, torna-se necessária, também, a adoção de medidas iguais para a punição dos delitos contra a ordem tributária num ou noutro país, quer nas exportações, quer nas importações. Muitas vezes, não é só o bem jurídico de um país atingido, como, também, o de outro. Deve-se, portanto, em razão do maior ou menor valor atribuído à conduta correlacionada com o bem de vida protegido, em cada um dos países do Mercosul, alinhar, de forma semelhante, a conduta criminosa com o bem jurídico protegido, "cuya explicación también requiere unidad de criterio y armonización de la política criminal".[7] Em matéria penal, quando se fala em Mercosul, mais que a arrecadação em si, deve-se falar em proteção da ordem tributária no sentido de coibir qualquer espécie de falsidade. As relações multinacionais não subsistem de forma segura e perene sem que haja transparência nos negócios havidos. Daí por que

---
[7] Lição de DIAZ, Vicente O., mencionado por FOLCO, Carlos María. *El Delito de Evasión Fiscal*. Buenos Aires: Rubinzal-Culzoni Editores, 1997, p. 503.

se impõe harmonizar a tributação entre os países do Mercosul, como bem ressaltou o primeiro congresso sobre o assunto, cujas conclusões, pela relevância, cumpre destacar:

"1) Armonizar las legislaciones nacionales internas a fin de que contemplen adecuadamente los principios generales que aseguren el debido proceso adjetivo y la efectividad de la tutela jurisdiccional en materia de impugnación de actos individuales y generales, así como también cuando el Estado ejercite facultades jurisdiccionales.
2) Armonizar las legislaciones en materias penal financiera y administrativa, reconociendo la vigencia de los principios generales del Derecho Penal, como lo han propiciado los congresos internacionales realizados con anterioridad, los proyectos de modelo de código y los pactos suscriptos entre Estados.
3) Armonizar las legislaciones en relación a la distinción de los ilícitos finaceiros y administrativos como delitos e infracciones, de modo tal que se garantice un mínimo de seguridad en relación a las clases de penas a aplicar.
4) Armonizar las legislaciones asegurando la revisión judicial suficiente de las decisiones adoptadas por la autoridad administrativa en materia sancionatoria financiera, sobre la base del reconocimiento a cada Estado de su competencia propia en dicha materia.
5) Que las legislaciones estatales reconozcan los principios del juicio previo y el derecho de defensa en los procedimientos que tengan por fin aplicar una sanción penal en materia financiera y administrativa, y afirmar la necesidad del juzgamiento por un tribunal judicial independiente".[8]

Sem que se harmonizem as legislações dos Estados pertencentes ao Mercosul, especialmente no que concerne ao bem jurídico protegido, dentro do que importante é destacar não poder ficar adstrito à arrecadação, mas relevar a importância da veracidade das declarações e condutas, condenando-se qualquer espécie de falsidade praticada com o fim de burlar os fiscos: sem isto não se conseguirá uma política adequada no relacionamento entre os países signatários. A fim de preservar as relações internacionais, a legislação deve ser comum nas exportações e importações do Mercosul, devendo adotar, nos países que o integram, não só o princípio da territorialidade, mas complementá-lo com outros como o da *competência universal*, para, com isso, reprimir qualquer violação, preservando a segurança jurídica das relações feitas em transparência.

---

[8] *Apud* FOLCO, Carlos María. *Op. cit.*, p. 504.

4. A lei tributária e a lei penal tributária

É evidente que a lei penal tributária encontra complementação na legislação tributária, na qual se define o que é tributo, quando incide o tributo, etc. É ela norma penal em branco no sentido amplo, porquanto é na legislação tributária que se busca o conceito e constatação da incidência de tributo, os casos de incidência, de não-incidência, de isenção, de imunidade... A Constituição Federal, as Emendas Constitucionais, as Leis Complementares, as Leis Ordinárias, especialmente o Código Tributário Nacional, e outras leis, especialmente em relação ao ICMS, leis federais e estaduais, etc., normatizam a matéria tributária, aspecto extremamente relevante em razão do princípio da legalidade.

Diversamente das normas penais em branco em sentido estrito, o que se busca em outras legislações tributárias não-penais só pode ser modificado por nova lei. Ressalvem-se, contudo, as situações típicas do instrumento legislativo denominado medida provisória. Mesmo não transformado em lei, pode criar situações de vigência e aplicabilidade *pro reo*, mesmo porque, se o agente praticou o ato, amparado pela medida provisória, não há como pretender incriminá-lo pela insubsistência posterior dela.

Questão relevante concerne à revogação da norma tributária ou mesmo à extinção de determinado tributo: havendo qualquer das situações mencionadas, qual o reflexo na esfera criminal? A resposta é negativa. Não importa ter havido a extinção de determinado tributo, assim como não importava, nos crimes contra a economia popular, o reajuste dos produtos tabelados pela SUNAB, o crime permanece o mesmo. Somente se houver a *abolitio criminis*, em determinada conduta, haveria reflexo na esfera penal. Importa, para a existência de delito, a observância da legislação tributária, no momento da prática e consumação do fato. Se nesse momento consumara-se o crime de conformidade com a norma penal em branco (norma tributária), permanece o fato considerado como crime contra a ordem tributária.

5. As teorias da natureza do ilícito tributário

Três teorias existem sobre a natureza do ilícito tributário: a penalista, a administrativista e a tributarista.

5.1. TEORIA PENALISTA

García Belsunce observa a existência de algumas perguntas que devem ser analisadas antes de tudo:

"a) Al ilícito tributario y sus sanciones ¿son aplicables los princípios y normas jurídicas del derecho penal común o criminal sin excepción alguna?
b) Al ilícito tributario y sus sanciones, atento a su carácter específico (hace las leyes especiales), ¿son aplicables las normas y principios jurídicos del derecho penal común o criminal, salvo las leyes especiales dispongan lo contrario o creen regulaciones también especiales?
c) Si las respuestas a las dos cuestiones anteriores fueran afirmativas una u otra, la aplicación al ilícito tributario y sus sanciones de las normas y principios del derecho penal común (en una o otra de las variantes señaladas), ¿deriva de una similitud o analogia ontológica entre el derecho penal tributário y el derecho penal común (identidad o analogia del bien jurídico tutelado)?
d) Si las respuestas a las cuestiones planteadas en *a* y *b* fueran afirmativas una u otra, la aplicación al ilícito tributario y sus sanciones de los princípios y normas jurídicas del derecho penal común ¿obedece a la naturaleza, carácter o grado de la pena?"[9]

E prossegue Belzunce, com base na lição de Michel (*Les infractions fiscales et leur répression dans la doctrine et la legislation suisses*. Laussane, 1953), dizendo:

---
[9] *Derecho Tributario Penal*, Buenos Aires: Depalma, 1985, p. 3.

"Son muy pocos los autores que podrían dar una respuesta afirmativa a la cuestión planteada en *a*. La reacción más dura proviene de Alemania, donde autores como Schwaiger, Meyer, Wagner y otros consideraron que las infracciones fiscales correspondían al derecho penal común por identidad de princípios jurídicos reguladores y de bien jurídico tutelado (respuesta afirmativa a la cuestión señalada em *c*), razón de que en ambos casos el legislador buscaba restringir la libertad de acción del individuo en aras del bien público y proteger los intereses superiores de índole moral; que las infracciones fiscales constituen verdaderos delitos contra el patrimonio del estado y de la comunidad, de naturaleza análoga a los del derecho penal común y que el infractor fiscal trata de eludir una diminución de su riqueza, de modo que lo impulsan los mismos móviles que justifican las penalidades ordinárias".[10]

As normas penais tributárias seriam normas especiais do Direito Penal, sendo variáveis as posições dos autores especialmente em razão das divergências das próprias normas tipificadoras dos delitos tributários dos diversos países.

5.2. A TEORIA ADMINISTRATIVISTA

Segundo síntese feita por Garcia Belsunce,[11] três critérios têm sido apontados como seu fundamento: a) em primeiro lugar, o ilícito tributário e suas sanções são de natureza administrativa porque o bem jurídico tutelado é distinto ontológica e qualitativamente daquele protegido pelo Direito Penal comum. Apontam, como bem jurídico do ilícito tributário, a atividade estatal, o interesse público, a prosperidade do Estado, um interesse jurídico mediato do contribuinte; b) em segundo lugar, o caráter administrativo é dado pela natureza, características e efeitos da pena, cujo objetivo será reparar ou indenizar o fisco pela conduta antijurídica do contribuinte; c) e, em último lugar, fundamentam no argumento de que a jurisdição nas infrações tributárias é administrativa: é a administração direta ou por meio do contencioso administrativo que julga e aplica as sanções, enquanto o Direito Penal é ato de jurisdição judicial.

---
[10] *Derecho Tributario Penal*, op. cit., p. 3-4.
[11] Id., ob., p. 48-49.

5.3. TEORIA TRIBUTARISTA

Quatro critérios fundamentam a teoria: o primeiro é de que a unidade e especificidade do ilícito tributário não admitem distinções em ramos autônomos ou não, que impliquem alterar sua unidade (Giuliani Fonrouge). Em segundo lugar, se o Direito Tributário é autônomo, essa autonomia tem de estender-se a todos os seus ramos. Em terceiro lugar, o poder de legislar, tipificando ilícitos tributários e aplicando-se-lhes sanções determinadas, não é senão uma conseqüência ou derivação do poder tributário do Estado. A lei penal somente seria aplicável quando a legislação tributária fizesse remissão a ela. E, por fim, o último argumento é de que a pena é conseqüência da norma. Não poderia haver fato imponível, fato gerador separado da sanção da conduta antijurídica.

5.4. SITUAÇÃO ESPECÍFICA DA LEGISLAÇÃO BRASILEIRA

Inegavelmente, as teorias, conforme os autores, vinculam-se essencialmente com a legislação existente em cada país. Tanto isso é verdade que existe a preocupação em distinguir delito e contravenção, aspecto irrelevante na legislação brasileira, mesmo porque os aspectos penais são legislados separadamente das normas tributárias.

O que se tem, no Brasil, é que a legislação tributária estabelece o fato imponível e, administrativamente, aplica multas (sanções) àqueles que não a observam formal ou materialmente. Contudo, tipifica, em legislação especial, condutas como crimes contra a ordem tributária e crimes contra a previdência social. Tais condutas poderiam, perfeitamente, ser enquadradas no Código Penal, *v.g.*, o artigo 1º da Lei nº 8.137/90 especifica condutas que tipificam ou falsidade material ou ideológica. O artigo 2º, inc. II, da mencionada lei, poderia induzir a pensar que é específico da legislação tributária, mas não o é. As elementares presentes nas expressões "cobrado ou descontado" denotam claramente tratar-se de uma espécie de apropriação indébita, situando-se a reprovabilidade no fato de o agente ficar com o que não lhe pertence, e não no simples atraso de pagamento do tributo. Destarte, a reprovabilidade está já presente no Código Penal, e o Direito Penal Tributário nada mais é do que especificidade de norma geral do Direito Penal. Mais. Aplicam-se ao Direito Penal Tributário as normas e os princípios gerais do Código Penal com acréscimo da especificidade da causa extintiva da punibilidade prevista no artigo 34 da Lei nº 9.249/95.

Acrescente-se que nossa legislação somente admite a aplicação de normas criminais pelo Poder Judiciário. A administração pública, enquanto parte do Poder Executivo, somente pode aplicar multas administrativo-tributárias, adstritas à esfera civil.

Ademais, nem todo o ilícito tributário constitui ilícito penal tributário. Diversamente de outras legislações, a brasileira não define os crimes na ordem tributária de forma uniforme com a legislação tributária (Código Tributário Nacional), mas em normas específicas, destacando-se, anteriormente, a Lei 4.729/65 e, agora, a Lei nº 8.137/90. A exceção presente na Lei nº 8.212/91, em seu artigo 95, não chega a romper com tais princípios, sendo que, hoje, em razão da Lei nº 9.983/00, fica claro o assunto: a matéria dos crimes previdenciários encontra-se inserida no próprio Código Penal.[12]

Igualmente, a legislação brasileira não erige em figura criminosa as condutas tipificadas na área tributária como infrações formais, as quais ofendem a administração sem se tipificarem como ilícito penal.

Conclui-se, portanto, adstritos à essência da questão, que a natureza dos crimes contra a ordem tributária, no Direito brasileiro, é penal, constituindo-se num ramo especial do Direito Penal: o Direito Penal Tributário.

---

[12] A reforma do Código Penal prevê a inserção do capítulo específico dos crimes contra a ordem tributária, consagrando, em definitivo, o entendimento supra.

6. Concurso de pessoas

6.1. TEORIAS

Nos crimes contra a ordem tributária, a matéria relativa à autoria encontra certa dificuldade, como, aliás, todo o crime de "colarinho branco", se enfocarmos os delitos pelo prisma tradicional, cujas teorias formal-objetiva e material-objetiva contêm dificuldades de aplicação.

Segundo a teoria *formal-objetiva*, na expressão de Mirabete, "autor é aquele que pratica conduta típica inscrita na lei, ou seja, aquele que realiza a ação executiva, a ação principal".[13] A teoria era adequada à visão dos crimes em sua forma simples. Nela não se cogitava de quem praticara o fato, valendo-se de outrem inimputável.

Para a teoria *material-objetiva*, "autor é não só o que realiza a conduta típica, como também aquele que concorre com uma causa para o resultado. Não se faz assim distinção entre autor e partícipe, já que todos os agentes concorreram para o resultado ao contribuírem com uma causa para o evento".

Já para a teoria *final-objetiva*, o autor seria "aquele que tem o domínio final do fato", na expressão de Welzel. "Autor é, portanto, segundo essa posição, quem tem o poder de decisão sobre a realização do fato. E não só o que executa a ação principal, o que realiza a conduta típica, como também aquele que se utiliza de uma pessoa que não age com dolo ou culpa (autoria mediata). O agente tem controle subjetivo do fato e atua no exercício desse controle."

Para Wessels, "no setor das teorias material-objetiva e final-objetiva mais recentes, impôs-se, em cunhagem parcialmente diversa, a teoria do domínio do fato, que desenvolveu, a partir de critérios objetivos e subjetivos, o conceito subsistente do 'domínio do fato' como princípio

---
[13] *In Manual de Direito Penal*, 7ª ed. São Paulo: Atlas, 1993. p. 220.

diretor para a delimitação entre autoria e participação. Domínio de fato nesse sentido significa 'o tomar nas mãos o decorrer do acontecimento típico compreendido pelo dolo' (Maurach, AT § 49 II C2)".[14] E adiante explicita: "Este domínio do fato apresenta-se na atividade direta como 'domínio da ação', na autoria mediata como 'domínio da vontade' do mandante e na co-autoria como 'domínio funcional do fato' dos co-autores que agem em divisão de trabalho. Portanto, autor é quem, como 'figura central' (= figura-chave) do acontecimento, possui o domínio do fato (dirigido planificadamente ou de forma co-configurada) e pode assim deter ou deixar decorrer segundo a sua vontade a realização do tipo. Partícipe é quem, sem o domínio próprio do fato, ocasiona ou de qualquer forma promove, como 'figura lateral' do acontecimento real, o seu consentimento."[15] Assim, prossegue Wessels, "como todo fato punível constitui uma unidade de sentido, subsistente de elementos objetivos e subjetivos, a autoria e a participação devem ser delimitadas, de modo justo, com base no tipo legal, somente através de uma síntese de critérios objetivos e subjetivos. O melhor e mais convincente caminho para vencer esta tarefa foi aberto pelo princípio diretor do domínio de fato, reconhecido quase unanimemente pela doutrina jurídica. O decisivo para a autoria é assim, se, e até onde, o colaborador individual, segundo a espécie e importância de sua contribuição objetiva, assim como com base em sua colaboração volitiva domina ou co-domina o Se e o Como da realização do tipo, de forma que o resultado apareça como obra (também) de sua vontade dirigida finalisticamente ou co-formadora do fato. A participação é, ao contrário, a causa ou a promoção de um fazer ou de uma omissão alheios, realizadas sem este domínio do fato".[16]

É evidente que, na divisão de trabalho, se incluem não só aqueles que têm o domínio da ação, por estarem realizando a conduta ensejadora do tipo penal, como também aqueles que têm o domínio da organização do fato, incluindo-se a planificação com a execução. Aliás, não há como não considerar o organizador como co-autor quando ele, além de estruturar a condutas de seus subalternos, tem o poder decisório de suspender a realização do fato. Não fosse assim, estar-se-iam deixando impunes os executivos das empresas hierarquicamente organizadas as quais realizam condutas criminosas exatamente em razão de organização e comando da cúpula, que, posteriormente, não atua na fase executiva. Acrescente-se, v.g., o caso das Sociedade Anônimas, cujos diretores têm o dever de evitar o resultado. Se esse dever lhes impõe um atuar

---

[14] WESSELS, Johannes. *Direito Penal. Parte Geral*. Porto Alegre: Fabris, 1976, p. 119.
[15] Id. ib., p. 119.
[16] Id. ib., p. 120.

positivo, sob pena de responsabilidade penal pelo fato, com maior razão quando o diretor está entre os que organizaram, planejaram ou emitiram a ordem a seus subordinados e estes para os executores.

6.2. AUTORIA, CO-AUTORIA, AUTORIA MEDIATA E SONEGAÇÃO FISCAL

No Brasil, quem primeiro sustentou a aplicação da teoria do domínio de fato, nos delitos de sonegação fiscal, foi Manuel Pedro Pimentel.[17] Tal sustentação encontra ressonância na sistemática como os crimes de sonegação (ou crimes contra a ordem tributária) são praticados. Do contrário, a dificuldade se acentua, correndo o risco de punir-se, não o autor principal, mas atribuindo a responsabilidade a uma pessoa de menor relevância na prática do delito. Como preleciona Wessels, "do relacionamento típico com a teoria do autor segue-se ainda que os critérios do conceito do autor se orientam segundo a particularidade do respectivo tipo penal". Daí, a importância do estudo da autoria sem perder de vista as peculiaridades inerentes aos crimes contra a ordem tributária.

A questão da autoria é uma das matérias difíceis na área da sonegação fiscal. Quem sonega tributos, em linhas gerais, faz uso de expedientes sofisticados, com interposição de pessoas,[18] sejam elas fantasmas, testas-de-ferro (sócios de empresas laranjas), ou pseudoproprietários, porquanto, na base da sonegação, está uma ação cujo meio de se fazer valer foi por meio de falsidade material ou ideológica. Ninguém ou pouquíssimos reconhecem que praticaram a ação de sonegar, mesmo porque lhes assiste o direito de mentir. Na maioria das vezes, como nos velhos filmes em que o mordomo era sempre o culpado, os gerentes e proprietários atribuem ao contador ou a um empregado seu a responsabilidade pela prática da sonegação. Talvez um exemplo já ocorrido explique melhor a questão: uma empresa de Santa Catarina havia cons-

---

[17] Artigo referente à Lei nº 4.729/65: Crime de Sonegação Fiscal. RT 617/259.

[18] Diversamente do Direito Penal Tributário espanhol, a nossa legislação não considera delito de mão própria. Para a Espanha, o delito somente pode ser cometido pelo obrigado tributário (ver José Luis Seona Spiegelberg. "El Delito de Defraudación Tributária", *in Temas de Derecho Penal Tributario*. Madrid: Marcial Pons, 2000, p. 84). Admite-se que o *extraneus* seja partícipe. No mesmo sentido: "...el error de prohibition vencible o invencible del asesorado en absoluto obstaría a la responsabilidad del asesora título de participatión; sólo la calificación de dicho error del asesorado como error de tipo lo impediría, por razones generales derivadas del principio de accesoriedad de la participación. En ningún caso cabría la imputación del delito tributario al asesor a título de autoría mediata, pues, como se ha señalado, este delito es un delito especial, respecto del cual el asesor es un *extraneus*." (in SILVA SÁNCHEZ, Jesús-María. *El nuevo escenario del delito fiscal em España*. Barcelona: Atelier Libros Juridicos, 2005, p. 92/93)

tituído uma rede de filiais no Rio Grande do Sul. De sua indústria remetia às filiais a mercadoria para aqui ser vendida. Numa filial, o gerente contratado foi flagrado, em seu apartamento, por intermédio de mandado de busca e apreensão judicial, queimando a documentação em seu fogão. Foi ele denunciado, porque se constatou haver grande omissão no registro de saída de mercadoria. Na documentação apreendida, havia um controle em que se registrava o valor das vendas efetuadas, o valor das vendas com nota fiscal, o valor das vendas sem nota fiscal, o valor das vendas com pagamento em dinheiro, o valor das vendas com pagamento em cheque, o valor das vendas com pagamento em dólar, o valor das vendas com pagamento com cartão de crédito, o valor do dinheiro remetido para o proprietário... Numa planilha, havia a discriminação de como deveria operar o financeiro, constando a seguinte observação: "para quem trabalha com *cx2* usar as mesmas linhas, pois tem lojas que misturam tudo. Se tiver algum dado a mais, colocar em baixo (*sic*). Somando os cheques + dinheiro + cartões de crédito + cheques predicados tem que dar o total geral. Isto acontece também somando todos os dados do *cx*. Então, todos os dados do *cx1* + *cx2*, tem que bater com o total geral." (*sic*)

Nessas circunstâncias, o Promotor de Justiça não podia omitir, na denúncia, o proprietário da empresa. Contudo, no juízo de primeiro grau, ambos foram absolvidos, sendo que, no Tribunal, somente foi condenado o gerente, sob o argumento de que não haveria prova contra o proprietário. O caso reflete a problemática da matéria. Há um hábito, nas esferas jurídicas, de tudo apreciar pela ótica do crime comum. No crime do colarinho branco, as perspectivas e as conjunções mudam. O critério valorativo não pode estar cingido ao usado em outras espécies de crime, cuja autoria é bem mais simples, exigindo somente a execução de uma ação concreta. Aqui se está num mundo de sofisticação com emprego de um controle paralelo do que foi faturado, mas cuja apreensão ocorre somente por descuido do contribuinte que age de tal forma. Não há necessidade da presença física para a prática do ato. Há que se verificar o "domínio do fato".[19] O poder de determinar, de decidir, de fazer com que seus empregados executem, mesmo que seja contra a lei. No caso, o proprietário estava por trás dos fatos em razão de que ele recebia o dinheiro faturado (houve dias que o dinheiro remetido superava o valor registrado nos livros contábeis), remetia a mercadoria, recebia

---

[19] Diz Juan Terradillos Basoco "Parece obvio que el empresario responderá como autor cuando haya realizado la acción típica con dominio del hecho, o en los casos de comisión por omisión, que son los que aquí interesan, que haya ometido la realización del comportamiento exigido habiendo tenido la posibilidad de evitar el resultado tipico." (*in Derecho penal de la empresa*. Madrid: Editorial Trotta, 1995, p. 39.

possíveis devoluções. É óbvio, também, que ninguém abriria uma firma ou loja para faturar somente ou menos do que o necessário para pagar os empregados. Mais: abrira outras filiais no Estado do Rio Grande do Sul, com uso da mesma sistemática, com que se deduz que o proprietário tinha o domínio funcional do fato, sendo que o gerente, como co-autor, agia, na divisão do trabalho, conforme o avençado, controlando o uso da sistemática na filial e remetendo ao proprietário o resultado financeiro. E, é na expressão *"tem lojas que misturam tudo"*, que se encontra a demonstração mais clara do envolvimento do proprietário. Somente quem estava acima do gerente local poderia falar das outras lojas. Nessas circunstâncias, a condenação somente do gerente contratado é injusta: deixou de lado o principal responsável pela ocorrência dos fatos de sonegação, aquele que tirava todo o proveito econômico e tinha o controle da empresa. Seria ingenuidade pensar que nunca tivesse comparecido ao estabelecimento e verificado a sistemática adotada. Por isso, na sonegação fiscal, a análise dos fatos não pode ficar adstrita à forma tradicional de se apreciar a prova da autoria. Há que se entender primeiro como eles ocorrem (particularidade do tipo penal), porquanto, geralmente, na aparência, os fatos são corretos. Veja-se, por exemplo, o caso da nota paralela: ela é usada pelo sonegador, de forma ardilosa, para transmitir ao comprador a idéia de legalidade de sua conduta, quando, na verdade, ele imprimira nota fiscal paralela com finalidade de dar esta aparência de legalidade e, contabilmente, omitir o registro da saída de mercadoria no livro correspondente, motivo por que não pode registrá-la (se a registrasse, haveria fácil identificação de sua existência pelo aparecimento de duas notas fiscais com o mesmo número e mesma série). Mas, em relação à autoria, querer atribuir a responsabilidade ao empregado da empresa, excluindo o proprietário que a administra, é desconhecer a própria finalidade do uso da nota fiscal paralela e a realidade do empregado. Nesse sentido, durante uma investigação, interessante foi a ouvida de três empresários, em 1989, sobre uma operação, envolvendo algumas dezenas de milhões de dólares, quando, com naturalidade espantosa, atribuíram a iniciativa e autoria da operação a empregados seus, sem nominá-los, querendo fazer crer que eles teriam autonomia para tal. Para cada quilo de feijão adquirido por NCz$ 0,57, inseriram, na contabilidade, nota fiscal de compra, por intermédio de um calçadista, o valor de NCz$ 9,00, o que gerava, falsamente, um crédito fiscal no valor correspondente a NCz$ 1,53 (quase três vezes o valor do quilo do feijão). Somente uma ingenuidade exacerbada poderia admitir como veraz a afirmativa de que um empregado qualquer teria feito a operação por iniciativa própria.

Para Wessels, "como autor será punido quem realiza por si mesmo (=autoria direta) ou através de outrem (=autoria mediata) o fato punível, § 25 I. Se vários cometem conjuntamente o fato punível, cada qual será como autor (=co-autor), § 25 II. Partícipe é quem determina dolosamente outrem ao seu fato antijurídico cometido dolosamente para um tal fato (=cumplicidade, § 27)".[20]

Na área da sonegação fiscal, tem-se, às vezes, a autoria direta, em que o agente "comete o fato punível pessoalmente". Contudo, geralmente, ocorre a co-autoria.[21] Esta "se baseia no princípio do atuar em divisão de trabalho e na distribuição funcional dos papéis. Todo o colaborador é aqui, como parceiro dos mesmos direitos, co-titular da resolução comum para o fato e da realização comunitária do tipo, de forma que as contribuições individuais se completam em um todo unitário e o resultado final deve ser imputado a todos os participantes".[22] Numa empresa média ou numa empresa de grande porte, necessária se faz a colaboração de mais de uma pessoa para a consecução do tipo penal. Há uma distribuição funcional de tarefas, sendo que a ação de um se completa com a ação do outro. Isso se torna mais necessário nos delitos sofisticados de sonegação. Exemplo disso é o caso de um frigorífico que, para evitar a responsabilidade da substituição tributária, inexplicavelmente, passou a somente prestar serviço de abate de gado para terceiros. Aprofundada a investigação, a fiscalização descobriu terem as empresas que encaminhavam o gado para o abate, como proprietários, empregados do próprio frigorífico. Mais: constituída a empresa em nome de empregados, estes passavam procuração para os donos do frigorífico movimentarem suas contas bancárias. Assim, o frigorífico adquiria o gado dos pecuaristas, conforme estes declararam, pagava-os, mas emitia, para o produtor rural, contranota fiscal da empresa "laranja" (empresa constituída legalmente, cuja finalidade era ser testa-de-ferro dos proprietários do frigorífico). Recebido o gado para abate, emitiam nota fiscal de entrega da carne e outra nota fiscal de cobrança do serviço de abate com o que transferiam para a empresa "laranja" a responsabilidade pelo tributo. Como eram eles que manuseavam o controle da empresa, evidentemente este não era declarado e nem re-

---

[20] Wessels, Johannes. *Op. cit.*, p. 117.

[21] "É característica do crime societário o fato de o ilícito resultar da vontade que a cada um dos mandatários ou responsáveis pela pessoa jurídica cabia manifestar (RT 65/291). Nestes crimes, não é sempre que o Ministério Público dispõe, no limiar da ação penal, de elementos probatórios que lhe permitam discriminar a participação que cada sócio teve no delito societário. Nem por isso estará impedido de oferecer denúncia contra todos os responsáveis pela firma. Constitui condição impossível de ser exigida o pleno conhecimento das deliberações tomada na privacidade dos órgãos de administração – RTJ 101/593". (STJ RHC n° 2862, DJ 7.3.94, p. 3678)

[22] Wessels, Johannes. *Op. cit.*, p. 121.

colhido. O capital da empresa "laranja" não suportava nem parte do que havia sonegado. Desta forma, sucederam-se, de forma sucessiva, quatro empresas "laranjas" na prática da sonegação. Embora se possa pensar na "quase irresponsabilidade" do funcionário que serviu de "testa-de-ferro", na constituição da empresa "laranja", evidente é que, sem sua ação, não teria sido possível a forma de sonegação usada.[23] Os proprietários tinham o domínio funcional do fato, a estratégia do agir delituoso, com a divisão das tarefas que se sucederam, mas a construção do delito só foi possível com a ação de todos. Todos contribuíram para a realização do tipo, a ação de um se completa com a ação dos demais, motivo por que todos são considerados co-autores, responsáveis pelo resultado final da sonegação. Em cada fase da construção do delito, há a ação de alguém que, naquele momento, teria o domínio do fato. Poderia não agir, desestruturando a possibilidade de o delito ser praticado.

Mas não tem o domínio do fato o simples sócio-quotista, sem gerência ou atividade na empresa. Como entendeu o STF, por sua Primeira Turma, sendo relator o Min. Celso de Mello: "o simples ingresso formal de alguém em determinada sociedade civil ou mercantil – que nesta não exerça função gerencial e nem tenha participação efetiva na regência das atividades empresariais – não basta, por si só, especialmente quando ostente condição de quotista minoritário, para fundamentar qualquer juízo de culpabilidade penal. A mera invocação da condição de quotista, sem a correspondente e objetiva descrição de determinado comportamento típico que vincule o sócio ao resultado criminoso, não constitui, nos delitos societários, fator suficiente apto a legitimar a formulação da acusação estatal ou a autorizar a prolação de decreto judicial condenatório. A circunstância objetiva de alguém meramente ostentar a condição de sócio de uma empresa não se revela suficiente para autorizar qualquer presunção de culpa e, menos ainda, para justificar, como efeito derivado dessa particular qualificação formal, a decretação de uma condenação penal". (DJ de 13.12.96, p. 30162)

6.3. AUTORIA COLATERAL

Já o conceito da autoria colateral, embora de fácil percepção no Direito Penal comum, encontra, na área da sonegação fiscal, dificuldade

---

[23] No caso citado, os empregados, tendo permanecido, na empresa, trabalhando, estavam cientes de todas as implicações de suas ações. Se, contudo, tivessem somente constituído a empresa "laranja" sem liame subjetivo de sonegar, suas condutas, na sonegação, seriam mais de partícipes. Subsiste, todavia, a falsidade ideológica na constituição da empresa "laranja", caso não se caracterize a participação em crime contra a ordem tributária.

de ser caracterizada. "Inexistente a consciência de cooperação na conduta comum, não haverá concurso de pessoas, restando a autoria colateral (ou autoria lateral imprópria)".[24] Ora, uma é a situação de quem deseja ferir ou matar alguém, fato que pode ser desejado por outrem, simultaneamente, e outra é a de quem pretende sonegar tributo. Cada agente vai agir sozinho, ou em co-autoria, mas não haverá outro agente que queira sonegar um tributo que é devido por outro sujeito passivo da obrigação tributária sem que para isto haja consciência de cooperação.

6.4. PARTICIPAÇÃO

Na lição de Mirabete,[25] em sentido estrito, seria a "atividade acessória daquele que colaborava para a conduta do autor com a prática de uma ação que, em si mesma, não é penalmente relevante. Essa conduta somente passa a ser relevante quando o autor (ou co-autores) inicia(m) ao menos a execução do crime. O partícipe não comete a conduta descrita pelo preceito primário da norma, mas pratica uma atividade que contribui para a realização do delito".

Segundo a doutrina, duas são as espécies de participação: a) instigação e b) cumplicidade. Ambos só serão puníveis se o fato principal se consumar ou se, na forma tentada, for punível. Wessels preleciona que "instigador é quem dolosamente determinou outrem a um fato antijurídico cometido dolosamente". E explicita como meio de instigação "todas as possibilidades de influência volitiva: persuasão, dádivas, promessa de recompensa, provocação de um erro de motivo, abuso de uma relação de subordinação, ameaça, etc.".[26] A vontade do instigador está voltada para a execução e consumação de um fato típico. Contudo, diversamente da autoria mediata, aqui, o agente principal tem o domínio do fato, se autodetermina, não sendo instrumento nas mãos alheias. O instigador não tem o domínio do fato, como também o cúmplice não o tem. A cumplicidade é a outra espécie de participação. O cúmplice "presta auxílio a outrem" para o cometimento de um fato principal através de um auxílio físico ou psíquico" (Wessels). "Não se exclui, porém, a cumplicidade por omissão nas hipóteses em que o sujeito tem o dever jurídico de evitar o resultado".[27]

---

[24] MIRABETE, Julio Fabbrini. *Op. cit.*, p. 222.

[25] Id., ib., p. 222.

[26] Id., ib., p. 127.

[27] Id., ib., p. 223.

6.5. O CONTADOR

Relevante é a análise da conduta de quem tem o dever jurídico de evitar o resultado[28], especialmente em razão da situação concreta do contador da empresa. Sua situação jurídica é a de um garantidor ou é de partícipe? Qual a razão de sua existência? Se ele se omite, quando tem o dever de bem fazer a contabilidade da empresa, não estaria agindo como cúmplice? Ora, sua contratação tem por finalidade que aja dentro da lei, respeitando todas as normas. A contratação dele, como especialista, é a de garantidor de o serviço se realizar em conformidade com a lei. Se, contudo, ele se omite ao constatar a existência de sonegação, quando tem o dever de evitar o resultado, torna-se ele cúmplice por omissão, respondendo como partícipe. Neste caso, o resultado produz-se independente da conduta do contador, porquanto outro é quem detém o domínio do fato, sendo que ele, ao ver a existência do crime, omitindo-se, infringe seu dever de evitar o resultado. Mas, se ele foi contratado com a finalidade de, pelo seu conhecimento, dificultar a descoberta do fato delituoso (sonegação do tributo) ou de realizá-lo de forma mais proveitosa, sua situação passa a configurar a co-autoria. Não é mais garantidor, mas, co-autor.[29]

Entretanto, consigne-se que, no enquadramento por omissão, não se trata de omissão cujo efeito seja a redução ou a supressão do tributo, mas daquela concernente ao seu dever de informar para que o agente cesse sua atividade criminosa. Se diretamente da omissão resultar a redução

---

[28] "... la existencia de um deber jurídico de responder por la no-producción del resultado es uma consecuencia que se deriva de um derecho penal basado em expectativas de comportameiento (expectativas de *acción* y de *omisión*) que están insertas en dos grandes fundamentos de responsabilidad al interior de los cuales la posición de garante, que hasta este punto sólo había sido valorada en el ámbito de los delitos de onisión, reclama vigencia como núcleo para la atribución de responsabilidad; sólo quien tiene una tarea específica para cumplir porque es titular de expectativas puede ser considerado garante, y no es outra la conclusión que podemos sacar si partimos de la base de que para el derecho penal de hoy lo decisivo no es ya la simple causación en el plano fáctico, sino la imputación em um plano notamativo." (PERDOMO TORRES, Jorge Fernando. *La problemática de la posición de garante en los delitos de comisión por omisión*. Bogotá: Universidad Externado de Colombia, Centro de Investigaciones de Derecho Penal y Filosofía del Derecho, 2001, p. 79/80)

[29] Não se pode olvidar a lição de Giuseppe Bettiol ao prelecionar: "uma coisa é cooperar materialmente com o autor ou prestar-lhe ajuda na execução do crime e outra coisa é nele suscitar o propósito delituoso já existente. Pode-se, portanto, fixar claramente duas figuras típicas de participação 'moral', a do *determinador* e a do *instigador*. É *determinador* ao crime quem suscita em outros (autores) propósito delituoso antes inexistente, sem que seja necessário indagar qual interesse deva satisfazer a prática do crime." E adiante: "É *instigador* ao crime quem reforça ou exercita propósito delituoso já existente em outros" (*in Direito penal*. Vol. II. RT, 1971, p. 257/258). O STJ, no RHC nº 305, observa que "em tese, participa do crime de sonegação fiscal descrito no art. 1º, I, da Lei nº 4729/65, o contador e procurador da empresa que, inobstante ter conhecimento da existência de simulação, fez a escrituração e o controle contábil respectivo e assinou, em nome da pessoa jurídica, guia de informação e apuração do ICM, durante o tempo em que durou a fraude." (DJ de 19.3.90, p. 1953).

ou a supressão do tributo, haverá autoria ou co-autoria, porquanto está ele praticando um crime comissivo por omissão, e, se da sua omissão de informar não decorrer o resultado, sendo que a ação do agente, independentemente da conduta omissiva do contador, perfectibiliza o crime, tem-se participação por ofensa ao seu dever de evitar o resultado.

Para Jesús-María Silva Sánchez, no assessoramento, fato que ocorre com o contador, deve-se analisar a exclusão ou a atenuação da responsabilidade do assessorado e/ou a responsabilidade de quem presta assessoria.No primeiro aspecto, o assessor pode induzir o assessorado em erro, o que deve ser observado; no segundo, a conduta do assessor pode ensejar uma participação criminosa.[30] Atente-se que fala ele em participação, por entender ser de mão própria o crime de defraudação tributára. Para o Direito brasileiro, seria uma autoria ou co-autoria. Aliás, menciona o autor que juízes e tribunais tem tomado como indício de conduta dolosa a presença de assessor, excluindo a admissibilidade do erro.[31]

6.6. O EMPREGADO TESTA-DE-FERRO

Normalmente, não se vê denúncia contra o empregado que preencheu, por exemplo, a nota fiscal calçada. Uma investigação simples, na empresa, apontaria, pela perícia grafológica, o autor da letra existente na via cativa. Noutras circunstâncias, muitas vezes, vê-se o empregado emprestar seu nome para criar uma empresa "laranja", para a qual é jogada toda a responsabilidade tributária, ficando, contudo, o lucro com os patrões. O elemento subjetivo do empregado, nesses casos, é o determinador da sua responsabilidade penal: agiu ele com dolo ou não; agiu sob pressão ou não, ameaça de perda do emprego, etc. As circunstâncias é que indicarão a melhor solução para cada caso. E tal solução aparece, após a prova, na discussão da causa (alegações finais) e na sentença.

Para efeito de denúncia, contudo, cada caso deve ser examinado, e, a menos que haja prova cabal de uma excludente de criminalidade, ambos devem ser denunciados, porquanto, v.g., não se realizaria o fato se o empregado tivesse recusado o empréstimo do nome para constituir a empresa "laranja" cedente dos pseudocréditos tributários, ou, ao menos , o fato não se realizaria da forma como se realizou. Ademais, o empregado poderia ter recusado a prática do fato por delituoso, e, na fase inicial do processo, normalmente, as alegações que excluiriam

---

[30] SILVA SÁNCHEZ, *op. cit.*, p. 80-81.
[31] Id. ib., p. 81. Sobre o erro: LOVATTO, Alecio Adão. *O Princípio da Igualdade e o Erro Penal Tributário*. Porto Alegre: Livraria do Advogado, 2008, p. 120 e ss.

sua responsabilidade inexistem. Surgem elas com a defesa prévia ou na instrução. No decorrer da ação, pois, caso fiquem provadas as situações antes aventadas, pode o empregado ser absolvido por estado de necessidade ou por ter agido sob coação moral irresistível, etc.

6.7. ARTIGO 11 DA LEI Nº 8.137/90

Não haveria necessidade de ser editado o artigo 11 da Lei nº 8.137/90, que versa sobre a co-autoria. Diz o *caput*: "Quem de qualquer forma, inclusive por meio de pessoa jurídica, concorre para os crimes definidos nesta Lei, incide nas penas a estes cominadas, na medida de sua culpabilidade". Como a lei foi feita por economistas, pecou em dizer o que, de forma mais plena, já está previsto no Código Penal. Não haveria dificuldade de entender o uso de pessoa jurídica por parte de quem sonega. Em muitas situações isso ocorre, o que se resolveria pelo Código Penal. Contudo, menos mal que a explicitação somente tem o condão de chamar a atenção para o expediente do uso de empresas "laranjas", o que não afasta a responsabilidade do agente. De forma exemplificativa: se alguém faz uso de uma empresa para inserir crédito frio em sua contabilidade, se tal crédito foi declarado como débito na "empresa laranja", mas se tal empresa faz isto porque, ao declarar, criaria a figura da inadimplência, sendo que, de fato, nunca teria condições de pagar o tributo, torna-se evidente que o uso intermediário desta empresa "laranja" torna o agente responsável.

6.8. RESPONSABILIDADE DA PESSOA JURÍDICA

O artigo 11 da Lei nº 8.137/90 chama atenção, também, para a questão da responsabilidade da pessoa jurídica nos crimes de sonegação fiscal, ao referir que o agente age por meio das pessoas jurídicas. Isso se evidencia nas grandes empresas, as quais, muitas vezes, transferem a responsabilidade para o empregado, seja ele administrador ou não, o qual, então, é demitido, e a empresa continua, por outros, a praticar os delitos de sonegação.

A nossa Constituição não descarta a responsabilidade penal da pessoa jurídica. Basta que a Lei faça a previsão legal. É o que ocorre em matéria de acidente de trabalho.[32]

---

[32] Sobre a matéria, ver artigo de Eduardo Roth Dalcin, "A Responsabilidade Penal da Pessoa Jurídica e o Descumprimento das Normas de Segurança e Medicina do Trabalho", *in Rev. do Ministério Público*. RT nº 33, p. 68.

Contudo tem preponderado o velho aforisma: *societas delinquere non potest*,[33] restringindo-se a responsabilidade penal às pessoas físicas. E, embora as infrações penais sejam praticadas de forma coletiva dentro de uma empresa, alguns autores entendem ser absurda a penalização penal da empresa, especialmente em razão de que a responsabilidade penal (a imputabilidade) da empresa não seria por aquilo que ela praticou, cujo dolo não se teria como aferir, mas pela responsabilidade pura e simples de que o delito foi cometido dentro da empresa.

Torna-se necessária, na área de sonegação fiscal, a previsão de alguma medida punitiva em relação à empresa, com aplicação de pena secundária, como se aplica aos instrumentos do crime, ou considerando crime e responsabilizando-se penalmente, pela ação de seus agentes, a empresa e punindo-a com multas e/ou interdição de direitos, inclusive seu fechamento.[34]

Contudo, atualmente, na legislação brasileira, embora haja previsão na área de acidente de trabalho e no Direito Ambiental, não há previsão legal na área do Direito Penal Tributário. Tem-se ciência de que, em razão disso, alguns sonegadores, quando descobertos, têm transferido a empresa para terceiros, os quais funcionam como "testas-de-ferro", continuando a sonegar, confiantes da morosidade do processo administrativo, cuja matéria passa a ser discutida, posteriormente, na esfera judicial.

Na reforma dos crimes tributários, em Portugal, questiona-se o problema da responsabilização criminal das pessoas coletivas, tendo sido observado, na justificação do Decreto-Lei 20-A/90, de 15 de janeiro de 1990, que "razões de ordem pragmática têm levado a que nos últimos anos se generalize a tendência de admitir exceções ao dogma da individualidade da responsabilidade criminal. Tais razões assentam, principalmente, na necessidade de responder ao moderno incremento das atividades delituosas imputáveis preponderantemente a grandes organizações econômicas, pelo que a responsabilização criminal das pessoas colectivas tem sido admitida, cada vez mais, sobretudo no domínio do direito penal secundário, incluindo o direito penal fiscal. O próprio Código Penal Português, embora afirmando a regra da individualidade da responsabilidade criminal, considerou que tal princípio

---

[33] Sobre a pessoa física foi construída toda uma doutrina concernente à ação e à culpabilidade. Tais conceitos são estritos à pessoa física. Daí a dificuldade de entender a moderna dogmática de responsabilização da pessoa jurídica. É o que afirma Juan Terradilhos Basoco (*op. cit.*, p. 43-45).

[34] Juan Terradilhos Basoco, após entender que o aforismo *societas delinquere non potest*, menciona a advertência de F. Bricola sobre a possibilidade de os delitos cometidos por administradores serem, não em execução de iniciativa pessoal, mas de diretiva da política empresarial ou de decisões da assembléia. Punir, nestes casos, somente o administrador seria deixar impune o centro decisório (*op. cit.*, p. 44).

não é intangível, podendo haver excepções ao mesmo. Aliás, tal forma de responsabilização encontra-se há alguns anos expressa e profusamente consagrada no ordenamento penal, sobretudo nas áreas do direito penal secundário. Em consonância, admitiu-se a responsabilidade penal das pessoas colectivas."

A legislação portuguesa atual (Lei nº 15/01, de 5 de junho) especifica em seu artigo 7°, alínea 3, a responsabilidade criminal das entidades referidas no nº 1, sem exclusão da responsabilidade individual dos respectivos agentes. As mencionadas entidades compreendem "as pessoas coletivas, sociedades, ainda que irregularmente constituídas, e outras entidades fiscalmente equiparadas", as quais são responsáveis pelas infrações previstas na lei "quando cometidas pelos seus órgãos ou representantes, em seu nome e no interesse colectivo". E o artigo 12 da mencionada lei, em seu item 2, prevê que "aos crimes tributários cometidos por pessoas colectivas, sociedades, ainda que irregularmente constituídas, e outras entidades fiscalmente equiparadas é aplicável a pena de multa de 20 até 1920 dias, sendo que cada dia-multa deve ser fixado, para as pessoas jurídicas, entre 05 a 500 (euro)". Ainda prevê a aplicação de penas acessórias aos crimes tributários como:

"a) Interdição temporária do exercício de certas actividades ou profissões;
b) Privação do direito a receber subsídios ou subvenções concedidos por entidades ou serviços públicos;
c) Suspensão de benefícios concedidos unilateralmente pela administração tributária, franquias aduaneiras e benefícios concedidos pela administração da segurança social ou inibição de os obter;
d) Privação temporária do direito de participar em feiras, mercados, leilões ou arrematações e concursos de obras públicas, de fornecimento de bens ou serviços e de concessão, promovidos por entidades ou serviços públicos ou por instituições particulares de solidariedade social comparticipadas pelo orçamento da segurança social;
e) Encerramento de estabelecimento ou de depósito;
f) Cassação de licenças ou concessões e suspensão de autorizações;
g) Publicação da sentença condenatória a expensas do agente da infração;
h) Dissolução da pessoa colectiva;
i) Perda de mercadorias, meios de transporte e outros instrumentos do crime."

Tais penas têm pressupostos de aplicação, ressaltando-se que para a dissolução da pessoa jurídica é requisito que ela tenha sido constituída exclusiva ou predominantemente para a prática de crimes tributários ou quando a prática reiterada de tais crimes mostre que a pessoa coletiva está a ser utilizada para esse efeito, quer por seus membros, quer por quem exerça a respectiva administração (art. 17, *g*). Mais, há um limite temporal para as penas mencionadas nas letras *a* até *f*: só podem durar até três anos contados do trânsito em julgado da sentença condenatória. Assim, se fosse aqui aplicada a legislação portuguesa, as empresas "laranjas", cuja criação tem por finalidade assumir o ônus tributário de outra empresa, transferir créditos inexistentes, etc., ou cometer crimes tributários, poderiam ser extintas como pena acessória da condenação por crime tributário.

Na verdade, a responsabilidade penal da empresa dependerá da responsabilidade de seus agentes. Daí por que se poderia criar a pena acessória a incidir na pessoa jurídica, objetivando-se com isso evitar que a simples substituição dos administradores condenados não permitisse que a empresa continuasse a delinqüir, na busca de lucro fácil, com novos gerentes.

A legislação italiana (Lei nº 205/00 e D.LGS. 74/00) manda aplicar pena acessória no caso de condenação por um dos crimes previstos na lei, mas não prevê a desconstituição da empresa. Prevê a interdição para contratar com a administração pública por um período não inferior a um ano e não superior a três, bem como a interdição de exercer representação e assistência em matéria tributária por semelhante período. E, semelhantemente à legislação portuguesa, aplica a publicação da sentença como pena acessória (art. 12 da Lei nº 205 e do D.LGS nº 74/00). Esta talvez seja a pena acessória de maior caráter preventivo. Contudo, na nossa legislação, não há previsão de incidência.

Na França, igualmente, em 1992, no Código Penal, foi introduzida a responsabilização das pessoas coletivas.[35]

Na Espanha, com a entrada em vigor do CP de1995, passou-se a responsabilizar criminalmente a pessoa jurídica. Para Mir Puig,

> "La doctrina dominante ha interpretado la previsión diferenciada de estas consecuencias accesorias en el sentido de que para el CP no son penas, ni medidas de seguridad, ni tampoco responsabilidad civil derivada de delito, 2 pero algún autor defiende que, a pesar de su distinta denominación, son verdaderas penas, 3 y últimamente Silva Sánchez las concibe como propias medidas de seguridad. 4 La cuestión tiene que ver con la de si el Derecho penal español ha admitido la responsabilidad penal, en sentido estricto,

---

[35] SILVA, Isabel Marques da. *Responsabilidade Fiscal Penal Cumulativa das Sociedades e dos seus Administradores e Representantes.*.Lisboa: Universidade Católica Editora, 2000, p. 34.

de las personas jurídicas y empresas, o si, por el contrario, mantiene en vigor el principio tradicional societas delinquere non potest y se ha limitado a prever determinadas medidas no punitivas, sino únicamente tendentes a impedir la peligrosidad que puedan tener determinadas personas jurídicas o empresas".[36]

Para Mir Puig, contrário ao entendimento de que a sociedade possa delinqüir, entende que:

"La peligrosidad especial que pueden suponer las personas jurídicas y las empresas puede combatirse no sólo mediante sanciones administrativas y civiles, sino también a través de medidas preventivas previstas por el Derecho penal, similares a las medidas de seguridad en cuanto no se basan en la culpabilidad, pero peculiares porque no se basan en la capacidad de delinquir de una persona física, sino en la peligrosidad objetiva, instrumental, de la persona jurídica o empresa. Se trata de una tercera vía. Sin embargo, también en ella hay que exigir la posibilidad de alguna forma de imputación de los injustos cometidos por personas físicas a la dinámica de la persona jurídica o empresa. Si ello se añade al respeto del principio constitucional de proporcionalidad en sentido amplio, que requiere la necesidad, la idoneidad y la proporcionalidad en sentido estricto de estas medidas preventivas, se conseguirá su sujeción a límites no inferiores a los admitidos para las medidas de seguridad".[37]

E acrescenta:

"las 'medidas accesorias' previstas por el CP español de 1995 para personas jurídicas y empresas deben entenderse como medidas preventivas distintas a las penas y a las medidas de seguridad clásicas, y abren una tercera vía en la línea correcta. Sin embargo, lo hacen de una forma demasiado tímida, porque sólo se prevén para determinados delitos, que ni siquiera comprenden con carácter general los delitos contra el patrimonio y socio-económicos. Por otra parte, dichas medidas sólo serán suficientes si se interpretan de forma que puedan imponerse aunque no sea posible dirigir la acusación contra una persona o personas físicas responsables del injusto penal individual (de modo que su accesoriedad no sea procesal, sino sólo material y limitada, no máxima). También deben rodearse de las garantías de imputación y proporcionalidad que

---

[36] MIR PUIG, Santiago. "Una tercera vía em materia de responsabilid penal de las personas jurídicas". *In Revista Electrónica de Ciencia Penal y Criminología*, 2004, núm. 06-01, p. 01:1-01:17. http://criminet.ugr.es/recpc/06/recpc06-01.pdf

[37] Id. ib., p. 16.

hemos exigido. Finalmente, deberían incluir sanciones económicas puramente preventivas, como multas y privación de las ganancias obtenidas directa o indirectamente gracias al delito".[38]

A responsabilidade penal das pessoas jurídicas, chamadas pessoas coletivas, na Europa, decorre de recomendações, podendo-se mencionar a Recomendação aprovada pelo Comitê de Conselhos de Ministros do Conselho da Europa, em 1981.[39]

Entende-se que não se pode raciocinar sobre a matéria como se a única pena, em matéria criminal, fosse a pena privativa de liberdade, inviável para a pessoa jurídica[40]. O que não pode é deixar de responsabilizar, também, a empresa, porquanto, especialmente nas S.A., muda-se a diretoria, e a empresa continua a usufruir as vantagens econômicas com a sonegação.

Assim, enquanto não houver, no Brasil, modificação legislativa atribuindo responsabilidade penal às pessoas jurídicas, permanecem elas impunes, tenham ou não sido usadas como instrumento de enriquecimento ilícito de seus verdadeiros donos.

6.9. A PESSOA JURÍDICA E A PESSOA FÍSICA

Diante das circunstâncias especiais em que ocorrem os delitos contra a ordem tributária, importante é distinguir a espécie de empresa onde ocorreram os fatos, para se ter um ponto de partida da autoria. Há que se conjugar a espécie de empresa com as circunstâncias fáticas relacionadas com a empresa em concreto. Sendo firma individual, sociedade por quotas de responsabilidade limitada, o fato de o proprietário ser administrador da empresa é indicativo fundamental para sua responsabilização penal: na administração da empresa, pois, normalmente, tem ele o domínio do fato, sob as mais variadas formas: da ação, como autor da vontade, como mandante em relação ao autor imediato e da funcionalidade do fato em relação aos co-autores. É ele, geralmente, nestas circunstâncias, a figura central da conduta delituosa.

Nas sociedades anônimas, é bom se consignar, as decisões são tomadas não só pela diretoria executiva. A forma mais adequada de tomada de decisões, especialmente quando envolve operações que re-

---

[38] MIR PUIG, Santiago. Op. cit., p. 16.
[39] SILVA, Isabel Marques da. Op. cit., p. 32.
[40] Embora inviável, é equiparável de forma mas severa, porquanto há legislações preconizando o fechamento da empresa, o que corresponderia à morte dela.

percutem financeiramente na empresa, como o caso de sonegação, é a reunião da diretoria executiva com a administrativa e financeira, dependendo da empresa. Se as decisões são tomadas pela diretoria, seus membros exercem relevante papel para a funcionalidade do fato. Sem o apoio dela, não se realiza o fato, máxime considerando a forma como são as empresas controladas.[41]

Ressalte-se, finalmente, que as relações entre a empresa e seus agentes devem ser observadas e analisadas em consonância com a forma pela qual se desenvolveu o fato. Este não pode estar dissociado da empresa em si e do modo como é administrada a empresa. Da conjugação desses elementos emerge, mais facilmente, a autoria.[42]

Por outro lado, os delitos tributários, na Espanha e Itália, v.g., são delitos próprios, ou seja, são delitos praticáveis por quem seja sujeito passivo da incidência tributária, quando seja pessoa física, ou pelo responsável que, segundo a lei, intervém na relação jurídica impositiva.[43] Daí que o agente é o contribuinte de direito, podendo realizar o ilícito tributário pessoalmente, em divisão de trabalho com outras pessoas ou pelo domínio da vontade do incapaz ou do coacto. Armando Giorgetti ressalta que os ilícitos penais tributários, diversamente dos crimes comuns, não podem ser praticados por todos. Contudo observa não ser possível que todos os contribuintes possam praticar todas as ações ilícitas previstas pelo Direito Tributário positivo, porque a lei, para a existência de alguns delitos, exige uma posição jurídica especial ou do fato do agente, sem olvidar, por evidente, que, na divisão de trabalho da prática de ato ou diretamente, alguém pode "realizar o intervenir en la realización de una acción ilícita tributaria".[44] Há que se ressaltar, pela

---

[41] Até pouco tempo, a grande responsável pela sonegação de tributos, nesta área, era a legislação eleitoral. Estabeleciam as empresas o *caixa dois* com a finalidade precípua de financiar as campanhas eleitorais, porquanto as empresas não podiam fazê-lo oficialmente. Por sua vez, os candidatos pressionavam para receberem a contribuição. Desta forma, oficialmente não saía dinheiro algum da empresa, o que dificultava a responsabilização penal na área do Direito Eleitoral.

[42] Relevante será observar as implicações que o Mercosul irá refletir na área da sonegação fiscal, especialmente quando houver empresa binacional. Mais difícil que a questão da autoria se torna a prova dela. A impunidade só deixará de existir, então, se houver ação conjunta dos países no combate aos crimes dessa espécie. Impõem-se cautelas preliminares, sob pena de a "Lei de Gérson" se instaurar nas relações comerciais entre os países, em prejuízo das finalidades superiores do tratado. Haverá necessidade de se tipificar condutas específicas na área, com punições iguais, a fim de não se cometer injustiça quer em relação a outros aspectos do conflito de leis no espaço.

[43] GIORGETTI, Armando. *La evasion Tributaria*. Depalma. Buenos Aires, 1967, p. 109. Na Espanha, com o Código de 1995, há divergência desse entendimento. Se o Supremo Tribunal, em sentenças de 1990, 1993, 1996 e 1997, entendeu como crimes de mão própria, com a inserção da responsabilidade penal das pessoas jurídicas, modifica-se a visão da matéria. Ver BOIX REIG, Javier; MIRA BENAVENT, Javier. *Los delitos contra la Hacienda Pública y contra la seguridad social*. Valência: Tirant lo Blanch, 2000.

[44] Id., ib., p. 109.

diversidade legislativa do Brasil com a Itália e, em especial, a Espanha, a co-autoria e a participação, em regra geral, não exigem qualquer posição jurídica especial do agente. Para a legislação brasileira, qualquer agente, seja ele responsável tributário ou não, pode praticar o delito tributário.

6.10. DAS DIVERGÊNCIAS COM O DIREITO TRIBUTÁRIO

Se por um lado impõe-se uma revisão legislativa quanto à imputabilidade penal das pessoas jurídicas, por outro lado, enquanto a reforma não ocorrer, deve-se ter claro o princípio de a norma de Direito Penal ter sua aplicação restrita à pessoa que praticou o delito. Não se pode querer responsabilizar, objetivamente, alguém pelo simples fato de estar ligado à empresa, mas que, pela conjugação dos elementos acima expostos, verifica-se não ter ele o domínio do fato, nem ser partícipe. A responsabilidade penal não é objetiva,[45] como, em princípio, ocorre com a responsabilidade da empresa na área tributária. Da mesma forma que se exige a tipificação do fato como delituoso para a denúncia, não se constituindo todo ilícito tributário fiscal em crime, impõe-se estar atento ao princípio de a responsabilidade penal ser subjetiva. Somente pode ser responsabilizado criminalmente aquele que, dentro da teoria do domínio do fato, tinha o próprio domínio da própria ação, ou agia em divisão de trabalho, ou tinha o domínio da vontade do agente, ou, finalmente, por auxílio ou instigação, sem ter o domínio do fato, ajudou na realização do delito. Caso contrário, sem a observância de tais parâmetros, transforma-se o Direito Penal em afronta aos princípios elementares da Constituição Federal.

6.11. DA MODERNIDADE E MERCOSUL

Merecem considerações especiais os novos mecanismos existentes entre os países organizados em "blocos", os quais têm suscitado, especialmente, na Europa, com o Mercado Comum Europeu, novas modalidades de condutas criminosas na área tributária. No Mercosul,

---

[45] Com pertinência, José Paulo Baltazar Junior, ao falar do sujeito ativo nos crimes previdenciários, lembra o artigo 86 da Lei 3.807/60 e o 3° do artigo 95 da Lei n° 8.212/91, mencionando a inadmissibilidade do texto anterior que conduzia à responsabilidade objetiva, desde que transposta a responsabilidade tributária para a esfera penal tributária. "É preciso, diz ele, determinar quem efetivamente detinha o poder de mando na empresa, decidindo pelo recolhimento ou não das contribuições descontadas dos empregados" (in Direito Previdenciário. Aspectos materiais, processuais e penais. Livraria do Advogado, Porto Alegre, 1998, p. 287).

da mesma forma, os incentivos e benefícios criados ensejam o aparecimento de condutas novas, mais complexas, nas quais a identificação dos agentes se torna difícil, além de ser, quando identificados, de difícil punição, especialmente por faltar uma legislação adequada. Destaque-se, como acentua Piero Paradiso, que determinadas fraudes fiscais internacionais *non sarebbo possibili senza la cooperazione di banche*. Aliás, segundo Cosson, citado por Paradiso, "tutto il sistema frodatorio riposa su tittizie diduzioni dei depositi bancari (*Les industriels de la fraude fiscale.*, cit., p. 155 ss)". E, neste aspecto, torna-se necessário que haja uma legislação a punir não só o agente bancário ou financeiro, em face da responsabilidade subjetiva, mas, também, a instituição bancária ou financeira. Se a fraude tradicional pode ser reprimida somente com a responsabilidade subjetiva, a fraude moderna já necessita de organização mais ampla, "proporzionale all'industria che la commette", segundo Cosson,[46] cuja responsabilidade não pode ficar adstrita à subjetividade da pessoa física, sob pena de se manter intacta a pessoa jurídica que irá continuar a cometer delitos para continuar a auferir maiores vantagens econômicas.

---

[46] *Apud* PARADISO, *op. cit.*, p. 230.

7. A materialidade

A materialidade, nos crimes contra a ordem tributária, tem ensejado interpretações divergentes, especialmente quando o crime-meio da prática do delito for falsidade ideológica. Nessas circunstâncias, alguns juízes têm entendido ser imprescindível a perícia. Em se tratando de falsidade ideológica, a exigência da perícia ultrapassa a razoabilidade. Faz-se, pois, necessário, em primeiro lugar, distinguir, buscar, verificar qual a espécie de falsidade praticada para se saber a prova necessária ou exigível.

Mas não é só isto que causa dúvidas e interpretações equivocadas. Sobressai, por relevante, a compreensão do fato, ou seja, é fundamental que haja o entendimento da conduta do agente. É princípio vetusto, em Direito Penal, que a pessoa se defenda do fato, e não da capitulação. Ora, se não houver uma correta compreensão do fato, inegavelmente, haverá uma má aplicação do Direito. Para ilustrar, convém mencionar um fato ocorrido no interior do Rio Grande do Sul: o autor da sonegação fiscal havia sido denunciado por omitir o registro de entrada de mercadoria e, conseqüentemente, omitia o registro de saída. Por meio de controles paralelos, verificou-se a existência da fraude. Judicialmente, a pedido da defesa, foi deferida a perícia a ser realizada na contabilidade da empresa. Feita, nada constatou. A contabilidade nada indicou, estando correta. Aliás, nada poderia encontrar. O equívoco foi determinar a perícia na contabilidade. Tendo havido omissão no registro da entrada da mercadoria, é evidente que não haveria registro de saída: o contribuinte que usa do expediente somente vai registrar a saída da mercadoria que deu entrada. Nesse contexto, é ingenuidade determinar a perícia e absolver alguém com base nela. Na verdade, não houve compreensão do fato. Poderia haver a perícia, desde que não restrita à contabilidade. Sem que tivesse havido o entendimento de que as operações omissas não eram e nem poderiam estar registradas nos livros contábeis e de que a prova somente poderia ser encontrada em controles paralelos, em documentos existentes fora da documentação oficial da empresa, o resultado não poderia ser diverso.

Nesse contexto, fundamental é que haja a compreensão do fato, com o que haverá uma decisão adequada ao caso concreto.

7.1. AUTO DE EXAME DO CORPO DE DELITO

Como os crimes contra a ordem tributária, previstos no artigo 1º, são crimes materiais ou de resultado, alguns têm entendido da necessidade de realização de perícia. Tal entendimento decorre de uma outra situação extrema, onde tem sido admitido como prova pericial o auto de infração lavrado pela autoridade fazendária. Determina o art. 158 do Código de Processo Penal que "quando a infração deixar vestígios, será indispensável o exame de corpo de delito, direto ou indireto, não podendo supri-lo a confissão do acusado". Deixando vestígios, a perícia será feita por dois peritos oficiais (art. 159). Entretanto, o auto de infração, sem que se atenda aos requisitos especificados no CPP, não substitui a perícia.

E se o auto de lançamento em que se fundamentou a denúncia for declarado nulo na esfera administrativa? O STJ, no RHC 8762/DF, decidiu que "a nulidade do auto de infração fiscal, declarada na esfera administrativa, suprime à ação penal a justa causa, impondo o seu trancamento, se já proposta" (*in* DJ de 28.02.2000, p. 125). Como fundamento, cita outro acórdão, RHC nº 8.335/SP, do qual é relator o Ministro Vicente Leal, *in* DJ 14.06.99. Neste último *habeas corpus*, a decisão fundamenta-se no fato de que o lançamento, quando julgado improcedente, faz desaparecer a justa causa para o curso da ação. Pode ter razão tal acórdão em certas situações fáticas, dependendo da fundamentação ou do conteúdo da improcedência do lançamento. Na maior parte dos casos, contudo, com a devida vênia, parecem equivocadas as decisões que adotam de forma irrestrita tal posicionamento, uma vez que a prova da existência do crime não se materializa exclusivamente com o auto de lançamento. Ele, sozinho, não é prova suficiente quer para a condenação ou para o afastamento da denúncia. Necessário é que haja a prova da materialidade. E se houver prova material da falsidade capaz de reduzir ou suprimir o tributo, *v.g.*, irrelevante é a nulidade do auto de lançamento para a esfera penal. Assim, como não se admite como auto de exame de corpo de delito o auto de lançamento, necessitando a juntada da própria materialidade nos crimes de resultado, assim, também, a nulidade do auto de lançamento nada significa se existe a prova material da existência do crime. É evidente que a nulidade do auto de lançamento, reconhecendo a não-incidência do tributo ou a prática de elisão lícita, é relevante para o julgamento pela improcedência da denúncia. Assim, há que se ter cautela na apreciação das referidas decisões, da mesma forma como não se deve somente julgar o mérito com fundamento exclusivo no auto de lançamento, quando o crime for material.

O STJ, igualmente, no julgamento do HC n° 10762/RS, assentou entendimento de que "a prova pericial tende a ser imprescindível quando se trata de *falsum* material. A falsidade ideológica, em sede de simulação da regularidade fiscal, sonegação, lançamentos que não correspondem à real situação, de regra, dispensa a referida prova." (*in* DJ de 14.02.00, p. 54, sendo relator o Min. Félix Fischer). Mas é imprescindível juntar a prova, ou seja, o documento em que foi inserida, por ação ou omissão, a falsidade ideológica, podendo, por outros meios, como afirmado, v.g., testemunhal ou ostentação financeira, demonstrar que houve omissão, sendo falsa a declaração inserida no documento oficial. Não basta, portanto, somente o auto de lançamento. Deve o Ministério Público juntar, com ele, os documentos comprobatórios, cuja autenticação pode ser feita pela própria autoridade fazendária.

7.2. A MATERIALIDADE ANEXADA AOS AUTOS

Assim, é fundamental que haja a perícia quando a denúncia se fundamenta somente nela. Contudo pode haver denúncia com base no auto de infração, desde que sejam juntadas as cópias dos documentos, ou seja, junta-se aos autos a própria materialidade do delito, com o que fica dispensada a perícia. Vejamos algumas situações típicas, para as quais se aponta, quando não foi feita a perícia, a prova da materialidade necessária.

7.2.1. Nota fiscal "calçada"

Apesar de grosseira, é uma forma usual de sonegação. O contribuinte emite a nota fiscal, calçando a *via cativa* (a que fica retida no bloco), de forma que nela não fique consignada a verdade: a) ou o valor da via cativa é inferior ao da operação real, porque com isto reduz o tributo; b) ou, a pedido do adquirente, é superior ao valor real consignado na via cativa, porque isso possibilita que outrem, adquirente, ao consignar a entrada da mercadoria em seu estabelecimento, adquira crédito maior do que o real; c) ou, também, tanto a primeira via como a cativa não corresponde à realidade.

O calço é feito com qualquer prancheta fina e sólida. Posteriormente, a via cativa é preenchida com valores inferiores ao da operação, se a intenção de sonegar é relativamente à saída de mercadoria. O registro de valores inferiores resulta, no cálculo final, em débito tributário inferior ao real.

No uso da nota fiscal "calçada", a prova da materialidade se faz com a perícia, e, nesse caso, dispensável é a juntada de cópias das diversas vias; ou, mais comum, com base no auto de lançamento ou auto de infração, junta-se ao processo: a) cópia da via cativa (a que fica retida no bloco), ou, não sendo localizada, cópia do livro de registro de saída de mercadoria, onde deve aparecer o valor registrado, apesar do dever do contribuinte de guardá-la; b) cópia da 1ª via, a que é entregue ao comprador, onde aparece o valor real da operação. Com isto se junta aos autos a própria materialidade do delito, demonstrando-se que o contribuinte inseriu valor diverso numa e noutra via, resultando do registro de valor inferior no Livro de Registro de Saída de Mercadoria uma redução do tributo devido. A primeira via, se a venda foi efetuada para outro comerciante ou industrial, encontra-se nos registros de entrada. Contudo, quando a operação se realiza com consumidor final – pessoa física -, difícil é a localização da primeira via. Nesses casos, havendo algumas notas fiscais "calçadas" como prova, as demais se comprovam pelo cotejo dos valores correspondentes ao pagamento das saídas de mercadorias, com aqueles registrados nos livros fiscais. Noutras palavras, se entrou mais dinheiro do que o registrado, é sinal de que houve omissão de registro de mercadoria (entrada e/ou saída) ou omissão de registro de parte do valor da mercadoria. De uma ou de outra forma houve sonegação fiscal. Cumpre ressaltar que, nestas situações, o sonegador não registra corretamente suas operações, mas, geralmente, mantém um controle paralelo delas e/ou das contas bancárias. Tais controles, localizados na empresa ou em outro local, são prova suficiente para o cotejo entre as vendas efetuadas e o respectivo registro. Existindo diferença, houve falsidade no registro das saídas de mercadorias.

Como já mencionado, a nota fiscal "calçada" pode ser inversa, ou seja, a via cativa corresponde ao valor real da operação, e a primeira via é superior ao real. Isto acontece quando o contribuinte pretende reduzir o tributo e o faz, inserindo crédito maior do verdadeiro. É necessário para a realização da modalidade de conduta que haja colaboração de outro contribuinte, emissor da nota fiscal "calçada", dando pela primeira via um crédito maior do que aquele pelo qual ficou responsável em razão da via cativa. Às vezes, o vendedor efetua o preenchimento das diversas vias, noutras vezes, entrega em branco a primeira via,[47] para que o adquirente preencha com o valor que quiser, resultando da conduta um crédito fictício.

Numa ou noutra situação, a fotocópia autenticada é prova da materialidade do delito. Ideal, também, é juntar a cópia do Livro de Registro de Saída de Mercadoria. Num fato concreto de uso de nota fiscal "calçada", encontrou-se uma segunda redução do valor da operação: ao consignar o valor da via cativa no Livro de Registro de Saída de Mercadoria, o contribuinte reduzia ainda mais, registrando valor menor ainda. Para efeitos penais, tal situação de dupla falsidade é indicativa de dolo intenso por parte do contribuinte. Por outro lado, dispensável é a perícia desde que se comprove com a nota fiscal o que deveria ter sido registrado em cotejo com o que foi registrado no Livro de Registro de Saída de Mercadoria, por meio de cópia.

7.2.2. Nota fiscal paralela

Nota fiscal paralela significa nota fiscal impressa com o mesmo número e a mesma série da nota fiscal devidamente autorizada pelo fisco. Quando da impressão das notas fiscais, a Fazenda Pública emite um documento de autorização, necessário para que as gráficas possam imprimi-las, chamado de AIDOF (Autorização de Impressão de Documento Fiscal). O uso da nota fiscal paralela pode ocorrer pela empresa vendedora, como pode ser usada pela empresa compradora ou pseudo-compradora. Tudo depende do que se objetiva com o uso da nota fiscal paralela. Se o objetivo é omitir o registro daquela(s) operação(ões), o contribuinte manda imprimir notas paralelas a fim de usá-las em determinadas vendas, omitindo o registro de todas as operações constantes do bloco de notas fiscais.

A materialidade, nesses casos, prova-se pela perícia ou anexando-se cópia da nota fiscal verdadeira e da cópia da nota fiscal paralela: mesmo número, série e via.[48] Como não pode haver duas notas fiscais com o mesmo número, série e via, do confronto de ambas resulta provada a falsidade de uma delas. É de bom alvitre anexar cópia do Livro de Registro de Saída de Mercadoria, com a denúncia, porquanto, por meio

---

[47] Relativamente à autoria, há que se consignar que, muitas vezes, é o funcionário que, atendendo pedido do adquirente, entrega a via em branco ou preenche com valor superior à aquisição, sem que tenha tido ciência do fato o administrador. Não se pode, neste contexto, responsabilizar o administrador.

[48] Se houver duas notas fiscais, sendo uma delas de uma via e outra de via diversa, registrando valores e/ou operações diferentes, como compradores diversos, não se tem indicativo seguro se se trata de nota fiscal paralela ou se há emprego do artifício da nota fiscal calçada com uso das duas últimas vias para uma segunda operação, na qual se entrega ao adquirente via inadequada.

dele, se verifica qual a nota oficial e se demonstra a omissão do registro de saída da operação consignada na nota fiscal paralela.

7.2.3. Nota fiscal de firma inexistente

Às vezes, é utilizada, para gerar crédito, nota fiscal de empresa inexistente. Se o objetivo é aumentar o crédito, o agente, conforme declarações feitas por um denunciado, em certa ocasião, usa nota fiscal não impressa por ele, mas por terceiro que a vendera. Pode ser paralela à nota oficial da empresa, como pode ser uma nota fiscal de empresa fantasma. Paralela será se for cópia de uma nota fiscal verdadeira de uma empresa qualquer. Daí que, entre milhares de notas fiscais, insere o contribuinte uma nota fiscal falsa onde registra uma compra ficta, gerando, falsamente, um crédito bem superior ao real.

Nesse caso, prova-se por documento identificador da empresa emitente como inexistente por uma das seguintes razões: a) endereço real inexistente; b) falta de registro oficial; c) uso de CGCMF ou da Inscrição Estadual pertencente a outra empresa; d) inexistência da mercadoria no estoque do comprador e ausência de registro da saída dela; etc.

Pode, contudo, ter havido uso de nota fiscal falsa por quem vendeu a mercadoria a outro contribuinte. Neste caso, a aceitação da nota fiscal "fria" pelo comprador de uma empresa de nota fiscal de outra enquadra-o, se ciente do fato, na co-autoria da omissão do registro de saída de mercadoria por quem lha vendeu.

7.2.4. Crédito inexistente

Para evitar a bitributação, estabelece-se a sistemática do crédito e do débito, pela qual o contribuinte se credita do valor do imposto devido na operação anterior (compra) e se debita do valor da operação posterior (venda) que efetuar, compensando os valores. Em conseqüência, quanto maiores forem os créditos, menor será o imposto devido. Aumentando o valor do preço da compra, maior é o crédito, menor será a diferença, menor será o tributo, menor será a carga tributária. Se as operações fossem verdadeiras, menor também seria o lucro. Se as operações não forem verdadeiras, maior será o lucro, mas este não pode aparecer na contabilidade, surgindo, daí, a necessidade de existência do caixa dois para controle do dinheiro que, ficticiamente, sai do caixa, mas permanece na empresa ou nas contas bancárias de seus administradores.

Aumentar o crédito por uma nota fiscal, cujo valor expresso é maior do que o real, é reduzir tributo. Prova-se com a demonstração do valor efetivo da operação. Para isto é fundamental cópia dos documentos comprobatórios dos pagamentos, inclusive servindo o CRTC (Conhecimento de Transporte Rodoviário de Cargas), anotações paralelas apreendidas na empresa pela fiscalização ou pela polícia, bem como resultante de busca e apreensão de documentos feita por mandado judicial em residências, etc. Quando isto ocorre, a perícia a ser realizada na contabilidade da empresa nada irá apurar, a menos que haja falta de caixa, porquanto, como houve pagamento a maior somente no papel, deverá ser aumentado o valor saído do caixa, cuja importância é lançada na contabilidade como se realmente tivesse saído e se destinará a enriquecer o "caixa dois" ou a conta pessoal dos diretores. E, se a operação não deixa vestígios na contabilidade ou nos livros da empresa, desnecessária será a perícia.[49] Contudo, numa circunstância, a perícia poderia servir: quando inexiste dinheiro em caixa, mas, para aumentar o crédito, é aumentado o valor do pagamento da operação sem que haja real saída de dinheiro, ou seja, quando há "descuido" por parte do agente que efetua o pagamento sem dinheiro. Aí a perícia seria um adendo probatório, não podendo se restringir somente à análise do dia, mas devendo abranger um período maior.[50]

Incorre em equívoco os que sustentam ser o auto de exame de corpo de delito do "resultado *supressão* ou *redução* de tributo ou contribuição social", o ato da autoridade tributária "que se materializará na decisão final administrativa", querendo, com isto, afastar o recebimento da denúncia por ausência de interesse de agir. Noutras palavras, entendem que, "nos crimes contra a ordem tributária, o resultado, seus vestígios (sua materialidade) se comprovam com a apuração final da existência do crédito tributário *suprimido* ou *reduzido* após o término do processo administrativo".[51] Aduzem, ainda, que o contribuinte, na esfera administrativa, "tendo em vista o art. 15 do Código Penal", "poderá desistir do objetivo de *suprimir* ou *reduzir* tributos", como se o art. 83 da Lei nº 9.430/96 fosse uma espécie de arrependimento eficaz. Tal entendimento decorre de que não se compreendeu, ainda, qual o bem jurídico protegido, nem qual o momento consumativo do delito. Olvida-se que o próprio Código Tributário Nacional veda a denúncia espontânea quando a conduta tenha sido feita "após o início de qualquer procedimento

---

[49] A 4ª Câm. Crim. do TJRGS, em julgado de 6.9.94, com propriedade, julgou da seguinte forma: "SONEGAÇÃO FISCAL. PERÍCIA. Dispensável para a prova da autoria e da materialidade dos delitos de sonegação fiscal quando apreendidos documentos, em caixa dois, demonstrando as compras e vendas por valores a menor dos reais e transações com veículos usados através de interpostas pessoas" (Apel.-crim. nº 694009739).

[50] A razão da necessidade de um período maior é para evitar a confusão entre uma operação sem dinheiro em caixa com a que se destina a "esquentar" dinheiro existente, mas sem origem.

[51] Artigo de Nelson Bernardes de Souza: *Crimes Contra a Ordem Tributária e Processo Administrativo*. RT 740/497.

administrativo ou medida de fiscalização, relacionados com a infração" (art. 138, par. único, do CTN).[52] Logo, se iniciado o processo administrativo, não permite a norma que seja considerada denúncia espontânea na esfera tributária; não se há de cogitar, na esfera penal, que o processo administrativo deva ser aguardado em seu final para que se possibilite "arrependimento eficaz". Mais, nem se pode fundamentar uma ação penal somente com base na decisão administrativa, e, por fundamental, há que se distinguir os delitos do artigo primeiro dos do artigo segundo, sendo que neste último, mais especificamente em seu inciso II, quando cogita do "não recolher tributo", a reprovabilidade está centrada não no simples não-recolher tributo, mas a elementar tributo tem que estar aliada a outra elementar, qual seja, que o tributo seja "cobrado" ou "descontado", como adiante se verá.

Em matéria de sonegação fiscal, cuja existência, no caso do artigo 1º da Lei nº 8.137/90, passa por um dos crimes de falsidade, a materialidade do delito se provará pela cópia dos documentos, ou seja, de qualquer escrito, instrumentos ou papéis públicos (livros e notas fiscais...) ou particulares (anotações em cadernos ou livros não-oficiais, caixa dois, dados bancários, etc.). Se o crime-meio for falsidade ideológica, fundamental é a cópia dos documentos. Se material, em princípio se faz necessária a perícia, mas nem sempre ela é indispensável, podendo ser comprovada a materialidade pela forma descrita no item de nota fiscal de firma inexistente, por exemplo.[53] Neste sentido, a decisão do HC nº 692079056, da 1ª Câmara Criminal, sendo relator o Des. Ranolfo Vieira, em cujo acórdão se diz: "O auto de exame de corpo de delito, mencionado no Código de Processo Penal como indispensável, nos crimes que deixam vestígios, tem relação com objetos que não podem ser inseridos nos autos, ou com pessoas. Quando o corpo de delito se compõe de livros ou documentos, que podem vir ao processo, no original ou em cópia autêntica, nem sempre a perícia se mostra imprescindível. De qualquer modo, estando nos autos esses documentos, é sempre possível, a qualquer tempo, determinar-se a realização de exames periciais, quando necessários. A não-realização da perícia é causa, em tal hipótese, para trancamento da ação penal."

---

[52] O STJ, no REsp nº 45942, decidiu: "2. A denúncia espontânea pressupõe boa-fé, não servindo para escapar, direta ou indiretamente, de sanções aplicáveis ao ilícito tipificado pela ação anterior, praticada deliberadamente contra disposições fiscais." (DJ de 23.5.94, p. 12576). Ver, em outros países, a obra: IGLESIAS RÍO, Miguel Ángel.*La regtularización Fiscal em el Delito de Defraudación Tributaria.* (Um análisis de la *autodenuncia.* Art. 305-4 CP).Valencia: Tirant lo Blanch, 2003.

[53] Exemplo típico da dispensa é o uso de nota fiscal paralela. A nota fiscal é falsa, e o simples cotejo das duas notas fiscais, com o mesmo número, série e via é suficiente para comprovar a existência e uso do expediente vedado, sendo que, relacionadas com o constante no Livro de Registro de Saída de Mercadoria, é suficiente para demonstrar qual delas é a "paralela" e foi omitida no registro.

Não se pode, em tais casos, olvidar que a perícia é meio de prova, e não, fim do processo, destinando-se a comprovar a existência do delito. Se a existência do crime se comprovar por outras formas, estas são suficientes, podendo a perícia ser realizada como um *plus* probatório, não uma condição para decisão. Ela não se presta para substituir o raciocínio a ser feito pelo julgador diante dos documentos acostados aos autos, mas substitui a documentação. Não será, em crime contra a ordem tributária, a perícia que irá dizer ao juiz se houve ou não crime, mesmo porque o juiz não está adstrito a ela.[54]

7.3. OUTROS ASPECTOS DA MATERIALIDADE

Na análise da matéria, cumpre ressaltar ser importante observar a modalidade de conduta ou qual a ação praticada pelo contribuinte. Recentemente, houve um julgamento pelo STJ, em que se admitia que *apurado o delito por essa via* (via administrativa) *oficial, reiterada pela confissão, cabe recusar-se a argüição de violação do art. 158 do CPP*. No corpo do acórdão, o voto do Min. José Dantas especifica: "É que, substancialmente vinculado à natureza dos crimes contra a Administração Pública, o crime contra à ordem tributária de que se trata (Lei 8.137/90, art, 2º , inc. II) tem seu corpo de delito apurado indiretamente por via do respectivo procedimento administrativo. E foi justamente por essa via procedimental que se levantou o débito das prestações previdenciárias, de cuja retenção delituosa foi acusado o recorrente – Notificação Fiscal de Lançamento do Débito – NFLD, de fls. Tal peça, alinhada à própria confissão, não tem como ser desconsiderada como prova suficiente da obrigação previdencial (*sic*) que o art. 2º, II, da citada lei equipara ao crime contra a ordem tributária".[55] O conceito expresso na ementa e no acórdão deve ficar adstrito à espécie de conduta praticada pelo contribuinte. Deixar de recolher o tributo não se faz prova com documentação do contribuinte, mas com a verificação da existência do pagamento nos registros do órgão público. Aí não se cogita de perícia, nem de juntada de documentos, mas pela declaração do órgão oficial se tem a prova da omissão, a qual deverá ser acrescida da prova de que o tributo tenha sido "cobrado ou descontado" (art. 2º, II, da Lei nº 8.137/90) ou que

---

[54] Durante o período em que trabalhamos na área da sonegação fiscal, a grande dificuldade que se percebia existente entre os profissionais do Direito era o entendimento do fato. Esta espécie de dificuldade é crucial, porquanto, na área penal, o réu se defende do fato e, sem entender o fato, não se aplica a norma legal de forma justa: ou se absolve ou se condena pelo fato praticado e não pelo *suposto* entendimento do fato.

[55] RT 725/536-537.

tenha sido "descontada ou arrecadada", no caso de contribuição social (art. 95, *d*, da Lei n° 8.212/91, hoje art. 168-A, do Código Penal). Contudo, se o fato for do artigo 1°, necessária se faz a prova da falsidade pela qual o contribuinte reduziu ou suprimiu tributo.

Inegavelmene, se a produção da prova não mais pode ser feita por extinção dos vestígios documentais, é evidente que pode o juiz socorrer-se das provas indiciárias. Contudo, como alerta José Luis Saone Spiegelberg, "necessário é que se cumpram as exigências da prova indiciária: a) existência de pluralidade de indícios; b) os indícios aparecem confirmados pela prova direta; c) entre eles estabelece-se uma relação de harmonia e concomitância de forma a serem compatíveis entre si, não se excluindo uns aos outros; d) existência de uma conclusão racional e precisa entre os indícios e a conseqüência probatória pretendida".[56]

Finalmente, não se pode omitir alguma referência às transformações que ocorrem na ordem econômica mundial, as quais, inevitavelmente, irão se refletir em novas modalidades de fraudes fiscais, cuja prova deverá ser objetivada caso a caso. Adequadas são as observações feitas por Piero Paradiso, ao dizer:

> "Queste spiegazioni, però, possono dar conto delle infrazioni tributarie commesse da persone fisiche o da piccole e medie imprese, mentre per quanto si riferisce alle grandi imprese e alle società multinazionali la ragione della frode fiscale – che rapressenta un momento constante della politica aziendale – va ricercata esclusivamente nelle finalità dell'accrescimento (o del consolidamento) di un potere economico e politico da conseguire attraverso la realizzazione dei massimi profitti. Sono, infattti, le frodi fiscali commesse proprio dalle multinazionali – più esattamente dagli amministratori di queste società – ada assumere sul piano criminologico il rilievo maggiore a causa della loro articolazione, che rivela una pericolosità crtiminale ed una *idoneità al ruolo delinquenziale* degli autori del tutto particolare. Le infrazioni tributarie di queste imprese – che rivestono spesso forme tipiche della criminalità *organizzata* – vengono perpetrate utilizzando, illecitamente, da un lato, le strutture sovranazionali di cui esse dispongono e dall'altro, tutte le risorse offerte dalla legislazione comunitaria – nell'ambito della Comunità Economica Europea – e dlla disuguaglianza degli ordinamenti dei singoli Stati.
>
> Le frodi fiscali più frequenti, a parte l'alterazione delle rendite sociali, consistono nell'ottenere fraudolentemente sovvenzioni per

---

[56] SPIEGELBERG, José Luis Seona. "El Delito de Defraudación Tributária", *in Temas de Derecho Penal Tributario*. Madrid: Marcial Pons, 2000, p. 102.

esportazioni fittizie – nell'ambito comunitario – verso altri paesi, oppure nella 'naturalizzazione' di prodotti importanti da paesi stranieri. Mediante la constituzione di società fittizie e le transazioni (vendite e acquisti) che esse realizzano, nel primo caso è possibile ottenere un rimborso della tassa sul valore aggiunto, nel secondo si elude il pagamento della tassa sulle importazioni. Le técniche atraverso cui si attuano queste frodi sono, quindi, complesse ed estremamente ben congegnate e il dolo dei loro autori assume, di conseguenza, un'intensità assai rilevante. Le stesse considerazioni valgono per le altre forme mediante cui le multinazionali frodano il fisco: i trasferimenti di fondi per evadere l'imposta e i trasferimenti della sede sociale negli Stati che offrono – sotto il profilo tributario – i maggiori vantaggi.
Sono questi í complessi meccanismi che trasformano la frode 'tradizionale' in frode 'moderna', per usare le definizioni di Cosson, e rendono possibilie la frode fiscale internazionale, la cui nozione si desume dall'analisi, svolta a livello nazionale, presso i vari Stati, dele frodi fiscali, doganali e valutarie: le singole frodi no vengono perpetrate, infatti, in danno di un organismo internazionale, ma eludono – 'attraverso l'impiego fraudolento di transazioni internazionali'-, il pagamento di tasse nazionali. Accanto a questa tipologia delittuosa occorre collocarne un'altra, egualmente grave sul piano criminologico che si realizza direttamente in danno di un'organizzazione internazionale; intendiamo riferirci alle frodi realizzate nel quando del Mercato Comune alle quali si è appena fatto riferimento: le sovvenzioni fraudolentemente ottenute per pretese esportazioni, che recano pregiudizio alla Feoga di Brusselle, e l'importazione illegale di prodotti provenienti da paesi estranei alla CEE che vengono 'travestiti' da prodotti del Mercato Comune. Sono, questi, illeciti che, benchè commessi a livello nazionale, in violazione di leggi statali, arrecano danno – comunque – alla FEOGA e si ripercuotono negativamente sull'intera vita dela CEE".[57]

Da mesma forma que no Mercado Comum Europeu se estabeleceram, no Mercosul se estabelecem condições para a consecução de novas fraudes fiscais, pelas quais os agentes se aproveitam dos benefícios existentes para reduzir ou suprimir tributo. Como surgem empresas fantasmas, com o fim de ser simulada uma exportação, ou empresas verdadeiras em outros países do Mercosul, mas que se prestam a ser fachada para importação de mercadoria de outros países não beneficiados, a prova a ser produzida deverá atender às novas modalidades de

---

[57] PARADISO, Piero. *La Criminalità Negli Affari. Un Approccio Criminologico*. Padova: CEDAM, 1983, p. 228/231.

fraudes, bem como deve haver, entre os países signatários, uma convenção que trate de facilitar a colheita da prova no outro país, quer com busca e apreensão de documentos, quer com quebra de sigilo bancário, quando for a única forma de comprovar a fraude.

Pode-se, pois, dizer que as condutas podem variar de forma quase imprevisível. De conformidade com a espécie de fraude, ou com *modus operandi* havido, haverá que se identificar quais os instrumentos necessários para a sua comprovação, não se olvidando que a fraude moderna dificilmente tem ressonância positiva com a sistemática probatória das fraudes antigas como "nota calçada", nota paralela, etc. Basta mencionar, *ad argumentandum*, a computação, cujo acesso ao conteúdo arquivado na empresa pode-se constituir em elemento probatório de alto valor. Para isto, fundamental é entender o fato, porquanto, sem a compreensão dele, não se sabe como prová-lo ou onde deve ser buscada a prova.

Posto isso, fundamental para a prova, nas fraudes modernas, é a quebra do sigilo bancário. Como já mencionado, citando-se Piero Paradiso, "as fraudes fiscais internacionais não são possíveis sem a cooperação dos bancos", ou, segundo Cosson, "todo o sistema fraudatário repousa *su tittizie deduzione dei depositi bancari*".[58] E, nas empresas, o caixa dois, a evasão de divisas, o subfaturamento, expedientes corriqueiros para a redução do tributo, são comprováveis por meio da quebra do sigilo bancário. Este, que tem por finalidade a proteção do cidadão, não pode ser causa a acobertar a criminalidade, merecendo, adiante, capítulo próprio.

---

[58] "L'étude de la fraude moderne par opérations fictives ne serait pas complète sans l'examen du rôle que les banques sont nécessairement appelées à y jouer, puiisque tout lê système repose sur lê retrait des espèces em dépôt dans une banque." (COSSON, Jean. *Lês instrustriels de la fraude fiscale*. Paris: Éditions du Seuil).

8. Da culpabilidade

Se a culpabilidade é, como preleciona a doutrina, a reprovabilidade da conduta típica e antijurídica, releva destacar que a nossa legislação, nos crimes contra a ordem tributária, diversamente de outras, reprova a conduta eivada de falsidade ou a conduta desconforme com os princípios já presentes no Código Penal.

Mirabete destaca só haver culpabilidade "se o sujeito, de acordo com as suas condições psíquicas, podia estruturar sua consciência e vontade de acordo com o direito (*imputabilidade*); se estava em condições de poder compreender a ilicitude da sua conduta (*possibilidade de conhecimento da ilicitude*); se era possível exigir-se, nas circunstâncias, conduta diferente daquela do agente (*exigibilidade de conduta diversa*)".[59] Tais elementos não oferecem grande dificuldade doutrinária, apesar das divergências, nos crimes comuns, especialmente quanto à imputabilidade vista não como um elemento, mas como um pressuposto. Contudo, sem entrar nessas divergências, destaque-se, pelas características próprias dos crimes contra a ordem tributária, a necessidade de uma análise mais detalhada sobre a consciência da ilicitude e exigibilidade de conduta diversa. Tais elementos afastam, em certos casos, a culpabilidade, nos crimes fiscais, formando a faixa cinzenta, nebulosa, de distinção entre os elementos em si e a existência do dolo.

8.1. CONSCIÊNCIA DA ILICITUDE

Um dos problemas com que se depara o aplicador do Direito, em relação aos crimes contra a ordem tributária, concerne à consciência da ilicitude, especialmente porque se arraigou, nos meios jurídicos, o conceito de ser a ordem tributária extremamente complexa: nem os próprios fiscais a entendem e é impossível observá-la sem que a pessoa

---

[59] *Manual de Direito Penal*. 7ª ed. São Paulo: Atlas, p. 190.

cometa erros... O argumento impressiona, porquanto a área tributária, na maioria das faculdades, está relegada a um segundo plano, quando ministrada. Bem acentua Francisco de Assis Toledo: "Como já observara o próprio Binding, no final do trecho acima transcrito, que certas proibições, ou deveres jurídicos, não vêm 'com o ar que se respira', não são dotadas de um conteúdo moral, não correspondem a uma concepção de injusto material. Em relação a essas proibições, os delitos que lhes correspondem são autênticos *mala prohibita*, e não *mala in se*, portanto, inacessíveis ao leigo (certos delitos falimentares, delitos de sonegação fiscal, etc.). Como exigir-se, nesse caso, por parte do agente, que se supõe não ser jurista, motivar-se pelo conhecimento da norma, ou pela anti-socialidade, ou pela imoralidade de uma conduta totalmente neutra, ou, ainda, que encontre, na sua 'consciência' profana, com algum esforço, o que nela nunca esteve e não está?" E prossegue: "A impossibilidade de resposta a essa ordem de indagações, por qualquer dos três critérios anteriormente referidos, conduziu Wetzel a reelaborar o conceito de 'consciência da ilicitude', introduzindo-lhe um novo elemento – o dever de informar-se – para fechar o círculo dogmático, com abrangência da totalidade dos tipos penais".[60]

Nos crimes comuns, fica evidente que repugnam à moral e aos costumes certos fatos considerados ilícitos nas normas penais. Estas nada mais fizeram do que copilar condutas repugnadas pela consciência social. Noutros casos, contudo, a consciência da ilicitude "só pode basear-se em uma ausência de informação". E veja-se que, na área tributária, nos delitos previstos na Lei nº 8.137/90, cujo artigo 1º contém, como crime-meio, condutas que correspondem à falsidade material ou à ideológica, não se pode dizer que a consciência da ilicitude esteja fora dos critérios que informam os demais delitos. Mas, se alguma dificuldade existe, "o dever de informar-se" deflui do tipo de atividade exercida pelo contribuinte, porquanto, como assevera Francisco de Assis Toledo, "*dever de informar-se* no círculo hoje bastante amplo das *atividades regulamentadas* – profissões liberais, técnicas, comércio habitual etc. – teremos: onde houver um conjunto de normas jurídicas (legais, regulamentares, costumeiras ou estatutárias) estabelecendo condições e regras para o exercício de certas atividades que não fazem parte, necessariamente, da vida de todos e de cada um, aí existirá um especial dever jurídico de informar-se, pois o Estado e a sociedade, *omnium consensu*, permitem ao indivíduo o desfrute dos benefícios decorrentes da prática dessas atividades, que fogem ao padrão normal de conduta, mas, ao mesmo tempo,

---

[60] In *Princípios Básicos de Direito Penal*. São Paulo: Saraiva, 1986, p. 247/248.

regulamentam a *condição* do seu exercício. Fora disso, o dever de informar-se será de exigibilidade realmente muito discutível".[61]

Ora, na esfera tributária, existe para o contribuinte este dever de informar-se, não sendo plausível que aduza a falta de consciência da ilicitude. Mais, a maioria das atividades, especialmente as comerciais e as industriais, exige a contratação de alguém especializado que faça a contabilidade da empresa, o qual tem o dever de informar ao contribuinte, como este tem o dever de informar-se. A dupla obrigatoriedade (de informar e de informar-se), na área dos crimes contra a ordem tributária, afasta a invocação de falta de consciência da ilicitude, quando não foi ela exercida. Como bem conclui Assis Toledo, "não aproveita ao agente a falta da consciência da ilicitude quando: a) teria sido fácil para ele, nas circunstâncias, obter essa consciência com algum esforço de inteligência e com os conhecimentos hauridos da vida comunitária de seu próprio meio; b) propositadamente (*ignorantia affectata* do direito canônico), recusa-se a instruir-se para não ter que evitar uma possível conduta proibida; c) não procura informar-se convenientemente, mesmo sem má intenção, para o exercício de atividades regulamentadas".[62]

Contudo, muitas vezes, o contribuinte busca, em razão do dever de informar-se, saber qual a conduta devida, quais os limites possíveis, etc., para evitar a enorme carga tributária. Nessas circunstâncias, como o Direito lhe assegura encontrar um caminho menos oneroso, desde que não tenha sido o da burla, da fraude, do engodo, não se pode atribuir-lhe consciência da ilicitude, quando tudo fez para agir corretamente. A busca da informação, aliada à ausência de má-intenção, significa não ter o agente consciência da ilicitude. Não só ausência dela, como do dolo.

8.2. ERRO

Antes de qualquer análise específica sobre erro, sobre erro de proibição e erro de tipo, impõe-se mencionar a lição de Hector B. Villegas:

> "Existen motivos para admitir que el error (que és una noción falsa sobre algo) puede originar-se en múltiples ocasiones y por diversos motivos en materia tributaria.
> Se debe tener en cuenta, en primer lugar, la multiplicidad, variabilidad e inestabilidad de las leyes tributarias que se traduce en una complejidad atentatoria del principio de certeza y que justifica, en

---

[61] TOLEDO, *op. cit.*, p. 249.
[62] Id., ib., p. 250.

no pocos casos, la confusión y el equívoco del contribuyente, lo cual se producirá inevitablemente mientras no exista 'una mayor idoneidad en las expressiones de la ley fiscal que desprovistas del agudo tecnicismo lleven a la conciencia del pueblo al estado de certeza', de tal suerte que 'exterioricen con precisión y no complejamente el modo de conducta fijado a una persona dada'.
También puede surgir el error dela escasa e inadecuada publicidad que suele acompañar a las leyes fiscales, ya que de nada sirve la claridad legal si no va seguida de una amplia difusión que despeje de la mente del contribuyente toda duda generadora del error".[63]

Mas, no nosso Direito Penal Tributário, até que ponto é relevante o erro?[64]

8.3. ERRO DE TIPO E ERRO DE PROIBIÇÃO

Superada pela doutrina a distinção entre erro de fato e erro de direito, causadora de tantas dificuldades, passou ela a fixar a distinção entre erro de proibição e erro de tipo. Este "é o que incide não sobre o fato, mas sobre os elementos do tipo penal. Assim, o erro sobre um elemento do tipo exclui o dolo e, portanto o próprio fato típico. O erro de proibição, por sua vez, não diz respeito à tipicidade, ao tipo penal, mas à sua antijuridicidade. Não existe, na hipótese de erro de proibição, a consciência da ilicitude (atual ou parcial) do fato, que é um pressuposto ou elemento da culpabilidade. Desde que inevitável o erro, o agente não pode merecer censura pelo fato que praticou ignorando sua ilicitude. O erro de proibição, portanto, não elimina o dolo; o agente pratica um fato típico, mas fica excluída a reprovabilidade da conduta".[65] E se isto se apresenta para o Direito Penal em geral, com maior razão para o Direito Penal Tributário, em que não basta o dever de informar-se, mas necessário é, para haver culpabilidade, que haja possibilidade de conhecimento da antijuridicidade do fato. O agente informa-se e age como se fosse lícita a sua conduta. Mais, muitas vezes age com base em decisões dos Tribunais. Logo, se aos Tribunais era lícito equivocar-se na interpretação da norma tributária, não se pode censurar a conduta do agente, se praticada, mesmo na fase de interpretação conflitante de tribunais, com base em alguma dessas decisões. A censura será cabível somente quan-

---

[63] *In Régimen penal tributario argentino.* Buenos Aires: Depalma, 1995, p. 140.
[64] Ver LOVATTO, Alecio Adão. *O Princípio da Igualdade e o Erro Penal Tributário.* Porto Alegre: Livraria do Advogado, 2008.
[65] MIRABETE, *op. cit.*, p. 192.

do a conduta for praticada após inexistir divergência jurisprudencial, nem haver dúvida quanto à censurabilidade daquela ação, e, mesmo assim, o agente, por pretender reduzir ou suprimir o tributo, por pretender postergá-lo de alguma forma, pratica o fato reprovado.

O juízo equivocado que o agente faz, nos crimes contra a ordem tributária, não se fundamenta em desconhecimento da lei, para o qual existe o princípio *ignorantia legis neminen excusat*. A velha desculpa: mas eu não sabia, não é suficiente, nem pode ser alegada. O erro deve ser sobre a ilicitude do fato conforme art. 21, sendo que, no caso de ser ele evitável, é causa de diminuição da pena, e, sendo inevitável, isenta de pena. Se o erro é escusável, afastada fica a culpabilidade quando diz ele respeito à ilicitude do fato. Daí, "não há culpabilidade quando o agente supõe, por erro inevitável, que sua conduta, ainda que típica, não é contrária à lei por estar amparada em uma causa excludente da antijuridicidade",[66] como quando o agente age pressupondo-se em estado de necessidade porquanto o pagamento do tributo (v.g. Contribuição Previdenciária do INSS) acarretaria paralisação da empresa ou falta de pagamento dos empregados por inexistir, em caixa, todo o dinheiro necessário para honrar os dois compromissos.[67]

Na jurisprudência argentina, o erro escusável tem sido admitido, embora, conforme decisão da Corte, "el error excusable, bajo la forma de ignorancia a las leyes, es sólo aceptado excepcionalmente como eximente de sanción legal (Fallos, t. 2212, p. 237)".[68] Villegas observa, ainda, que "la oscuridad, confusión o complejidad de las leyes tributarias son circunstancias que la jurisprudencia ha contemplado como justificativas de error en el debido cumplimiento de las obligaciones fiscales, y así se ha resuelto que 'si la oscuridad de la ley tributaria pudo inducir en error al contribuyente, corresponde exonerarle de recargos',[69] conforme menciona la Rev. 'La Ley', t. 85, p. 613". Igualmente menciona decisão no sentido de ser admitido o erro quando a lei torna possível equivocar-se na interpretação. E se as normas aplicáveis sofreram uma série de transformações capazes de produzir dúvida, admissível é o erro escusável. A obscuridade da norma também enseja erro escusável, e isso tem ocorrido até mesmo para quem elaborou o projeto legal, mesmo porque sofre ele, às vezes, modificações que o tornam ininteligíveis.

---

[66] MIRABETE, *op. cit.*, p. 195.

[67] A matéria deve ser objeto de prova da situação fática de insolvência ou pré-insolvência, não bastando simples alegação.

[68] VILLEGAS, Hector B. *Regime Penal Tributario Argentino*. Buenos Aire: Depalma, 1995, p. 146, nota 20.

[69] Id. ib., p. 148.

O Código Penal preleciona que o erro é evitável *se o agente atua ou se omite sem consciência da ilicitude do fato, quando lhe era possível, nas circunstâncias, ter ou atingir essa consciência.* Segundo Walter M. Coelho,[70] três situações caracterizam o erro evitável:

> "*Primeira:* o agente do crime age sem a consciência do injusto; mas, nas circunstâncias, com esforço de sua inteligência e vivências hauridas na comunidade, poderia atingir a real consciência da ilicitude do fato praticado;
> *Segunda:* o agente do crime, embora sem a consciência do injusto, agiu na dúvida, deixando, propositadamente, de informar-se sobre a licitude de seu comportamento, para não ter que se abster da conduta proibida. Seria a *ignorantia affectata* do Direito Canônico;
> *Terceira:* o agente do crime não tem consciência do ilícito, porque não procurou informar-se, convenientemente, para o exercício da profissão ou atividades regulamentadas. Aqui o dever cívico de conhecimento da norma jurídica é plenamente exigível, e não vago, irreal e fictício. É também um caso típico de *ignorantia vencibilis*, que não era novidade no Direito Eclesiástico."

Pode o agente, nos delitos tributários, informar-se, tanto que as legislações estaduais, em muitos Estados, prevêem a consulta aos órgãos oficiais, com o que pode saber da licitude ou não de sua conduta. Contudo, deixando de informar-se, não só com o órgão oficial, mas com seu contador, profissional obrigatório da empresa, sobre determinada conduta, inescusável é o erro, e, como tal, somente será causa de diminuição de pena (minorante). Ao inverso, se ele tomou todas as cautelas, se buscou as informações, se contratou profissional para que sua conduta fosse lícita, não para burlar a lei, se suas condutas anteriores são indicativos de buscar agir dentro da lei, não há como negar a aplicabilidade da isenção da pena pela escusabilidade do erro de proibição. Igualmente, quando se informa ao órgão fazendário, ou age de acordo com a informação equivocada do funcionário, agiu ele com erro sobre a antijuridicidade do fato, sendo isento de pena por escusável o erro.

Na área dos crimes contra a ordem tributária, o papel de garantidor é do contador, do bacharel em ciências contábeis que assessora a empresa. Ele informa o contribuinte do dever de conduta. Percebendo ele que o contribuinte assessorado está praticando conduta típica, por omissão, *v.g.*, tem ele o dever de informar e de evitar o resultado. Mas se, em razão de a conduta do contribuinte concretizar-se fora de sua

---

[70] COELHO, Walter M. "Erro de Tipo e Erro de Proibição no Novo Código Penal". In *O Direito Penal e o Novo Código Penal Brasileiro*. Org. Vladimir Giacomuzzi. Porto Alegre: Sergio Fabris, 1985, p. 96.

esfera de atuação, pressupor ele não estar obrigado a agir para evitar o resultado, pode ocorrer erro de mandamento.

8.4. DAS DESCRIMINANTES PUTATIVAS

Para a teoria limitada da culpabilidade, as descriminantes putativas excluem o dolo, constituindo-se em erro de tipo, conforme o próprio Código Penal enquadra (§ 1º do art. 20). Já para os adeptos da teoria extremada da culpabilidade, as descriminantes putativas configuram erro de proibição. Ora, o agente, ao praticar a ação, embora pressuponha estar em situação que a legitime, não se encontra na verdade. Tais situações, se existentes, são causas de exclusão da antijuridicidade, constituindo-se em erro de proibição. Não parece adequado o entendimento de que seria erro de tipo, porquanto o dolo existe, mas haveria uma situação a justificar a conduta do agente.

Nos delitos fiscais, existe a possibilidade de ocorrerem duas hipóteses de descriminantes putativas: o agente imagina-se em pressuposto estado de necessidade ou em pressuposto exercício regular de um direito. Aquele pode ocorrer especialmente na arrecadação de contribuição social,[71] e este, na matéria de aproveitamento de créditos, quando, pelas circunstâncias, era impossível atingir a consciência da ilicitude.

Não se pode olvidar que o terceiro, cuja conduta determinou o erro praticado pelo contribuinte, especialmente se, pela profissão, lhe era dever de evitar a conduta, responde pelo crime (art. 20, § 2º).

8.5. COAÇÃO IRRESISTÍVEL

Nos crimes fiscais, deve-se ter presente a estrutura funcional das empresas, bem como a conjuntura socioeconômica, para a apreciação da parcela de contribuição que certos funcionários têm na prática de um

---

[71] Há decisões judiciais absolvendo o denunciado por tal situação, entendendo como de inexigibilidade de conduta diversa. Se não há dinheiro para pagar as duas obrigações: salário do trabalhador e o valor descontado de INSS, se a própria lei privilegia o crédito trabalhista em detrimento dos demais créditos, inclusive o tributário, seria absurdo exigir que o empregador retardasse o pagamento do salário por não ter, em caixa, o dinheiro para pagar, também, o INSS. Comprovada a situação fática, é perfeitamente admissível o entendimento de que o agente agiu em conformidade com a norma legal de opção preferencial pelo crédito trabalhista. Ademais, perfeitamente possível o entendimento de ausência de tipicidade, porquanto ninguém deixa de recolher aquilo que inexiste, ou seja, faltou o dolo de *deixar de recolher*. Aliás, convém não olvidar a necessidade da presença do dolo.

delito. Pode ocorrer que o funcionário recebe ordens para a prática de certos lançamentos ou mesmo para emissão de notas fiscais. Se houver ameaça de perda do emprego, caso não aja de acordo com as ordens, diante da situação social de falta de emprego, tem-se, em realidade, coação irresistível. O estado de necessidade funciona como caracterizador da irresistibilidade da coação.

Por outro lado, em determinadas condutas impostas ao funcionário, em razão de seu nível, dificilmente tem ele consciência da ilicitude, limitando-se a cumprir as determinações. A experiência tem demonstrado que, muitas vezes, o empregado tem consciência da ilicitude de sua conduta, guarda as informações como trunfo e, quando despedido, usa-as para vingar-se de seu ex-patrão.

Presente a coação, afasta-se a culpabilidade do agente.

Consigne-se que a hipótese da obediência hierárquica à ordem não manifestamente ilegal não se aplica às relações empregatícias. A ordem hierárquica é pertinente ao Direito Administrativo. Em situações remotas, pode ocorrer um comportamento de funcionário público em que a excludente da culpabilidade é aplicável, e isto ocorre quando o superior hierárquico está mancomunado com terceiro, fornecedor. Nesses casos, geralmente há concurso de crimes: sonegação fiscal e crime contra a administração pública.

9. Tipicidade

9.1. QUESTÕES GERAIS

Os crimes contra a ordem tributária, previstos na Lei n° 8.137/90, tendo em vista o sujeito que os pratica, distinguem-se em duas ordens: dos crimes praticados por particulares e dos crimes praticados por funcionários públicos. Os crimes praticados pelo particular são tipificados nos artigos 1° e 2°. Os praticados por funcionários públicos, no artigo 3°. Os primeiros subdividem-se em crimes materiais, de resultado, cujo crime-meio é a falsidade material ou ideológica (art. 1°), e crimes formais (art. 2°); aqueles podem ser denominados de sonegação em sentido próprio; estes, mistos, envolvem crimes de sonegação (presença da falsidade e desvio de incentivos) e impróprios, cujo conteúdo nada teria com a definição legal de crimes de sonegação fiscal (inc. II). Os segundos, os crimes praticados por funcionários públicos, subdividem-se em crimes diretamente relacionados com a sua função pública na área fazendária e crimes relacionados com a atividade de funcionário público, em geral, perante outra repartição pública (Fazenda Pública). Esta especificidade em relação à ordem tributária não exclui outras ações ou omissões que possam ofender a ordem tributária, naquilo que é reprovável no funcionário público em relação à administração pública em geral, por uma das condutas definidas no Código Penal como crime, *v.g.*, excesso de exação etc.

A lei anterior (Lei n° 4.729/65), em seu artigo 1°, continha, também, modalidades de falsidade previstas no Código Penal, mas que, em razão do princípio da especialidade das normas, ficavam como elementar do delito de sonegação fiscal. Em face da benignidade da Lei n° 4.729/65 em relação aos crimes-meios previstos no Código Penal, alguns buscaram somente a aplicação da norma geral repressiva, postergando a lei especial. Durante a vigência da mencionada lei, encontram-se denúncias por falsidade material, falsidade ideológica, uso de documento falso, estelionato, etc., mas tal posicionamento foi, com pertinência, afastado pelos tribunais, entendendo eles que o crime-meio fica absorvido pelo crime-fim (sonegação fiscal), não importando a quantificação da pena a menor: prepondera o princípio da especialidade das normas.[72] A matéria, hoje, perdeu, em parte, relevo, pois a Lei nº 8.137/90 agravou a pena ao patamar igual ou superior do Código Penal.

Os crimes definidos no art. 1º da Lei nº 8.137/90 são rotulados de crimes contra a ordem tributária que podem ser chamados de crimes de sonegação fiscal em *sentido próprio*. Centraliza-se a ação do agente, de forma alternativa, em dois verbos nucleares: *reduzir* ou *suprimir* tributo, ou contribuição social e qualquer acessório. Nos dois verbos nucleares, concentra-se o elemento subjetivo do tipo. Neles, identifica-se o objetivo do sonegador: age com a vontade de reduzir ou de suprimir tributo, praticando uma das modalidades de condutas especificadas nos incisos. As formas das condutas variam, mas sempre há que se ter presente, caso contrário não se cogita de sonegação do artigo 1º, a finalidade/ação prevista num dos verbos nucleares do tipo. Deve, pois, o agente ter o dolo de *reduzir* ou *suprimir* tributo (e/ou qualquer acessório) por meio de uma das modalidades de condutas especificadas nos incisos. Diz-se que são crimes de sonegação fiscal em *sentido próprio* ou *estrito*, porquanto a ação de sonegar ou sonegação fiscal é toda a ação ou omissão dolosa tendente a impedir ou retardar, total ou parcialmente, o conhecimento por parte da autoridade fazendária: I – da ocorrência do fato gerador da obrigação tributária principal, sua natureza ou circunstâncias materiais; II – das condições pessoais do contribuinte, suscetíveis de afetar a obrigação tributária principal ou o crédito tributário correspondente (art. 71 da Lei nº 4.502/64, reproduzido no art. 115 do Decreto nº 56.791/65). Se observarmos o artigo 2º da Lei nº 8.137/90, nele se verifica que este conceito não se aplica a todos os incisos, *v.g.*, o inciso II que trata da ação de *não recolher no prazo devido*... Não há, em sentido próprio, no citado inciso, sonegação fiscal; há crime contra a ordem tributária, porquanto o não-recolhimento, no prazo legal, do tributo cobrado ou descontado não se subsume ao conceito de sonegação fiscal, mas caracteriza, segundo a nova lei, infração à ordem tributária. Assim, somente em sen-

---

[72] O STJ tem rejeitado a pretensão de afastar a denúncia pelo crime de falsidade pelo HC. Se outro bem protegido pelo direito pode ter sido atingido pela conduta do agente, inocorre a absorção. Esta posição evidencia-se num caso em que a falsidade nas guias de arrecadação, além de suprimir o tributo, atinge terceiro que, responsável pelo pagamento, tem de fazê-lo novamente em razão do comprovadamente falso. "A absorção do crime-meio pelo crime-fim somente pode ser reconhecida em *habeas corpus* quando os fatos evidenciarem, sem dúvida alguma e independentemente de exame probatório, que aquele se exauriu neste, não sobrejando qualquer potencialidade lesiva a outro bem protegido juridicamente" (RHC nº 5068, DJ de 2.5.96).

tido impróprio, por enquadrar-se nos crimes contra a ordem tributária, é referido como crime de sonegação fiscal, sendo que a doutrina e a jurisprudência não têm feito a distinção, considerando todos eles como sonegação fiscal.

Ademais, foram definidos na Lei nº 4.729 como crimes de sonegação fiscal, como adiante se verá no quadro comparativo, condutas que se assemelham às condutas tipificadas no artigo 1º da Lei nº 8.137, bem como com o art. 2º, incisos I e III. As demais condutas da Lei nº 8.137 não se identificam com as descritas como de sonegação fiscal.

Importante, pois, é não perder de vista, em todas as modalidades de condutas definidas como crimes contra a ordem tributária, que os incisos do artigo 1º não podem ser analisados ou transpostos para o fato, sem que, neste, haja o dolo de reduzir ou suprimir tributo. Necessariamente, o *caput* integra os incisos do artigo 1º da Lei nº 8.137/90. Desvinculá-los do *caput* pode ensejar conceituação, como crime, de fato que caracterize somente ilícito tributário ou mesmo, aspecto mais grave, de fato que nem mesmo ilícito tributário é. Mais: não basta a existência da conduta típica. Necessário é ser capaz a conduta descrita no inciso de reduzir ou de suprimir o tributo. Se a conduta, embora plenamente descrita no inciso, não tem o poder de reduzir ou de suprimir o tributo, inexiste fato tipificado como crime contra a ordem tributária do artigo 1º.

Outra observação importante em relação aos incisos diz respeito ao enquadramento possível do mesmo fato em vários incisos. Neste caso, não se pode, como já se viu, na prática, pretender capitular como se fosse concurso material ou formal de crimes. Há que se verificar qual das normas, de forma plena ou mais específica, incide sobre o fato.

Os crimes definidos no artigo 2º tipificam condutas menos graves das do artigo 1º. Neles, afasta-se a vinculação da conduta com a vontade de reduzir ou suprimir tributo. Igualmente, a falsidade pode não estar presente (*v.g.* inc. II), sendo predominantemente crimes formais.

Já os crimes definidos no artigo 3º caracterizam os delitos praticados por funcionário público relativamente ao tributo. São delitos previstos no Código Penal, que, pela elementar de serem praticados perante a ordem tributária, contra a administração da Fazenda Pública, são apenados mais severamente. Aliás, se o contribuinte, ao cometer delito contra a ordem tributária, é apenado, com maior razão e maior gravidade, deve ser apenado quem tem o dever legal de zelar pelos tributos.

9.2. DOS CRIMES DEFINIDOS NO ARTIGO 1º

O artigo 1º da Lei nº 8.137/90 define como crime:

"Constitui crime contra a ordem tributária suprimir ou reduzir tributo, ou contribuição social e qualquer acessório, mediante as seguintes condutas:
I – omitir informação, ou prestar declaração falsa às autoridades fazendárias;
II – fraudar a fiscalização tributária, inserindo elementos inexatos, ou omitindo operação de qualquer natureza, em documento ou livro exigido pela lei fiscal;
III – falsificar ou alterar nota fiscal, fatura, duplicata, nota de venda, ou qualquer outro documento relativo à operação tributável;
IV – elaborar, distribuir, fornecer, emitir ou utilizar documento que saiba ou deva saber falso ou inexato;
V – negar ou deixar de fornecer, quando obrigatório, nota fiscal ou documento equivalente, relativa à venda de mercadoria ou prestação efetivamente realizada, ou fornecê-la em desacordo com a legislação;
Pena – reclusão de 2 (dois) a 5 (cinco) anos, e multa. Parágrafo único – A falta de atendimento da exigência da autoridade, no prazo de 10 (dez) dias, que poderá ser convertido em horas, em razão da maior ou menor complexidade da matéria ou da dificuldade quanto ao atendimento da exigência, caracteriza a infração prevista no inciso V".

9.2.1. O dolo

O dolo dos crimes previstos no artigo 1º encontra-se no tipo, na ação prevista pelos dois verbos nucleares: *reduzir* ou *suprimir* tributo, ou contribuição social e qualquer acessório. Se inexistir a vontade de *reduzir ou suprimir tributo,* ou *contribuição social e qualquer acessório*, inexiste o delito do artigo 1º. A ação do agente deve estar voltada, teleologicamente, para a finalidade de reduzir ou suprimir tributo...[73] Sem que a ação se destine à redução ou à supressão efetiva e concreta do tributo ou

---

[73] É evidente que o dolo, a vontade do agente, deve ser analisada dentro do contexto dos delitos contra a ordem tributária. Têm eles configuração específica, donde resulta que a prova do elemento subjetivo do injusto se amolda a ela. Com lucidez, Lilian Gurfinkel de Wendy e Eduardo Ángel Russo observam: "La prueba de la intencionalidad, por exigencias pragmáticas, resulta necesariamente indirecta, extraída de la exteriorización de la conducta, sobre la base de una idea de sujeto promedio paradigmático y en relacion a la experiencia de lo que suele ocurrir." (*in Ilícitos tributarios en las leyes 11.683 y 23.771*. 3ª ed. Buenos Aires: Depalma, 1993, p. 107).

contribuição social ou acessório, inexiste sonegação fiscal.[74] Mas, como adiante se verá, não basta a vontade; necessário é que a conduta seja capaz de reduzir ou suprimir tributo.

A *redução* obtém-se por meio de uma das condutas descritas nos incisos, pelas quais, mediante falsidade material ou ideológica, o valor do tributo "x" passa a ser "x – y". Reduzir é diminuir. Há diminuição do tributo. Não se pode, aqui, falar em pagamento. Este é feito com base nos valores lançados nos livros e documentos fiscais. Inadimplemento[75] não é sinônimo de sonegação fiscal. A falsidade informa a sonegação fiscal, donde a reprovabilidade do comportamento do agente.

Já a *supressão* do tributo implica criar, ficticiamente, a idéia de que ele, contribuinte, não deve tributo porque o registro da operação foi falso, quer por ter sido inserido registro de operação inexistente, geradora de falso crédito, quer porque foi omitido o registro da operação como se ela não tivesse sido realizada... A idéia de que o tributo não é devido decorre da falsidade. Assim, mediante uma das condutas, o agente se exime totalmente do tributo. Aliás, elucidativo é o significado do verbo *suprimir* no Dicionário Caldas Aulete. Diz ele: "v. tr. Impedir de aparecer, de ser publicado: *suprimir* um jornal; *suprimir* um artigo de um jornal. Fazer desaparecer. Passar em silêncio ou em claro, não mencionar: Ora *suprimindo* toda e qualquer indicação (J. Fr. Lisboa). Cortar (no fig.), tirar como inútil; deitar fora; invalidar: *suprimiu* uma página do livro que está publicando. Anular; cassar; abolir; extinguir, tirar..." (Vol. V, p. 4.813, B) Inegavelmente, *suprimir* liga-se à idéia de não mencionar, de impedir de aparecer: não mencionar nos documentos a operação, *v.g.*, impedindo que apareça o tributo devido.

Em termos prático, se o agente sonegar 100% do tributo devido, ele suprime o tributo. Qualquer percentagem abaixo dos 100% significa que o agente reduz o tributo. Daí por que se considera como comissivos os delitos tributários, quer por ação, quer por omissão.

Assim, o agente, nos delitos contra a ordem tributária do artigo 1º, para caracterizá-los, deve praticar uma das condutas com a vontade de reduzir ou suprimir tributo. Mais, não basta a vontade, é necessário a

---

[74] Diz-se propositadamente sonegação fiscal porque se trata do artigo 1º. Diversamente há que se entender no que concerne ao art. 2º, inciso II, da Lei nº 8.137/90. Como adiante se verá, aí se cogita de crime contra a ordem tributária, sendo inadequada a expressão sonegação fiscal, embora consagrada na jurisprudência.

[75] Manfred Maiwal, discorrendo sobre deslealdade tributária, diz que "o mero não pagamento do tributo, considerado em si mesmo, não era, todavia, uma fraude tributária. Necessário seria que o autor intentasse enganar a autoridade fazendária, induzindo-a em erro". *Conocimiento Del Ilícito y Dolo em el Derecho Penla Tributário*. Buenos Aires: Ad-Hoc, 1997.

conduta ser capaz de reduzir ou suprimir o tributo ou acessório. Sabe o agente ser aquela conduta não-devida, ilícita, mas mesmo assim quer a ação e quer o resultado, a vontade de reduzir ou de suprimir tributo fá-lo agir. Se a conduta, embora reprovável, não é capaz de produzir a redução ou a supressão do tributo, inexiste tipicidade do art. 1º da Lei nº 8.137.

Na sonegação fiscal, não se cogita de crime culposo. A conduta pode até ser culposa, como se evidencia no inciso IV, mas a vontade do agente fica centrada na vontade de, por aquela conduta, reduzir ou suprimir tributo. Noutras palavras, o agente quer reduzir ou suprimir o tributo e age para isso.

9.2.2. Natureza dos crimes

Cumpre, neste ponto, observar a matéria relativa à espécie de cujo crime se cuida. Discute-se se os delitos definidos na Lei nº 8.137/90 são formais ou materiais, de mera conduta ou de dano. Ives Gandra da Silva Martins coordenou a publicação de uma obra lançada pela RT, em que uma série de estudiosos responde à questão, denotando a falta de unanimidade e a dificuldade própria da matéria.[76] Aristides Junqueira Alvarenga,[77] Luiz Felipe Gonçalves de Carvalho e Gilberto de Ulhôa Canto,[78] Celso Ribeiro Bastos e Francisco de Assis Alves,[79] Gustavo Miguez de Mello, João Mestieri, Gabriel Lacerda Troianelli e Rafael Atalla

---

[76] *Crimes Contra a Ordem Tributária*. Pesquisas Tributárias, Nova Série I, Co-edição Centro de Extensão Universitária e Editora RT, 1995.

[77] "Com efeito, os incisos do art. 1º da aludida lei descrevem condutas (omissivas ou comissivas), que constituem, apenas, elementos instrumentais para a prática do delito, ou circunstâncias elementares do crime cuja consumação se dá com supressão ou redução do tributo ou contribuição social – e acessórios – devidos." (*op. cit.*, p. 50).

[78] "Todas as condutas criminosas descritas nos ns. I a V do art. 1º da Lei 8.137/90 pressupõem que, por meio delas, haja efetiva supressão ou redução de tributo. De fato, a redação da Lei não dá margem a qualquer dúvida, pois o crime nela previsto é suprimir ou reduzir tributo através das condutas ilícitas que enumera. Este é o tipo penal que exige absoluta adequação do ato praticado (ou omitido). Dúvida poderia haver se a mera intenção de suprimir ou reduzir tributo (por intermédio das referidas condutas criminosas) tivesse produzido, efetivamente, a falta de seu pagamento, pois, no caso oposto, a simples inocorrência da falta de pagamento descaracterizaria o crime, dada a inexistência de um dos seus elementos tipificadores, que está no *caput* do artigo." (*op. cit.*, p. 64/65).

[79] "... para que o crime se configure, é preciso a falta do pagamento devido ao fisco. Para a sua consumação é requisito estar presente na ação do agente o dolo, que é a vontade de praticar o ato e produzir um fim especial, que é o de lesar o fisco. Isto é o que representam as condutas descritas nos I a V, do seu art. 1º. E, por isso, esses crimes são tidos como crimes de dano." (*op. cit.*, p. 83).

Medina,[80] Hugo de Brito Machado,[81] Yoshiaki Ichihara,[82] Wagner Balera,[83] Plínio José Marafon e Maria Helena Tavares de Pinho Tinoco Soares,[84] José Eduardo Soares de Melo,[85] Anthero Lopérgolo, Rubens Approbato Machado, Luiz Antônio Caldeira Miretti e Márcia Regina Machado Melaré,[86] Oswaldo Othon de Pontes Saraiva Filho,[87] Marilene

---

[80] "A lei atual, em seu art. 1º, constrói os tipos penais protegendo a receita derivada do Estado contra ações tendentes a atingi-la substancialmente, ou seja, do dano, representado pelos dois verbos empregados: suprimir ou reduzir a receita. O resultado jurídico desses crimes fiscais deve ser, portanto, o dano ao bem jurídico que é sempre o interesse estatal na arrecadação, bem este protegido conforme a natureza de cada tipo penal." (*op. cit.*, p. 97).

[81] Após citar a lição de Pedro Decomain, especifica: "Aliás, não fosse o crime em tela um crime de dano, ou de resultado, seria inteiramente inadmissível que a mesma lei, em seu art. 2º, I, reproduzisse descrição de conduta já feita no n. I, do art. 1º. Tal reprodução, que nos levou a equívoco quando escrevemos sobre o ilícito tributário, somente tem sentido porque no n. I, do art. 2º, tem-se crime de mera conduta, apenado de forma menos severa, enquanto no n. I, do art. 1º, a conduta por si só não é suficiente para a configuração do crime, que depende do resultado: supressão ou redução do tributo devido." (*op. cit.*, p. 115).

[82] "Evidentemente, combinando o comando contido no *caput* com as condutas previstas nos itens I a V, da Lei 8.137/90, não se trata de crime de mera conduta, mas trata-se de crimes materiais ou de resultado, onde o dano é elemento essencial" (*op. cit.*, p. 135).

[83] "... de fato, os delitos de que cuida o inciso primeiro do art. 1º Lei 8.137/90 são de dano. Porém, a reparação do dano, conforme deliberar o legislador, pode não significar a plena reparação social do mal provocado pela infração.
Como em qualquer classificação, também aqui é necessário considerar os objetos classificados que, nem sempre, estão adequadamente enquadrados na classe para qual são atraídos em virtude de suas características genéricas." (*op. cit.*, p. 157).

[84] "Por conseguinte, para classificação das condutas previstas como delituosas pelo art. 1º, da Lei 8.137/90, é imperioso verificarmos se: a) a lei se limita a descrever a conduta do agente, não aludindo a qualquer resultado, de modo que o crime se consuma com o mero comportamento (crime de mera conduta)? Ou b) a figura delituosa se consuma com a efetiva lesão ao bem jurídico visado (crime de dano)?" Cita o artigo e menciona: "...as condutas tipificadas como delituosas constituem crime de dano, tendo em vista que se consumam pelo dano efetivo causado aos cofres públicos, em decorrência da supressão ou redução do tributo." (*op. cit.*, p. 170/171).

[85] "Os crimes previstos no art. 1º da Lei 8.137/90 são crimes de dano, uma vez que a expressão 'suprimir ou reduzir tributo, ou contribuição social e qualquer acessório', mencionada no *caput*, tipifica o resultado de efetivo prejuízo à Fazenda, e não apenas uma mera conduta pessoal em que seja irrelevante o ingresso de valores tributários no patrimônio público". (*op. cit.*, p. 194)

[86] "...parece-nos que o elemento resultado é indispensável à configuração dos delitos em apreço. Como assinala o d. mestre Marco Aurélio Greco, 'tratando-se de um crime de resultado e sendo este um resultado pecuniário, ele é, em última análise, um crime de dano, realizado mediante fraude, sendo que o bem jurídico: proteger, no contexto da Lei 8.137, é a arrecadação do Estado ou o patrimônio estatal.'" (*Cadernos de Direito Tributário e Finanças Públicas, 8/139-157, Notas à Legislação sobre Crimes Fiscais*, p. 227).

[87] "Colime-se que a Lei 8.137/90 exige, para a configuração dos crimes fiscais do seu art. 1º, a efetiva supressão ou redução do tributo, que passa a fazer parte integrante do núcleo do tipo penal, abrangendo, ainda as práticas de ações e omissões fraudulentas e desonestas com o dolo específico, ou seja, com vontade ou a consciente aceitação, de lesar total ou parcialmente o Erário e ludibriar a Administração Tributária e a fé pública, pela falta da verdade em declarações, documentos e atos com o intuito de sonegar informações de conteúdo econômico, e, portanto, esconder da fiscalização atos e fatos sujeitos à incidência de normas de tributação, até mesmo mediante falsificação e alteração de documentos. Diante da literal disposição legal, é aceitável que se admita que os crimes contra a ordem tributária do art. 1º, da Lei 8.137, de 27.12.90, tenham a natureza de crimes materiais, de resultado, e,

Talarico M. Rodrigues,[88] Antônio Manoel Gonçalves,[89] Vittório Cassone,[90] Aurélio Pitanga Seixas Filho,[91] Raquel Elita Alves Preto Villa Real,[92] José Maurício Conti e Eduardo Roberto Alcântara Del-Campo,[93] cada um com razões próprias, sustentam serem crimes de dano, materiais, exigindo o resultado, os definidos no art. 1º da Lei nº 8.137/90.

Pedro Roberto Decomain, ao abordar o artigo 1º da Lei nº 8.137/90, observa que "os núcleos dos crimes previstos pelo artigo 1º da lei está nos verbos suprimir e reduzir, inseridos em seu *caput*. Vai daí que a conduta típica essencial desses crimes consistirá ou na supressão ou na redução de um tributo, através de algumas práticas previstas nos cinco incisos do artigo. Trata-se, portanto de crimes materiais ou de resultado."[94]

---

portanto, crimes de dano, embora as condutas dolosas fraudulentas falsas e desonestas com o fito específico de driblar a arrecadação fiscal, lesando, simultaneamente, a fé pública e a administração tributária sejam indispensáveis, para a configuração dos crimes fiscais, o que espanca a possível especulação de qualquer arranhão ao mandamento constitucional que veda a prisão civil por dívida, posto, que o art. 1º, da Lei 8.137 não prevê pena privativa de liberdade pela mera ausência de pagamento de tributo devido pelo agente." (*op. cit.*, p. 270).

[88] "Nos crimes contra a ordem tributária o objetivo colimado pelo legislador é garantir a cobrança do tributo e desestimular a sonegação, a fraude e o conluio. O bem jurídico protegido é a arrecadação de tributos, que representa também proteção ao patrimônio estatal.
Do exame do art. 1º da Lei 8.137/90, se constata que o núcleo do tipo penal é 'suprimir' ou 'reduzir' tributo ou contribuição social. Trata-se de crime de resultado e portanto representa um dano (lesão ao patrimônio do Estado), em momento posterior à prática da conduta criminosa." (*op. cit.*, p. 297).

[89] "...são considerados crimes de dano, pois se consumam em razão do dano que é causado ao erário. Diferentemente do crime arrolado no art. 1º, da Lei 4.729/65, que é de mera conduta, isto é, pela conduta ilícita do contribuinte." (*op. cit.*, p. 315).

[90] "... são crimes de dano" (*op. cit.*, p. 330).

[91] "O crime descrito no art. 1º da Lei 8.137/90 somente se completa quando o agente obtém o resultado de suprimir ou reduzir tributo ou contribuição de que é devedor, sendo, conseqüentemente, um crime de dano ou de resultado" (*op. cit.*, p. 336).

[92] "O crime descrito no art. 1º da Lei 8.137/90 são crimes de dano, ponto este verdadeiramente crucial para qualquer ângulo de abordagem do tema 'crimes fiscais', em face de conseqüências práticas que ocorrerão em virtude de sua conceituação num sentido ou no outro. (...)"
"...a prática de tal ilícito passou a ser considerada como prática de um crime de dano..."
A autora coteja a norma anterior com a da Lei 8.137/90, concluindo: "Nota-se claramente o quão diferente é a estrutura impositiva de uma norma penal e outra, sendo que nesta segunda hipótese legal, transcrita a título de elucidação e comparação, fica nítido que os comportamentos tidos como delituosos se encontram no bojo do próprio tipo penal, o qual descreve condutas, procedimentos, comportamentos que, se exercidos, ensejarão a configuração do crime. Assim sendo, o resultado, nesta hipótese legal, não sendo, portanto, seu elemento constitutivo, o que importaria dizer que o resultado do ato ilícito praticado era irrelevante para a configuração da situação prevista em lei como crime, exatamente o contrário da hipótese legal vigente atualmente, representada pela Lei 8.137/90." (*op. cit.*, p. 343/345).

[93] "...não obstante alguns autores defenderem a tese de que os delitos definidos no art. 1º são crimes de mera conduta, entendemos que a expressão lançada no *caput*, 'suprimir ou reduzir tributo ou contribuição social', não deixa margem a dúvidas quanto à exigência de dano" (*op. cit.*, p. 370).

[94] *Crimes contra a Ordem Tributária*. 2ª ed. Florianópolis: Obra Jurídica Editora, 1995, p. 44.

Na mencionada obra coordenada pelo renomado tributarista Ives Gandra Martins, Dejalma de Campos e Pedro Luís do Amaral Marino entendem que "embora doutrinadores modernos procurem diferenciar os crimes formais dos de mera conduta, entendendo que estes são sem resultado, ao passo que aqueles 'possuem resultado mas o legislador antecipa a consumação à sua produção', é certo os delitos previstos na lei em exame se consumam com a ação ou omissão, independentemente do agente atingir o resultado pretendido".[95] Seguem eles a lição de Rui Stoco, para o qual "são crimes de mera conduta ou simples atividade, bastando a ação ou omissão para que o delito se perfaça".[96]

A matéria, na verdade, é complexa. Interessante, nesse passo, é consignar a posição do próprio Ives Gandra Martins:

"... o crime tributário é, simultaneamente, um crime de dano e de mera conduta, o que, certamente, provocará arrepios nos penalistas clássicos.
É de dano na medida em que, sem tributos, o Estado é necessário para que a sociedade organizada sobreviva. A sonegação fiscal cria, pois, um dano efetivo ao patrimônio público, sendo, pois, caracterizável como crime de dano.
Não deixa de ser, todavia, o desatendimento à imposição tributária também crime de conduta, em face de a norma desatendida revestir a natureza de rejeição social, na medida em que, não poucas vezes, a sonegação se justifica por exteriorizar resistência a uma carga tributária que gera efeito próximo ao confisco, instituto de difícil conceituação pela doutrina e pelo legislador. Tornando-se, a carga tributária, peso insuportável sobre o pagador de tributos, a sonegação, muitas vezes, se apresenta como forma de sua sobrevivência".[97]

É evidente que não são os aspectos apontados a serem apreciados na distinção entre crime de dano e crime formal, mas servem para demonstrar a confusão que existe na apreciação da matéria.

---

[95] *Crimes Contra a Ordem Tributária*. Pesquisas Tributárias. *Op. cit.*, p. 212.
[96] Artigo "Sonegação Fiscal e os Crimes contra a Ordem Tributária", *in* RT 675/347.
[97] *Crimes Contra a Ordem Tributária*. Pesquisas Tributárias. *Op. cit.*, p. 20/21.
As considerações alheias à matéria específica da natureza do delito, com a devida vênia, não merecem aprovação. A sonegação jamais pode caracterizar uma resistência, nem se justifica, porquanto ela, como crime-meio, implica falsidade material ou falsidade ideológica. A resistência à carga tributária excessiva pode se manifestar no inadimplemento, não na sonegação fiscal. Aliás, o excesso de carga tributária tem sido, pelos administradores, a forma simplista de solução, onerando sempre aqueles que, como cidadãos, cumprem suas obrigações, enquanto os sonegadores continuam a sonegar e a praticar concorrência desleal em relação aos bons contribuintes. Ademais, não é desta forma que se conceitua crime formal ou de mera conduta. Contudo, em determinados fatos, a distinção se torna de difícil caracterização.

Fundamental é observar, em razão da consumação dos delitos tributários, diante da divergência existente em decorrência dos diferentes tributos, ser a matéria complexa.[98] Daí a necessidade de verificar aspectos fundamentais da legislação penal tributária brasileira,[99] partindo primeiramente da identificação do bem jurídico protegido pela legislação penal tributária. Em segundo lugar, há que se verificar qual a espécie de tributo, como e quando se consuma o delito no caso. Mas, posto isso, sempre há que se ter em vista a necessidade de aquela conduta, a se consumir num ou em mais atos, dever ser capaz de reduzir ou suprimir tributo. Se ela não suprimir ou se ela não reduzir algum tributo, embora perfectibilizada a conduta descrita num dos incisos, inocorre o delito do artigo 1º. Conseqüentemente, apesar das dificuldades existentes na determinação do bem jurídico protegido[100], do momento da consumação do delito, os crimes do artigo 1º são crimes de resultado.

9.3. O BEM JURÍDICO PROTEGIDO[101]

A primeira questão a ser levantada, para apreciação mais ampla da matéria, concerne ao bem jurídico protegido pela Lei nº 8.137/90, impondo-se o cotejo dela com a lei anterior, Lei nº 4.729/65. O texto atual aduz, no artigo 1º, que "constitui crime contra a ordem tributária" a ação de *reduzir* ou *suprimir* tributo e qualquer acessório *mediante* uma das condutas especificadas nos incisos. Estes indicam como condutas merecedoras de reprovação social, de forma praticamente alternada, ou a falsidade material ou a falsidade ideológica. Já a Lei nº 4.729/65, ao definir o crime de sonegação fiscal, diz: *constitui crime de sonegação fiscal,* passando a mencionar as condutas cujo conteúdo implica, também, as mencionadas falsidades, estabelecendo a necessidade do dolo específi-

---

[98] O TRF da 4ª Região fez interessante observação relativa à consumação, dizendo: "Os tributos considerados como sonegados estavam sujeitos a 'recolhimento mensal obrigatório (carnê-leão), sendo estas datas as que devem prevalecer para a verificação da infração e não a data da entrega da declaração de rendimentos'" (HC 03088474, DJ de 8.3.95, p. 11811).

[99] ANTONIO D'AVIRRO, falando sobre o bem jurídico protegido, na reforma da legislação penal tributária italiana, diz que ela abandonou a defesa penal do aspecto formal, reingressando nos delitos de dano. Antes da reforma, muitos crimes e contravenções referiam-se às infrações formais tributárias. Daí por que é essencial verificar, em cada país, qual o sistema adotado. In *La Riforma Del Diritto Penal Tributário* (D. LGS. 10 marzo 2000 n. 74), Padova: CEDAM, 2000.

[100] Há quem entenda que o delito tributário é delito sem bem jurídico. Ver: CATANIA, Alejandro. *Régimen Penal Tributario. Estudio sobre la ley 24.769*. Buenos Aires: Del Puerto, 2005, p. 36.

[101] SPIEGELBERG, Luis S. Antes mencionado, menciona, entre as várias posturas existentes, cinco: a) configuração como delito de falsidade; b) como delito contra o dever de colaboração dos contribuintes; c) como delito contra a função tributária; d) delito contra o patrimônio da fazenda pública; e e) delito pluriofensivo. (*Op. cit.* p. 83.)

co, independentemente do resultado quanto ao pagamento. Cotejando-se as duas leis, tem-se:

CRIMES CONTRA A ORDEM TRIBUTÁRIA Lei nº 8.137	CRIMES DE SONEGAÇÃO FISCAL Lei nº 4.729
Reduzir ou suprimir tributo, ou contribuição social e qualquer acessório, mediante as seguintes condutas: I – omitir informação, ou prestar declaração falsa às autoridades fazendárias;	*Constitui crime de sonegação fiscal* I – prestar declaração falsa ou omitir, total ou parcialmente, informação que deveria ser produzida a agentes das pessoas jurídicas de direito público interno, com a intenção de eximir-se, total ou parcialmente, do pagamento de tributos, taxas e quaisquer adicionais devidos por lei;
Reduzir ou suprimir tributo, ou contribuição social e qualquer acessório, mediante as seguintes condutas: II – fraudar a fiscalização tributária, inserindo elementos inexatos, ou omitindo operação de qualquer natureza, em documento ou livro exigido pela lei fiscal;	II – inserir elementos inexatos ou omitir rendimentos ou operações de qualquer natureza em documentos ou livros exigidos pelas leis fiscais, com a intenção de exonerar-se do pagamento de tributos devidos à Fazenda Pública;
Reduzir ou suprimir tributo, ou contribuição social e qualquer acessório, mediante as seguintes condutas: III – falsificar ou alterar nota fiscal, fatura, duplicata, nota de venda, ou qualquer outro documento relativo à operação tributável;	III – alterar faturas e quaisquer documentos relativos a operações mercantis com o propósito de fraudar a Fazenda Pública;
Reduzir ou suprimir tributo, ou contribuição social e qualquer acessório, mediante as seguintes condutas: IV – elaborar, distribuir, fornecer, emitir ou utilizar documento que saiba ou deva saber falso ou inexato;	IV – fornecer ou emitir documentos graciosos ou alterar despesas, majorando-as, com o objetivo de obter dedução de tributos devidos à Fazenda Pública, sem prejuízo das sanções administrativas cabíveis;
Reduzir ou suprimir tributo, ou contribuição social e qualquer acessório, mediante as seguintes condutas: V – negar ou deixar de fornecer, quando obrigatório, nota fiscal ou documento equivalente, relativa à venda de mercadoria ou prestação de serviço, efetivamente realizada, ou fornecê-la em desacordo com a legislação.	(não há equivalente)
Art. 2º, inc. III: Exigir, pagar ou receber, para si ou para o contribuinte beneficiário qualquer percentagem sobre parcela dedutível ou deduzida do imposto ou de contribuição como incentivo fiscal.	Exigir, pagar ou receber, para si ou para o contribuinte beneficiário da paga qualquer percentagem sobre parcela dedutível ou deduzida do Imposto sobre a Renda como incentivo fiscal.

Afora a diferença do último inciso, sendo que o da Lei nº 4.729 se encontra no art. 3º da Lei nº 8.137/90, nos demais incisos, vê-se que, na Lei nº 4.729/65, os incisos contêm o elemento subjetivo do injusto, especificando, *v.g.*, o inciso I: *"com a intenção de eximir-se, total ou parcialmente, do pagamento de tributos, taxas e quaisquer adicionais devidos por lei"*. Ora, eximir-se totalmente do tributo é suprimi-lo; eximir-se parcialmente do tributo é reduzi-lo. Contudo, a Lei nº 4.729/65 não fala em tributo, mas diz *do pagamento do tributo*. Existe alguma diferença? Com a devida vênia daqueles que têm discorrido sobre a matéria, a diferença situa-se na correlação específica entre a conduta e a redução ou supressão do tributo. Na Lei nº 4.729, o dolo específico, o elemento subjetivo do injusto é *com a intenção de eximir-se... do pagamento do tributo*. Relevante é que haja a conduta e tenha ela sido praticada com o fim de... Não importa se aquela conduta efetivamente exime ou não o agente do tributo. Embora o agente somente se exima do pagamento do tributo se este não for devido, desnecessária é qualquer exigibilidade da efetiva redução ou supressão do tributo, sendo suficiente a intenção do agente ter sido esta. Basta a conduta, e, tipificada esta, o pagamento se apresenta como o exaurimento do crime. Na Lei nº 8.137/90, deixou-se de lado o pagamento como dolo específico, de forma expressa, isto porque se impunha, por técnica legislativa, sintetizar todos os elementos subjetivos, o que foi feito na expressão verbal *reduzir ou suprimir tributo*... Ora, ninguém pratica falsidade para a fiscalização descobri-la, mas pratica falsidade para que o valor do imposto devido seja suprimido ou reduzido nos seus livros e documentos fiscais. Com isto, evidente, pagará menos tributo. O pagamento, neste contexto, é o exaurimento do crime, como o era na Lei nº 4.729. O crime tributário não se consuma com o pagamento nos casos do artigo 1º, mas nele se exaure. O pagamento é causa extintiva da obrigação tributária, tendo sido ora causa extintiva da punibilidade, ora minorante do art. 16 do CP (na vigência da norma contida no artigo 98 da Lei nº 8.383), ora somente atenuante, porquanto ele se situa fora da consumação do delito, não tendo importância para a tipicidade do art. 1º. Importa, sim, o fato gerador do tributo ou a hipótese de incidência, pela qual nasce o imposto devido, gerando a obrigação do pagamento. Se, havendo incidência, o contribuinte tem o dever legal de praticar certos atos materiais, a omissão ou a falsidade na prática de tais atos, no registro da(s) operação(ões), significa redução ou a supressão do tributo devido, porquanto, segundo o Código Tributário Nacional, o lançamento, através do qual se constitui o crédito tributário, é feito com base "na declaração do sujeito passivo ou de terceiro, quando um ou outro, na forma da legislação tributária, presta à autoridade administrativa informações sobre a matéria de fato, indispensáveis à sua efetivação" (art. 147). O contribuinte faz o que se denomina de autolançamento ou lançamento por homologação, sendo ele homologado, posteriormente, pela autoridade fazendária. O lançamento reporta-se à data da ocorrência do fato gerador da obrigação (art. 144). E, acrescente-se, diante de uma conduta que omitiu o registro ou praticou qualquer espécie de falsidade nos registros de fatos geradores de tributo, "a retificação da declaração por iniciativa do próprio declarante, quando vise a reduzir ou a excluir o tributo, só é admissível mediante comprovação do erro em que se funde, e antes de notificado o lançamento" (art. 147, § 1º). O prazo para a homologação é de cinco anos, a contar da ocorrência do fato gerador: expirado, considera-se homologado o lançamento e extinto o crédito tributário (§ 4º do art. 150). Logo, o marco inicial, inclusive para a extinção do crédito, é de cinco anos a partir do fato gerador. Não se conta tal prazo da data do pagamento, porquanto o tributo se constitui do fato gerador, não se reduzindo, nem se suprimindo no pagamento, e caracteriza-se este, pois, como uma forma de extinção de crédito. Igualmente, não se conta a partir da constituição do crédito tributário pela decisão definitiva em processo administrativo.

Posto isso, o tributo é reduzido ou suprimido se, quando da ocorrência do fato gerador, por uma das condutas mencionadas nos incisos, houver falsidade no lançamento de forma que ele não seja correspondente à verdade. Se o fato gerador é ocultado ou mascarado ou deturpado em valores, por uma das condutas previstas nos incisos, obtendo o agente a redução ou a supressão do tributo, incide a sanção penal.

Ora, isto já existia com a Lei nº 4.729/65. O agente, ao procurar eximir-se total ou parcialmente do pagamento do tributo, poderia tanto obter o resultado como bastava o dolo específico, independente do resultado, com o que, na verdade, abarcava as condutas da Lei nº 8.137. Se a intenção se efetivasse em concreto, o agente teria produzido a supressão ou redução do tributo ou, como a lei diz, teria obtido o resultado de eximir-se total ou parcialmente, embora desnecessário tal resultado. O pagamento funcionava como o exaurimento do crime. Igualmente, na Lei nº 8.137/90, o pagamento é o exaurimento do crime. Tanto isto é verdade que, se o pagamento fosse o essencial, teria o legislador apenado o não-pagamento puro e simples, dispensando a referência às elementares *cobrado* ou *descontado* do inciso II do artigo 2º. Mas, o que o legislador fez foi proteger a ordem tributária, apenando, de forma mais severa, o uso de falsidade para reduzir ou suprimir tributo, e, relativamente, ao não-pagamento, apenou, mais brandamente, no artigo 2º, inciso II, a conduta que cobra ou desconta o tributo e não o recolhe aos cofres públicos. Aí, à semelhança da apropriação indébita, a reprovabilidade se fundamenta no fato de que o agente cobrou ou descontou um tributo, ficando com o que não é seu e, sim, do erário público.

Ainda, pode-se acrescentar que a nova lei veio corrigir uma situação esdrúxula, qual seja: o agente praticou uma das formas de condutas previstas nos incisos com a intenção de eximir-se do pagamento do tributo sem que houvesse incidência de tributo na operação. A tipificação poderia ocorrer, mas onde a redução ou a supressão do tributo ou do acessório? Daí a necessidade de conjugar os incisos com o *caput*: o agente praticou uma conduta descrita nos incisos da Lei n° 8.137/90 e se com aquela conduta ele reduziu ou suprimiu tributo, inegavelmente ele consumou o delito. Contudo, se, com a conduta, o agente não pode reduzir, nem suprimir tributo algum, inexiste delito do artigo 1°, ou se o agente praticou o fato sem que sua vontade estivesse voltada para a ação de reduzir ou suprimir tributo, também inexistente será o delito. E, convém ressaltar, a vontade, o dolo não exsurge só da confissão, mas dos diversos elementos informadores, dos quais deve ser ele deduzido, *v.g.*, se o agente, para não gastar notas fiscais, não extrai a nota toda vez que vende um objeto de pequeno valor, mas, ao final do dia, numa só nota fiscal relaciona os valores corretos das vendas efetuadas, declarando tais valores, embora não fosse a conduta ideal, nem a aconselhável, constituindo-se em ilícito tributário, por evidente, quando autuado, não dá ensejo à ação penal por lhe faltar o dolo. E, em cada caso, em cada espécie de tributo, há que se ter em conta suas peculiaridades para se saber o momento em que é constituído o crédito e o que se faz ou deve ser deixado de lado para que haja a supressão ou redução do tributo.

Nessas circunstâncias, deduz-se que não é, em si mesmo, o pagamento, a arrecadação, o objeto primeiro de proteção da Lei n° 8.137/90. O que se protege, antes de tudo, é a ordem tributária, a qual somente funciona, em nosso sistema, se houver veracidade das declarações, da documentação, dos lançamentos por homologação. No campo dos tributos, há que se preservar a verdade. Somente por reflexo, de forma indireta, é que exsurge protegida a arrecadação. É, pois, no campo da documentação dos atos do contribuinte, quando deve registrar as operações de forma correta, quando não deve omitir seu registro, que se efetiva a redução do tributo ou sua supressão: em razão da conduta, ficou menor ou foi suprimido o tributo devido. Mais que a arrecadação, pelo texto legal, protege-se a regularidade, punindo-se toda a ação ou omissão que, nos termos da antiga definição legal de sonegação, impedia ou retardava o conhecimento por parte da autoridade fazendária da ocorrência do fato gerador da obrigação tributária principal, sua natureza ou circunstâncias materiais, bem como das condições pessoais do contribuinte, suscetíveis de afetar a obrigação tributária principal ou o crédito tributário correspondente. Igualmente, evita-se e pune-se a fraude, a qual, segundo o art. 116 do Decreto 56.791/65, "é toda ação ou omissão dolosa tendente a impedir ou retardar, total ou parcialmente, a ocorrência do fato gerador da obrigação tributária principal, ou a excluir ou modificar as suas características essenciais, de modo a reduzir o montante de imposto devido, ou a evitar ou diferir o seu pagamento".

Com isso, fica afastada a pretensão de considerar o dano, o resultado como sendo o não-pagamento no prazo legal do tributo devido. Como a simples realização da conduta não significa que tenha havido redução ou supressão do tributo, deve-se conjugar a conduta com o fato imponível (com o fato gerador),[102] em relação ao qual o tributo incidente foi reduzido ou suprimido. Há que se examinar, nos livros e documentos fiscais, se aquela conduta teve o condão de reduzir ou suprimir tributo, *v.g.*, examinam-se as notas fiscais emitidas, os livros fiscais, verificando-se se o tributo aí declarado é exato em relação às operações efetuadas: se houve falsidade por ação ou omissão, o tributo devido será menor (reduzido) ou eliminado (suprimido), porquanto ele, tributo, conforme o lançamento do contribuinte, é calculado e é devido. Conseqüentemente, desnecessária é a verificação do pagamento para a constatação da existência do delito,[103] porquanto o resultado (redução ou supressão do tributo), independentemente do pagamento, se perfectibilizou. Assim, toda a conduta descrita nos incisos I a V, desde que tenha, por vontade e efeito, reduzir ou suprimir tributo, ou seja, desde que o tributo devido pelos documentos e livros fiscais seja suprimido ou menor do que aquele que aí deveria constar, basta, por si só, para a consumação do delito. E se houver pagamento do tributo reduzido ou suprimido pela falsidade antes da denúncia, exsurge, por norma especial, uma causa extintiva da punibilidade, nos termos do artigo 34 da Lei nº 9.249/95, não se cogitando, nesta hipótese, de se tipificar o fato.

---

[102] Como bem observa Fernando A Brockstedt, na obra *O ICM. Comentários interpretativos e críticos*. Porto Alegre, 1972, "a expressão 'fato gerador' (*fait générateur de l'impôt*), difundida especialmente por Gaston Jèse, e até a ele atribuída, tem sido, ultimamente, condenada: na realidade não se trata de um fato, mas de um conjunto complexo de elementos, e nem é tal 'fato' o que gera a obrigação tributária, mas a lei ao incidir sobre ele.
Por isso, tem sido alvitrada uma série de outras expressões para substituí-la, como 'hipótese de incidência', talvez a mais feliz, 'previsão hipotética', 'suporte fáctico'(do alemão *Steuertatbestand*), 'fato imponível' (do espanhol *hecho imponible*), 'situação base' ou 'pressuposto de fato do tributo (do italiano *fattispecie tributaria*), 'objeto do imposto' (do alemão *Steuerobjekt*), além de outras.
Não lograram êxito, porém, as novas sugestões, estando a expressão 'fato gerador' consagrada em nosso meio, não só por inúmeros doutrinadores, como oficialmente, pelo nosso Código Tributário Nacional." (*Op. cit.*, p. 64).
Adiante, ele cita Amílcar de Araújo Falcão: "Fato gerador é, pois, o fato, o conjunto de fatos, a que o legislador vincula o nascimento da obrigação tributária jurídica de pagar um tributo determinado.
"Nessa definição estão mencionados, como elementos relevantes para a caracterização do fato gerador, os seguintes: a) previsão em lei; b) a circunstância de constituir o fato gerador, para o Direito Tributário, um fato jurídico, na verdade um fato econômico de relevância jurídica; c) a circunstância de tratar-se do pressuposto de fato para o surgimento ou a instauração da obrigação *ex lege* de pagar um tributo determinado." (*Fato Gerador da Obrigação Tributária*, Ed. Financeiros, 1964, p. 13).

[103] Não se cogita aqui do delito previsto no inciso II do artigo 2º. Nele, o não-pagamento corresponde a "deixar de recolher, no prazo legal, tributo..." só que o tributo deve ter uma das características fundamentais: cobrado ou descontado. Trata-se, naquele artigo, de situação bem diversa da que é prevista no artigo primeiro, não importando para ele a existência da falsidade.

Convém, contudo, insistir que nem sempre a pura e simples execução das condutas descritas nos incisos significa realização do tipo previsto no art. 1º da Lei nº 8.137/90. Muitas vezes a realização da conduta é meramente um ilícito tributário, não significando que, com ela, *ipso facto*, o agente tenha procurado reduzir ou suprimir tributo. Necessárias são, pois, a vontade e a ação de reduzir ou suprimir tributo ligadas e concretizadas por uma das condutas descritas nos incisos, capaz de produzir o resultado: redução ou supressão do tributo. Não se esgota o ilícito penal tributário, portanto, na realização da conduta, pura e simplesmente, mas depende da conjugação da conduta[104] com a incidência ou não do tributo e com a vontade do agente. Coexistentes os três elementos, tem-se caracterizado o delito e pode-se afirmar que o dolo está no tipo nos delitos de sonegação fiscal.[105] Armando Giorgetti, doutrinador italiano, em sua obra *"La Evasión Tributaria"*, ao abordar o objeto jurídico da sonegação fiscal, denominada por ele de "Evasion tributaria", observa:

> "Así como en todo acto o hecho humano siempre siempre hay un objeto con el cual inevitablemente aquél se vincula, también en la acción ilícita prevista por la disposición fiscal, además de un sujeto *activo* que la realiza o, de todos os modos, de la cual lo responsabiliza la ley, existe un *objeto jurídico* de la evasión. Y desde el momento que el bien más evidente y inmediato que suporta el daño económico de la trasgresión es el patrimonio común de la colectividad, administrado por el ente público – que el precepto fiscal, juntamente con las otras leyes del Estado, tutela y protege -, de ello se deduce que el *objeto jurídico* o lo que tambén suele denominarse *bien jurídico*, perjudicado por la acción ilícita del agente, será el patrimonio mismo de la colectividad, cuya gestión tiene a su cargo el ente que aplica el impuesto; de donde resulta que en el ente mismo radica el *interés* en determinar y en exigir el tributo para los fines de utilidad común; interés que ha sido lesionado por el comporta-

---

[104] Se a conduta é resultado de ausência de vontade do agente de reduzir ou suprimir tributo, faltou um dos elementos fundamentais. Cada tipo de conduta do agente deve ser analisado especificamente. Há que se verificar a relação conduta\tributo\vontade, se dela resulta redução ou supressão do tributo nos livros ou documentos fiscais e se o agente quis, com a conduta, reduzir ou suprimir o tributo, não sendo mero resultado de um equívoco decorrente da complexidade tributária. E, nesta análise, não se pode omitir a circunstância de que o contribuinte está assessorado por técnico, nem se pode deixar de observar a conduta a ser seguida conforme regulamentos e instruções normativas dos órgãos públicos.

[105] Aliás, reduzir e suprimir tributo são ações que não podem ser realizadas fora das condutas descritas nos incisos. Ou o agente omite o registro de operações ou ele insere elementos inexatos, ou qualquer outro tipo de conduta, com o que realiza os verbos nucleares do tipo: *reduzir ou suprimir tributo*. Contudo, nem sempre a simples realização da conduta descrita no tipo é capaz de reduzir ou suprimir tributo. Donde, a necessidade de conjugação dos três elementos.

miento antijurídico del agente. De esto se desprende, entonces, que el *objeto substancial específico* de la evasión tributaria es, desde un punto de vista patrimonial, el monto del tributo no pagado al fisco, al cual en diversas formas se le sustrae una fuente de ingresos. Hemos hablado de *objeto substancial específico* en el delito tributario porque, según la distinción de Rocco, tambén en la esfera del derecho financiero se advierte, por la acción ilícita del contribuyente, un objeto forma de sua acción, representado por el derecho del Estado y, por tanto, del ente público que aplica impuesto, con respecto a la norma tributaria; un *objeto substancial genérico* constituído por el interés del Estado en ver aseguradas y tuteladas las condiciones financeiras indispensables para la satisfacción de las exigencias de la vida de la colectividad y la protección de la propia conservación; por último, el *objeto substancial específico* representado, como antes indicamos, por el *quid* de riqueza correspondiente al tributo, que mediante la acción antijurídica es sustraído a la finanzas del Estado. De cualquier modo, aceptando con respecto a ese tema – de importancia teória sobre todo – la opinión de otro eminente jurista como es Carnelutti, puede afirmarse que el objeto de la transgresión tributaria resulta, en sustancia, el *bien* perjudicado por el hecho ilícito del sujeto del impuesto, vale decir, el tesoro público; tesoro público que en este caso parece corresponder justamente al *objeto substancial específico* de la transgresión".[106]

A nossa legislação, contudo, em seu conjunto, não estabelece o pagamento do tributo como seu objeto substancial específico, este seria a ordem tributária em sua autenticidade.[107] Contudo, a arrecadação do tributo surge como um objeto substancial genérico, porquanto por ela teria "aseguradas y tuteladas las condiciones financeiras indispensables para la satisfacción de las exigencias de la vida de la colectividad y la protección de la propia conservación", na expressão de Giorgetti. Pode-se dizer que, no artigo 1º da Lei nº 8.137/90, existe um bem jurídico específico protegido, consistente na ordem tributária em sua autenticidade, como já se discorreu. Há, também, um bem jurídico genérico protegido: um *próximo* relativo à arrecadação para que o tributo previsto

---

[106] *Op. cit.*, p. 109/110.

[107] Ao tratar da relação penal tributária, Soares Martínez, na obra *Direito Fiscal*, (Almedina, Coimbra, 1997), em razão da divergência de postura legislativa entre Brasil e Portugal, observa que "a esfera jurídica do Estado não tem que ser *reitegrada* porque um *contribuinte*, ou um *terceiro*, deixou de prestar declarações ou as prestou com falsidade. Porquanto, tendo a respectiva infracção sido conhecida, o imposto acaba por ser *lançado, liquidado e cobrado* correctamente; e a *mora* que porventura tenha havido será compensada apelos respectivos *juros*, alheios à penalização da ilicitude. Com a *cobrança* desses juros de mora estará reintegrada a esfera jurídica do Estado, afectada pela falta de *cumprimento pontual*, e não pela *infracção* em si mesma. Desta resultará não qualquer direito a uma *reitegração* mas o *poder de punir*, inserido na *relação penal tributária* como seu objecto." (p. 394).

em ser arrecadado não seja reduzido, nem suprimido; e outro *remoto*, consistente na garantia dos meio necessários ao Estado para que este objetive o bem comum.

Hoje, diversamente do passado, o enfoque dado à tributação é outro. E Roxin, citado por Jorge de Figueiredo Dias e Manuel da Costa Andrade, observa que "a garantia das prestações necessárias à existência (*daseinsnotwendiger Leistungen*) constitui tarefa tão legítima do Direito Penal como a tutela dos bens jurídicos".[108] A eticização do Direito Penal Tributário foi uma das preocupações da reforma penal tributária portuguesa. E o governo português, na justificativa do Proposta nº 91/V, argumentava: "Hoje, porém, é dado adquirido, quer na doutrina quer na jurisprudência, a eticização do direito penal fiscal, uma vez que o sistema fiscal não visa apenas arrecadar o máximo das receitas mas, também uma maior justiça distributiva dos rendimentos entre os cidadãos, tendo em conta as necessidades de financiamento das actividades sociais do Estado". E na proposta de Lei nº 68/VI, afirma que :"fugir aos impostos legitimamente criados não é comportamento digno de aplauso, mas, outrossim, a in-fracção a um dever fundamental da cidadania".[109]

Resulta, portanto, que os crimes previstos no artigo 1º são crimes de resultado, cujo bem jurídico protegido é a ordem tributária, a veracidade da ordem tributária em seu aspecto material. A simples conduta não é suficiente para caracterizar o delito, impondo-se, pelo *caput* do artigo, que a conduta reduza ou suprima o tributo, porquanto a falsidade em aspecto formal do direito tributário, ou seja, a infração tributária formal não reduz nem suprime tributo. E como os diversos tributos têm diferentes formas de consecução de ato ou atos para que ocorra o fato gerador, em cada caso deve ser vista e analisada a questão, podendo existir situação fática que implique somente a prática de um ato (omissivo ou comissivo), o que poderá gerar dúvida quanto a ser ou não crime formal. Contudo, o ato ou atos deve(m) produzir o resultado de reduzir ou suprimir aquele tributo. Produzindo a redução ou a supressão do tributo, ocorre o resultado, e não importa a conduta ter sido concluída com um ou mais atos. Sabe-se que, outras vezes, aquele ato caracterizador de uma das condutas dos incisos, em relação a outro tributo, não realiza o resultado, e, conseqüentemente, o fato não se tipifica como crime do artigo 1º, mas pode, em tese, caracterizar outra espécie de crime.

Assim, a conjugação do disposto no *caput* com as condutas previstas nos incisos é fundamental ao aplicador e intérprete do Direito,

---

[108] O Crime de Fraude Fiscal no Novo Direito Penal Tributário Português. *In Direito Penal Econômico Europeu: Textos doutrinários.* Coimbra: Editora Coimbra, 1999, Vol. II, p. 415.
[109] *Apud* Jorge Figueiredo Dias e Manuela da Costa Andrade, *op. cit.* p. 415 e 416.

sob pena de se considerar delito da Lei nº 8.137/90 uma conduta não-realizadora do verbo nuclear do tipo, confundindo-se crime-meio com crime-fim. No caso, todas as condutas do artigo 1º significam a prática de um crime de falsidade, mas não, necessariamente, tipificam o crime-fim. Este se perfectibiliza com a combinação da conduta com o *caput*.

9.4. FIGURAS TÍPICAS DO ARTIGO 1º

9.4.1. Elementares genéricas obrigatórias em cada conduta

Já foram abordadas tais elementares de forma genérica. Em cada caso concreto, presente a conduta descrita nos incisos do artigo 1º, as elementares do *caput* devem estar presentes. Sem uma delas, não se tipifica o delito. Em síntese, as elementares são:

a) a primeira elementar para a configuração do delito é de a ação do agente *reduzir ou suprimir* tributo e acessórios. Por meio da falsidade material ou ideológica, presente(s) nas condutas específicas, o agente reduz ou suprime o tributo. Se a conduta não tem o condão de reduzir ou de suprimir o tributo, ou seja, se não produz resultado algum em relação aos tributos e/ou acessórios, inexiste a figura típica. Noutras palavras, necessário é a conduta praticada ser capaz de reduzir ou de suprimir tributo. Assim, em relação ao ICMS, *v.g.*, o não-fornecimento de nota fiscal, por si só, quando a operação é isenta, não significa que tenha havido sonegação fiscal. Pode ocorrer crime contra o consumidor ou outro delito, mas em relação ao tributo ICMS inexiste possibilidade de o imposto ser reduzido ou suprimido;

b) a segunda elementar diz respeito ao tributo ou contribuição social e qualquer acessório;

b.1) os tributos

Os tributos, conforme a Constituição Federal, são os impostos, as taxas e a contribuição de melhoria.

1 – Impostos da União, dos Estados e dos Municípios:

1.1) Da União, a lei pode instituir imposto sobre:

a) importação de produtos estrangeiros (II);
b) exportação, para o exterior, de produtos nacionais ou nacionalizados (IE);
d) renda e proventos de qualquer natureza (IR);
e) produtos industrializados (IPI);

f) operações de crédito, câmbio e seguro, ou relativas a títulos ou valores mobiliários (IOF);
g) propriedade territorial rural e grandes fortunas (ITR e IGF, sendo que em relação às grandes fortunas inexiste, ainda, lei estabelecendo a incidência, dependendo de lei complementar).

1.2 Dos Estados são:

a) transmissão *causa mortis* e doação, de qualquer bens ou direitos (ITD);
b) operações relativas à circulação de mercadorias e sobre prestações de serviços de transporte interestadual e intermunicipal e de comunicação, ainda que as operações e as prestações se iniciem no exterior (ICMS);
c) propriedade de veículos automotores (IPVA).

1.3 Dos Municípios são:

a) propriedade predial e territorial urbana (IPTU);
b) transmissão *inter vivos*, a qualquer título, por ato oneroso, de bens imóveis, exceto os de garantia, bem como cessão de direitos a sua aquisição (ITBI);
c) serviço de qualquer natureza, não compreendidos no artigo 155, II, definidos em lei complementar (ISS).

2 – taxas a serem cobradas em razão do poder de polícia ou pela utilização, efetiva ou potencial, de serviços públicos específicos e divisíveis, prestados ao contribuinte ou postos a sua disposição.

3 – Contribuição de melhoria decorrente de obras públicas.

Distinguem-se: hipóteses de incidência do tributo, de não-incidência, de isenção ou de imunidade. Há necessidade essencial de que a situação fática seja de incidência do tributo. Se o tributo não incide, se for caso de isenção ou de imunidade, a falsidade ínsita na conduta pode caracterizar delito do Código Penal ou outro delito, menos crime contra a ordem tributária. Portanto, em primeiro lugar, deve haver uma situação fática perfeitamente tipificada na lei como suscetível de tributação. Se não for suscetível de tributação, impossível é a redução ou a supressão do tributo. A não-incidência, a isenção e a imunidade, existentes numa situação concreta, fazem com que o fato seja atípico em relação à lei contra a ordem tributária. Com pertinência, Ruy Barbosa Nogueira esquematiza a matéria da seguinte forma:

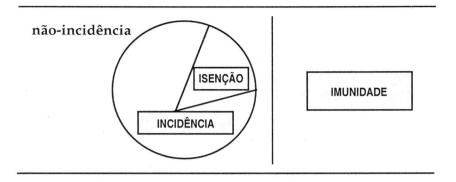

Portanto, se for caso de não-incidência, em razão do princípio da legalidade, ou se for caso de imunidade, pela vedação constitucional ao poder de tributar, de forma alguma se pode cogitar de tipicidade penal contra a ordem tributária pela impossibilidade fática de haver redução ou supressão de tributo. Quer pela vedação constitucional ao poder de tributar, quer pela inexistência legal do tributo, não há possibilidade jurídica e fática de existência de tributo, com o que fica afastada a possibilidade de o fato ser típico. Se houver, contudo, incidência do tributo, há que se ver se, no caso *sub judice*, não há isenção. Havendo isenção, também não se configura o crime contra a ordem tributária. Mas, se não se configurar nenhuma situação anterior, sendo caso de incidência do tributo, deve-se analisar as elementares genéricas e as específicas das condutas: estando subsumido o fato em todas as elementares, tipificado está o delito.

b.2 – contribuição social

Se não for tributo, a elementar do tipo pode ser a contribuição social.

Se, quando da edição da Lei nº 8.137/90, objetivava-se a inclusão punitiva dos fatos delituosos contra a previdência social, hoje, em relação à contribuição social previdenciária, há norma específica na Lei nº 9.983/00, que introduziu os artigos 168-A, e 168-A, no Código Penal, não mais subsistindo a Lei nº 8.212/91.

As contribuições sociais, de intervenção no domínio econômico e de interesse das categorias profissionais ou econômicas, são de competência exclusiva da União. Menciona-se, atualmente em vigor, o FGTS (Fundo de Garantia do Tempo de Serviço), a CPMF (Contribuição Provisória sobre Movimentação Financeira), as contribuições para as entidades profissionais (CREA, OAB, CRM...), o COFINS, o PIS e o FINSOCIAL.

b.3 – Acessórios

Relativamente aos acessórios (*qualquer acessório*), a norma busca coibir a ocorrência de falsidade tanto no tributo como na conduta pela qual se evita o acessório na área tributária. Não se confunde com obrigação acessória, mas diz respeito aos acessórios da obrigação principal (pagar), *v.g.*, o ônus decorrente da mora como os juros e a correção monetária. A fim de diminuir o acessório, embora não tivesse havido sonegação fiscal, mas simples inadimplemento, o agente, *v.g.*, falsifica a data para evitar a incidência da correção monetária devida pelo atraso do pagamento do tributo. Na época de inflação acentuada, a falsificação em relação ao acessório podia e/ou poderá significar elevado valor.

9.4.2. As modalidades específicas de condutas

9.4.2.1. Omissão de informação ou declaração falsa

A primeira modalidade de conduta consiste em *omitir informação, ou prestar declaração falsa às autoridades fazendárias*. A conduta pode ser omissiva (*omitir informação*) ou comissiva (*prestar declaração falsa*). Uma e outra devem ter como objetivo e efeito *reduzir* ou *suprimir* tributo. Não se pode desvincular a conduta, descrita no inciso do *caput*, no qual se especifica o verbo nuclear do tipo. O Código Tributário Nacional prevê, como bem lembra Antonio Correa,[110] que "o lançamento é efetuado com base na declaração do sujeito passivo ou de terceiro, quando um ou outro, na forma da legislação tributária, presta à autoridade administrativa informações sobre matéria de fato, indispensáveis à sua efetivação" (art. 147). Aliomar Baleeiro observa que "até prova em contrário (e também são provas os indícios e as presunções veementes), o Fisco aceita a palavra do sujeito passivo, em sua declaração, ressalvado o controle posterior, inclusive nos casos do art. 149 do CTN". E prossegue, "mas, em relação ao valor ou preço dos bens, direitos, serviços ou atos jurídicos, o sujeito passivo pode ser omisso, reticente ou mendaz. Do mesmo modo, ao prestar informações, o terceiro, por displicência, comodismo ou conluio, desejo de não desgostar o contribuinte etc., às vezes deserta da verdade e da exatidão".[111]

Não se pode olvidar, relativamente ao inciso, serem as condutas descritas passíveis de enquadramento em outros incisos. Há de ser observada, portanto, a tipificação mais adequada à espécie concreta, atendendo-se ao princípio da especialidade. Assim, quem omite o registro de notas fiscais estaria, em princípio, omitindo informações. Contudo,

---

[110] *Dos Crimes contra a Ordem Tributária*. São Paulo: Saraiva, 1994, p. 87.
[111] *Direito Tributário Brasileiro*. 10ª ed. Rio de Janeiro: Forense, 1991, p. 813.

as notas fiscais correspondem a operações de compra e venda. Conseqüentemente, mais adequado ao caso é cogitar de omissão de registro de operações prevista no inciso II.

Anteriormente, já referíamos que encontra adequação típica no inciso a hipótese do contribuinte que declara ser microempresa seu estabelecimento, cujo faturamento, na realidade é superior ao limite, a fim de suprimir o tributo pertinente.[112] Do mesmo modo, o terceiro que declara ser sua a microempresa para encobrir a existência de mais de uma empresa em nome de outrem é co-autor do delito. Ou, também, quando declara inexistir outra microempresa em nome de familiares, sendo a declaração falsa, objetivando que todas elas permaneçam caracterizadas como microempresas. Tais declarações, para caracterizarem a incidência do inciso I, devem reduzir ou suprimir tributo, pouco importa se momentaneamente ou não. Noutras palavras, em razão da declaração falsa ou da omissão da informação (existência de outras empresas em nome de familiares), o agente obteve o benefício fiscal dado às microempresas e com isto reduziu ou suprimiu o tributo de suas empresas.

A Lei nº 8.864, de 28 de março de 1994, em seu art. 28, prevê: "A falsidade de declaração prestada objetivando os benefícios desta Lei caracteriza o crime de que trata o art. 299 do Código Penal, sem prejuízo de enquadramento em outras figuras penais". A lei estabelece normas para as Microempresas e Empresas de Pequeno Porte, relativas ao tratamento diferenciado e simplificado, nos campos administrativo, fiscal, previdenciário, trabalhista, creditício e de desenvolvimento empresarial. Daí que, na área fiscal, a falsidade da declaração encontra especificidade maior na presente Lei nº 8.137. Se o tributo versa sobre previdência, aplica-se a Lei nº 9.983, especificamente o artigo 337-A do Código Penal. Nos demais casos, quando a falsidade não corresponde a tributos, aplica-se o Código Penal. Dispensável seria o artigo, porquanto nada mais faz que reproduzir o preconizado pelo Direito Penal.

Outro setor sujeito à incidência do artigo 1º, inciso I, é o das pseudo-exportações e importações. Quer pela declaração falsa relativamente à origem do produto, quer por ser fictícia a empresa, quer por ser fictícia a exportação, recebe o pseudo-exportador incentivos fiscais os quais resultam em redução de tributos de sua empresa no país. Contudo, se o agente pratica a declaração falsa para produto realmente importado ou exportado, com o objetivo de eximir-se total ou parcialmente do pagamento do imposto de importação ou exportação ou seja para iludir seu pagamento, neste caso, pelo princípio da especificidade, aplica-se o

---

[112] Artigo "Dos crimes contra a ordem tributária ou sonegação fiscal". *In Revista do Ministério Público* RGS, nº 28, p. 40.

artigo 334 do Código Penal, porquanto o fato constitui descaminho. Tal artigo não foi revogado pela Lei nº 8.137/90.

Quanto ao sujeito ativo do delito, vale o que se disse sobre a autoria. Mas, geralmente, envolve o contribuinte, microempresário ou não, terceiro que presta a declaração falsa para dar pseudoveracidade ao fato ensejador do benefício fiscal pelo qual se reduz ou suprime o tributo, bem como todo aquele que, de uma forma ou de outra, concorre para a prática do delito, destacando-se o autônomo que ensina o empresário a agir para burlar o fisco.

A declaração anual do imposto de renda, quando falsa, é outro exemplo comum. O contribuinte, pessoa física ou jurídica, reduz o tributo, prestando declaração falsa quer sobre os dependentes, quer sobre as despesas dedutíveis, quer sobre os valores tributáveis. Tratando-se de declaração de rendimentos falsa, ensejadora de redução ou supressão de tributo, invariavelmente a pessoa fica induzida a tipificar o fato no inciso I. Como bem observado pelo Min. Pedro Acioli, no RHC 4097-1, 6ª T, do STJ, "Nos crimes contra a ordem tributária, definidos no art. 1º, incisos I e IV, da Lei nº 8.137, de 27 de dezembro de 1990, a consumação ocorre com a prestação da declaração falsa ou uso do documento falso perante as autoridades fazendárias, com o resultado ou efeito de suprimir ou reduzir tributo. Na declaração de rendimentos (imposto de renda), a relação de doações e pagamentos efetuados é desacompanhada de documentos que eventualmente poderão ser solicitados pelo Fisco"(*in* DJU 13.3.95). Daí que, ao assinar a declaração falsa, entregando-a ao Fisco, sendo ela capaz de reduzir ou suprimir tributo, configura-se o delito. Se o agente também falsificou um documento com a finalidade de comprovar perante o Fisco determinada despesa capaz de reduzir o tributo, a falsidade de tal documento fica absorvida pelo crime-fim, que é consumado com a entrega da declaração. Mas, pela sistemática da declaração do Imposto de Renda, é irrelevante para configurar o delito que a falsidade inserida na declaração encontre respaldo em outro documento falso. A falsificação do documento, no caso, tem apenas o condão de demonstrar, mais cabalmente, o dolo do agente, tanto que, se o agente não insere na declaração o conteúdo do documento falso, não ocorre o delito de sonegação fiscal, restando a discussão se subsiste o delito de falsidade de documento em face da inexistência de repercussão do *falsum*.

Tal situação fática, ainda, perfeitamente poderia ser enquadrada no inciso II em razão da inserção de elemento inexato na declaração de rendas. Contudo, em razão do verbo declarar, mais adequada é a capitulação no inciso I.

9.4.2.2. Fraude pela inserção de elementos inexatos ou pela omissão de operação

A segunda modalidade de conduta refere: "fraudar a fiscalização tributária, inserindo elementos inexatos, ou omitindo operação de qualquer natureza, em documento ou livro exigido pela lei fiscal". A fraude contra a fiscalização tributária ocorre de duas formas: pela inserção de elementos inexatos – *crime comissivo* – ou pela omissão do registro de operações nos documentos e livros exigidos pela lei fiscal – *crime omissivo*.

Especificamente em relação ao ICMS, é o inciso com maior incidência, porquanto as demais figuras, praticamente, nele se incluem. "Fraudar a fiscalização tributária: na legislação anterior, fraude era 'toda ação ou omissão *dolosa* tendente a impedir ou retardar, total ou parcialmente, a ocorrência do fato gerador da obrigação tributária principal, ou a excluir ou modificar as suas características essenciais, de modo a reduzir o montante de imposto devido, ou a evitar ou diferir o seu pagamento'" (arts. 71 da Lei nº 4.502/65 e 116 do Dec. 56.791/65). Tal conceito tradicional de fraude,[113] embora possa ser transposto para a modernidade, não delimita a fraude fiscal. Necessário é que se tenha em conta aquilo que transformou a fraude tradicional em fraude moderna, pela sistemática atual de existência de multinacionais, da era da computação, do mercado supranacional, etc. Daí que a especificidade de fraude estar ampliada no contexto da nova lei.

A recente reforma italiana da legislação penal tributária (D.LGS.10, de março 2000, n. 74) define uma série de conceitos, *v.g.* o que é fatu-

---

[113] Vicente Oscar Diaz, ao falar de fraude, invoca a lição de Esteban Mestre Delgado (*in La defraudación tributária por omisión*, Ministério de Justicia Espanã): "'fraude' equivale semánticamente a 'engano' o a 'acción contraria a la verdad o la rectitud'; 'defraudación' a 'acción o efecto de defraudar' y 'defraudar', siendo palabras polisémicas, en cuya acción más ajustada al caso, a 'cometer un fraude en perjuicio de alguno', y tomando en consideración que no se trata de resucitar la vieja prisión por deudas, és preciso llegar a una conclusión distinta, conforme a lo cual lo relevante, a los efectos punitivos, és ocultar o desfigurar *el hecho tributario o las bases tributarias* con el fin de eludir la obligación de satisfacer determinados impuestos y con la evidente intención defraudatoria consiguiente (p. 66)." (*apud* La falsedad del hecho tributario en la dogmatica penal (Ley nº 23.771). Buenos Aires: Machhi, 1992, p. 17/18).
Adiante define fraude, "como todo artificio o engaño, *tanto por intencionado*, dirigido a evitar en su totalidad o en parte el pago de los impuestos debidos, que se produce en sentido estricto cuando el incumplimiento de la norma fiscal es directo." (*op. cit.*, p. 30). BOIX REIG E MIRA BENAVENT aduzem a lição do Tribunal Supremo da Espanha: "La mencionada sentencia del Tribunal Supremo establece que 'habida cuenta que *fraude* equivale semánticamente a *engaño* o *acción contraria a la verdad o a la rectitud*, siendo palabra polisémica, en su acepción más ajustada al caso, a 'cometer un fraude en prejuicio de alguno', y tomando en consideración además que no se trata de resucitar la antigua prisión por deudas, es preciso llegar a una conclusión distinta, conforme a la cual lo relevante, a efecto punitivos, es ocultar o desfigurar las bases tributárias con el fin de eludir la obligation de satisfacer determinados impuestos y con la evidente intención defraudatoria consiguiente'". (*op. cit.* p.68)

ra ou outro documento para operação inexistente", "elementos ativos e passivos", "declaração", etc. Entretanto, não define o que seja "fraude". Diante disso, Vittorio Emanuele Falsitta, presidente do Centro Studi e Ricerca di Dirirto Penal Dell'Economia, parte da relação que se tem de fraude com engano, cujo sentido comum seria uma representação de uma situação falsa, para dizer que implica a presença da vontade (o engano pode ser culposo), e, a linguagem jurídica, pressupõe o engano e dano com a finalidade de obter uma proveito injusto. Adita aos elementos constitutivos da fraude a vontade de obter injusto proveito, que coincidirá com a evasão fiscal. Assim, não é qualquer engano, mas à vontade do engano fraudulento se justapõe a vontade de evasão. Inexistindo tal coincidência, inexiste fraude fiscal. Produz-se o engano para falsificar a própria capacidade contributiva com o objetivo de evasão.[114] No nosso texto legal, a fraude da fiscalização tributária ocorre pela falsidade de ação (inserir elementos inexatos) ou de omissão (omitir operações) nos documentos onde deveria constar a verdade ou onde deveria estar registrada a operação. Inegável, isso é feito com a vontade de reduzir ou suprimir o tributo. Noutras palavras, pratica-se a falsidade pela ação ou pela omissão para que a autoridade fazendária não tenha ciência do fato gerador, fato imponível, e suas circunstâncias dentro do conceito que nossa legislação dá à expressão "fraudar a fiscalização tributária". Por outro lado, a ação ou a omissão, conforme Monsieur Raffray, apóia-se sobre procedimentos que podem ser a) contábeis, b) jurídicos ou c) materiais, de conformidade com a sofisticação de cada agente, sendo geralmente mais primárias as fraudes materiais como falsificação de nota fiscal, nota paralela, nota calçada...[115]

9.4.2.2.1. Fraude por ação

Hoje, a norma estabelece duas formas: por ação ou por omissão. Na primeira, a fraude ocorre por inserção de elementos inexatos nos livros e documentos fiscais. A inexatidão pode-se originar de diversas maneiras: ou porque a própria declaração inserta em documento ou livro fiscal contém erro (provocado), *v.g.*, a soma do tributo devido é menor do que o real ou a soma dos créditos é maior do que o real;[116]

---

[114] *In Diritto Penale Tributario: Aspetti Problematici. Falsitta*, Vittorio Emanuele e outros. Milano: Giuffrè Editore, p. 15 e seguintes.

[115] *Apud L'Application du Droit Penal em matière Fiscale*. Marseille: Presses Universitaites D'Aix. Ver, adiante, o capítulo 13 sobre elisão e evasão, onde se aborda a fraude.

[116] O erro, neste contexto, para se constituir em crime, deve ter sido intencional. O engano numa soma pode constituir, e constitui, ilícito tributário, mas não necessariamente constituirá ilícito penal. Aplica-se a norma tributária. Contudo, às vezes, o erro é intencional, objetiva reduzir tributo. Tal espécie de erro será percebido pela sistemática de sua ocorrência: *v.g.*, se alguém, como já se

ou porque a declaração inserida não corresponde aos documentos das operações ou fatos geradores; ou porque aquilo que foi declarado não corresponde aos fatos.[117] A inexatidão se encontra na falsidade inserida, nas mais diversas formas, todas elas, contudo, objetivando a redução ou supressão de tributo.

A inexatidão decorrente de erro em que o contribuinte se equivocou sem intenção de fraudar o Fisco é irrelevante penalmente. Impõe-se, quanto ao erro, que tenha havido intenção de lesar a fiscalização, reduzindo ou suprimindo o tributo em razão dele.[118] A inserção do elemento inexato faz-se no próprio livro ou no documento fiscal. É o caso do erro sistemático na soma dos débitos para menos e dos créditos para mais referido anteriormente.

A inexatidão decorre da não-correspondência do lançamento nos livros com o documento: há um documento, verdadeiro, cujo teor, ao ser lançado nos livros fiscais ou, antes, ao ser nele consignado, é alterado para reduzir ou suprimir o tributo devido. Exemplo típico e comum é o lançamento das notas fiscais no livro de registro de saída de mercadoria com valores inferiores aos valores constantes das notas fiscais ou o lançamento de várias notas ao mesmo tempo, sendo que o valor lançado é inferior à soma delas. O artifício realizado na expectativa da não-conferência pelo fiscal de nota por nota, bem como a não-realização de auditoria em sua empresa, em face da falta de fiscais, constitui

---

viu, sistematicamente erra para menos a soma dos débitos e para mais a soma dos créditos, isto não só na matriz como nas filiais, é indicativo seguro do dolo de reduzir tributo pela inserção de elemento inexato – a soma inserida no livro de informação do tributo devido não é exata, não corresponde à verdade.

[117] Lilian G. de Wendy e Eduardo A. Russo, na obra citada, ao explicitarem o que seja *declaraciones inexactas*, dizem: "Podemos pensar tres situaciones límites: que la inexactictitud provenga de la propia declaración (errores en la confección del formulario); que resulte de su comparación con las registraciones, documentos y antecedentes que le sirvan de base, o, por último, siendo las declaraciones y sus antecedentes congruentes, de la diferencia entre estos elementos y los hechos tenidos por ciertos mediante un procedimiento de verificación o fiscalización. El primer supuesto ocurriría, por ejemplo, si se computa como gasto deducible uno que no lo es; el segundo, siguiendo con el mismo ejemplo, si el gasto denunciado como deducible, y verisímilmente realizado, no aparece respaldado por el correspondiente comprobante, y el tercero cuando, existindo el comprobante, éste resulta ser falso, no resultando imputable al responsable su falsedad. Estas tres hipótesis, más que señalar supuestos de distinta gravedad, están indicando un menor o mayor acercamiento con la figura de degradación, en punto a la presunción jurada con errores visibles para un técnico impositivo medio, no constituye por sí una 'declaración engañosa' ni permite presumir una intencionalidad fraudulenta, si no concurren en apoyo de estos últimos otros elementos de juicio." (p. 231/232).

[118] Houve um caso, no Rio Grande do Sul, em que o contribuinte errou, para menos, a soma de todos os débitos de ICMS e, para mais, todos os créditos. Do fato resulta induvidoso o dolo de lesar o Fisco, porquanto, sistematicamente, somando para mais os créditos e para menos os débitos, haverá menos tributo a recolher no final. Aí, os elementos inexatos inseridos são os valores lançados no totalizador dos débitos e dos créditos.

fraude. Por meio da inserção de valores inferiores aos constantes nos documentos, o agente reduz o tributo.

Pode, também, haver a figura típica, quando o agente insere em documento algo que não corresponde ao fato ou ao direito. A falsidade situa-se na não-correspondência daquilo que é inserido com os fatos ou com o direito. Duas hipóteses ilustram bem o caso:

a) o agente insere, na via cativa, aquela que fica retida no bloco, valor inferior ao da operação, ou seja, faz uso do expediente da "nota calçada". A operação foi realizada por determinado valor, ele entrega a 1ª via no valor correto, dando impressão de agir legalmente para o comprador, mas lança nos livros fiscais a via cativa, a qual contém valor inferior, com o que será o tributo reduzido;

b) o agente insere como crédito valor que não o é, *v.g.*, insere como crédito de ICMS a diferença de alíquota nas operações interestaduais, quando é pacífica a jurisprudência no sentido de que não é crédito. Aqui, o que não é exato, o *falsum* é o valor lançado como crédito, ou seja, por meio do artifício, se reduziu o tributo, tornando o crédito maior do que o real. O crédito falso inserido nos livros e documentos fiscais constitui-se em inserção de elementos inexatos.[119] Outro exemplo é do agente que, tendo débito em determinado mês, insere, por nota fiscal de compra fictícia, pseudocrédito em seus livros fiscais, reduzindo o valor do débito tributário. Atente-se, contudo, que, se o documento for falso, ter-se-á outro inciso (o III), e não o II. Igualmente, na esfera dos tributos federais, a inserção de pagamentos fictícios a pessoas jurídicas fantasmas com o que se reduz o lucro da empresa, reduzindo o tributo do imposto de renda devido.[120] Na primeira parte do inciso II, ocorre a

---

[119] Não se desconhece a posição contrária do STJ, como no caso do julgamento do RHC nº 7700/PR, sendo Relator o Min. Vicente Leal, cuja ementa diz: "O aproveitamento de crédito de ICMS, por meio de escrituração fiscal regular, decorrente de diferenças de alíquotas interestaduais, sem qualquer adulteração de documento, nem inserção de fatos não verdadeiros, não tem repercussão no campo penal, já que não caracteriza fraude fiscal, elementos constitutivo do crime de *sonegação fiscal*." DJ de 14.12.98. Igualmente no HC 7811/RJ, cuja ementa diz: "O aproveitamento dos créditos de ICMS, por meio da escrituração fiscal regular, decorrente de diferenças de alíquotas interestaduais, sem qualquer adulteração de documento nem inserção de fatos não verdadeiros, não tem repercussão no campo penal, já que não caracteriza fraude fiscal, elemento constitutivo do crime de *sonegação fiscal*." (DJ de 22.3.99, p. 253).
É inegável que o valor da diferença de alíquotas lançada como crédito não é verdadeiro. Igualmente, é certo que a inserção não corresponde à adulteração, aliás, desnecessária para caracterizar o delito do inciso II. Ademais, o crédito pretendido inexiste, como há tempo têm decidido os tribunais. Trata-se, portanto, de inserção de um elemento não-verdadeiro, inexato, com o que se determina a redução do tributo a pagar no final do mês. Ainda, sabe-se, perfeitamente, que eram contratados profissionais que recebiam percentagem por mês de protelação do pagamento do tributo, fosse ou não descoberta a fraude. Diz-se fraude, porquanto como bem diz Hermes Marcelo Huck, "na fraude tributária, ao observador mostra-se uma aparência de total legalidade" (*in Evasão e Elisão*. São Paulo: Saraiva, p. 103).

[120] TRF da 2ª Região, Apelação Criminal 20875, DJ de 6.3.97, p. 12.

falsidade ideológica ao inserir em documentos fiscais ou ao fazer inserir declaração falsa, diversa da que deveria ser escrita em razão da operação existente ou da ausência de operação ou porque a inserção feita não corresponde à situação real, mas que, como consignado, cria situação capaz de ensejar a redução ou a supressão do tributo. Coaduna-se com semelhante modalidade de conduta o jogo contábil no qual, sob o pretexto de ser caso de elisão, ocorre uma ilusão: cria-se, com a falsidade inserida nos documentos e livros fiscais, uma pseudo-situação que, se verdadeira fosse, elidiria o tributo. Não se pode olvidar que a falsidade ideológica presente no inciso, tanto no caso de ação (1ª parte), como no caso de omissão (2ª parte), deva ser capaz de "prejudicar direito, criar obrigação ou alterar a verdade sobre fato juridicamente relevante": incidência, imunidade, isenção ou não de tributo.

9.4.2.2.2. A omissão do registro de operações

A outra forma é a da omissão, quando o agente omite operação de qualquer natureza, em documento ou livro exigido pela lei fiscal. "Operação tem sentido de 'transação', implicando num 'ajuste' ou num 'contrato', isto é, numa relação jurídica, onde devem figurar, é óbvio, *dois* sujeitos (remetente e recebedor), embora, como veremos, estas duas partes sejam, eventualmente, meros 'estabelecimentos' – tidos como autônomos pela legislação tributária – do mesmo proprietário".[121] Se, pois, existir a "transação", da qual, em virtude de norma, surja a obrigação de pagar um tributo, a omissão de seu registro torna-se relevante para a redução ou supressão do tributo, mormente na sistemática do autolançamento.

Sendo obrigatório o registro das operações, deve-se ver, na legislação tributária, quer federal, quer estadual ou municipal, os livros obrigatórios, as formas de registro, para que o contribuinte faça o autolançamento. Os documentos podem ser das mais variadas formas (Nota Fiscal em suas diversas modalidades – NF, Conhecimentos de Transporte Rodoviário de Cargas – CTRC, Conhecimento de Transporte Aquaviário de Carga – CTAC, Conhecimento Aéreo, Conhecimento de Transporte Ferroviário de Cargas, Bilhete de Passagem em suas diversas modalidades, Manifesto de Carga, etc.), tudo dependendo de quem seja o usuário (industrial, comerciante, importador, exportador, concessionária, permissionária, empresa de transporte, etc.). A legislação específica de cada tributo traz a exigibilidade de documentos fiscais específicos para cada modalidade de atividade, sendo sempre obrigató-

---

[121] BROCKSTEDT, Fernando A. *O ICM. Comentários Interpretativos e Críticos*. Porto Alegre, 1972, p. 65.

ria a emissão do documento fiscal, mesmo quando a operação seja isenta, imune, haja não-incidência, consignando tal benefício no documento fiscal. Reitere-se, contudo, que, neste caso, o fato não se subsume no art. 1º por ausência de tipicidade.

A fraude mais comum, nesta forma, é a da omissão do registro de entrada de mercadorias e conseqüente omissão do registro de saída de mercadoria. O comerciante compra, não registrando a operação com o fim específico de não dever/pagar o tributo, fraudando a fiscalização, porquanto a omissão no registro de entrada torna, quando já ocorreu a saída da mercadoria, difícil a descoberta, por parte do agente da fiscalização, da omissão do registro de saída daquela mercadoria. A existência de caixa positivo superior ao constante nos livros fiscais é indicativo da existência da omissão do registro de saída de mercadoria. Outras vezes, é o controle paralelo existente na empresa ou o levantamento de mercadorias existentes na empresa. Igualmente, o levantamento físico das mercadorias, cotejado com as entradas de mercadorias e saídas, pode ser prova da omissão do registro de saída de mercadoria.

Importante é consignar, em relação aos documentos fiscais, que os documentos inidôneos fazem prova contra o contribuinte que os usa... Nesta circunstância, não merece confiabilidade sua escrita fiscal, devendo ela ser desclassificada e arbitrados os valores sonegados por diversas formas de apuração: arbitramento do lucro, levantamento físico, etc. Por exemplo, na legislação do Imposto de Renda, o lucro arbitrado é aplicado nas seguintes hipóteses, conforme menciona Eduardo Marcial Ferreira Jardim: "a) quando o contribuinte não mantiver escrituração na forma das leis comerciais ou fiscais, ou deixar de elaborar as demonstrações financeiras exigidas pela legislação; b) quando o contribuinte autorizado a optar pelo lucro presumido descumprir as condições aplicáveis à espécie; c) quando o contribuinte recusar-se a apresentar os livros ou documentos à autoridade tributária; d) quando a escrituração contiver vícios, erros ou deficiências que a tornem imprestável para determinar o lucro real ou presumido, ou revelar evidentes indícios de fraude; e) quando o comissário ou representante da pessoa jurídica estrangeira deixar de escriturar e apurar o lucro de sua atividade separadamente do lucro do comitente residente ou domiciliado no exterior; f) quando o contribuinte não apresentar os arquivos ou sistemas estatuídos pela legislação; g) quando o contribuinte não mantiver em boa ordem o livro razão ou fichas utilizadas para resumir contas ou subcontas lançadas no Diário; e h) espontaneamente, nos casos fortuitos ou de força maior, consoante definição da lei civil, observada a excepcionalidade deste procedimento".[122] Mas, mesmo existindo lucro arbitrado, há que se verificar se a causa do arbitramento foi ato ou omissão decorrente de dolo do agente em reduzir ou suprimir tributo pela conduta ensejadora da desclassificação da escrita. Se foi omissão de operações, há tipificação do inciso II. Noutras hipóteses, deve-se verificar qual a adequação típica.

A segunda parte do inciso II do artigo 1º protege a veracidade que deve constar nos livros e documentos fiscais, vedando a forma mais simplória de suprimir tributo: fazer de conta que nada vendeu, e, se nada vendeu, nada é devido de tributo. Corresponde tal conduta ao que preconizava a Lei 4.502/64, art. 71, como sonegação fiscal, porquanto o agente está a impedir o conhecimento por parte da autoridade fazendária da ocorrência do fato gerador da obrigação tributária principal.[123] Aqui se evidencia a desnecessidade do pagamento como marco da consumação do delito. A omissão do registro implica inexistência falsa do fato gerador e supressão, conseqüente, do tributo. Importa, sim, verificar se sobre a operação omitida incidia tributo.[124] Existente a incidência da tributação, a omissão havida tem por efeito a supressão do tributo na operação e, conseqüentemente, consumado está o delito. A data do recolhimento do tributo é marco, no caso, de exaurimento do crime.

---

[122] *Dicionário Jurídico Tributário*. São Paulo: Saraiva, 1995, p. 102-103.

[123] A obrigação tributária principal não se confunde com a acessória, nem esta com o tributo acessório. "A obrigação acessória, na expressão de José Cassiano Borges, tem por objeto uma prestação positiva (fazer alguma coisa), imposta por lei a fim de garantir o cumprimento da obrigação principal."
"Quando o Estado, através de lei, institui obrigações acessórias, o seu objetivo é resguardar os interesses da arrecadação ou da fiscalização dos tributos." E logo a seguir:
"...todos os contribuintes do ICMS têm o dever de atender às disposições legais de convênios relativas às obrigações acessórias do imposto, tais como prestar informações no interesse da fiscalização e arrecadação do ICMS, inscrever-se no cadastro estadual, manter os livros e emitir os documentos fiscais exigidos pela legislação do imposto e outras que a lei determinar, independentemente das atividades praticadas pelo contribuinte serem isentas ou alcançadas pela não-incidência do imposto, pois a exoneração só atinge a obrigação principal." (*O ICMS ao Alcance de Todos*. 3ª ed. Rio de Janeiro: Forense, p. 181).

[124] Com pertinência Antonio Corrêa observa: "Um grande número de operações estão liberadas do pagamento de tributos, mediante isenção e não-incidência. São exemplos de isenção as chamadas alíquotas zero do Imposto Sobre Produtos Industrializados; embora não configurado o imposto, há incidência. Em outras situações, os produtos são realmente isentos, como o papel de imprensa, livros e periódicos. Quanto à não-incidência, exemplifique-se com os casos em que efetivamente não haja tributo a pagar, por não configurar fato gerador de obrigação tributária: a consignação de bens, o transporte para depósitos, os quais, embora acompanhados de documentos, estão isentos de tributação, já que a operação não configura fato gerador de obrigação tributária." (*op. cit.*, p. 104).
Nessas situações não se configura o delito porquanto o verbo nuclear do tipo não se concretiza. Isento ou não incidindo o tributo inexiste a ação de reduzir ou suprimir o tributo. Contudo, tem-se que estar atento à legislação concernente ao consumidor, porquanto é direito deste a obtenção da nota fiscal de compra junto com a mercadoria.

Uma das formas atuais de sonegação fiscal é a venda por comércio eletrônico. Criam enorme dificuldade para o controle administrativo. Conforme Jesús Martos, "o comércio eletrônico aporta uma circunstância de extraordinária importância para efeitos defraudatórios: a possibilidade de transferir, sem levantar suspeitas, as rendas fraudadas para outras jurisdições com a intenção de ocultá-las de sua administração tributária".[125]

Embora cause espécie – e já se verá na matéria relativa ao concurso de crimes –, o STF decidiu que constitui crime de sonegação fiscal a omissão do registro de lucro advindo de atividade criminosa, especificamente do tráfico de drogas. Se a sociedade comercial não registrou vultosos lucros em sua contabilidade, haveria "caracterização, em tese, de crime de sonegação fiscal, a acarretar a competência da Justiça Federal e atrair pela conexão, o tráfico de entorpecentes: irrelevância da origem ilícita, mesmo quando criminal, da renda subtraída à tributação. A exoneração tributária dos resultados econômicos de fato criminoso – antes de ser corolário do princípio da moralidade – constitui violação do princípio da isonomia fiscal, de manifesta inspiração ética."(HC 77530/RS, DJ de 18.9.98, rel. Min. Sepúlveda Pertence).

Relevante é a observação feita por Spiegelberg,[126] ao falar sobre a questão, dizendo que *a tributação recai não sobre o exercício da atividade em si, mas sobre o benefício obtido, e não existe preceito que condicione a fiscalidade a que a atividade que lhe dá origem seja ou não lícita.* Sua postura converge para a postura de nossos tribunais.

9.4.2.3. A falsidade material

O inciso III prevê, por sua vez, a falsidade material na execução do delito de sonegação fiscal. O agente *falsifica ou altera nota fiscal, fatura, duplicata, nota de venda, ou qualquer outro documento relativo à operação tributável.*

A previsão do inciso concerne a duas modalidades de condutas de falsificação dos documentos mencionados: criar o(s) documento(s) ou alterá-lo(s). O agente falsifica ou altera nota fiscal ao mandar imprimir notas fiscais paralelas, fatura, duplicata ou qualquer outro documento. Trata-se de falsidade material. Duas situações básicas podem ocorrer: a) o próprio documento é falsificado (forja-se, imprime-se nota fiscal igual à oficial) ou b) o documento é verdadeiro, mas aquilo que é inse-

---

[125] JESÚS MARTOS, Juan. *Defraudación Fiscal y Nuevas Tecnologías.* Navarra: Editorial Aranzadi, 2007, p. 26.
[126] SPIEGELBERG, José Luis Seona. "El Delito de Defraudación Tributária", *in Temas de Derecho Penal Tributario.* Madrid: Marcial Pons, 2000, p. 92.

rido nele é adulterado, alterado, modificado, posteriormente, por meio de qualquer expediente (altera-se o valor da compra para mais a fim aumentar o crédito tributário e, conseqüentemente, reduzir o tributo devido). Na falsificação, o *falsum* antecede ao uso do documento. Na adulteração, o *falsum* é posterior: o documento existe, mas a verdade ideológica inserida é modificada, ocorrendo falsidade material. Noutras palavras, ou o documento é falso, não gerando efeito aquilo que é inserido (diferentemente do inciso anterior, em que, no documento, a inserção original de elementos não corresponde à verdade); ou ele é verdadeiro, mas a verdade nele inserida é modificada, *v.g.*, R$ 1.000,00 passa a ser alterado para R$ 11.000,00, etc.[127] Tal pode ocorrer em relação às compras, quando a adulteração para mais do valor pago gera, falsamente, um crédito maior, ou em relação ao pagamento de honorários, quando o contribuinte pode abater a despesa (médico, dentista, etc.): aumentando o gasto com despesas na declaração, reduz ele a base de cálculo e, conseqüentemente, o tributo devido.

Se, na falsidade ideológica, a "genuinidade formal do documento não corresponde à sua veracidade intrínseca", se "o documento é genuíno ou materialmente verdadeiro, mas seu conteúdo intelectual não exprime a verdade",[128] na falsidade material, ou ele é falso, e a falsidade no crime em espécie objetiva a redução ou supressão de tributo, ou ele é verdadeiro e houve uma modificação no conteúdo inserido por quem tinha legitimidade para preenchê-lo, e esta alteração reduz ou suprime tributo. Dessa forma, resulta claro ser a veracidade da documentação fator fundamental na preservação da ordem tributária. Sem ela, desde que a falsidade tenha por objeto a redução ou supressão do tributo, pelo princípio da especialidade, passa a existir delito contra a ordem tributária.

Consigne-se, ainda, que a falsificação ou a adulteração de nota fiscal, etc., na maior parte das vezes, é instrumento de engodo para encobrir a verdadeira ação do agente, cuja conduta se capitula melhor no

---

[127] Exemplo elucidativo extraído de casos ocorridos no Rio Grande do Sul é o de um intermediário que efetuou, em nome de produtores rurais, manuseando a documentação deles, a venda de arroz para outros Estados. Em razão de ser operação interestadual, e não caso de diferimento de imposto, os produtores teriam obrigação de recolher o ICMS na saída do produto do Estado. O intermediário, que se comprometera a pagar um preço fixo, livre do tributo, em razão da obrigação de recolher o tributo de ICMS na saída do Estado, passou, de modo fraudulento, a autenticar, numa carga, mais vias das guias de recolhimento de ICMS. Assim, com parte das vias, ele remetia, corretamente, uma carga de arroz, e, de posse das demais vias, ele adulterava o número da "nota fiscal de produtor", colocando o correspondente à nota da nova remessa de arroz, bem como alterava o número da guia de recolhimento do tributo, com o que remetia duas cargas com um só recolhimento de tributo. A adulteração da guia de recolhimento objetivava e servia para suprimir o tributo na 2ª carga de arroz.
[128] *Apud* SILVA JUNIOR, José. *Código Penal e sua Interpretação Jurisprudencial*. Vol. IV, Tomo 2. São Paulo: RT, 1980, p. 900.

inciso II. Passa a ser relevante na co-autoria, *v.g.*, do tipógrafo quando a nota fiscal "fria" foi utilizada, omitindo-se o registro daquela operação.

Mas o simples fato de que alguém falsificou nota fiscal, mandando imprimir blocos de notas fiscais paralelas, não se subsume na norma do inciso III: falta-lhe o resultado. Se a Fazenda Pública apreende, numa tipografia, talões de notas fiscais falsas, paralelas, responde ele, em co-autoria com o que encomendou as notas, pelo delito de falsidade do Código Penal, e não pela Lei n° 8.137/90. A impressão de nota fiscal falsa, sem que o comerciante ou industrial a utilize, é ato preparatório. Inexiste ato de execução do tipo penal do artigo 1° da Lei n° 8.137/90, porquanto, nesta, a ação do agente deve ser capaz de reduzir ou suprimir tributo.

9.4.2.4. *O engenho dos meios falsos e seu uso*

O inciso IV prevê, como modalidade de conduta punível como crime contra a ordem tributária, quando objetiva a redução ou supressão de tributo, elaborar, distribuir, fornecer, emitir ou utilizar documento que saiba ou deva saber falso ou inexato. *Elaborar* é preparar, organizar, executar. *Distribuir* é repartir, espalhar. *Fornecer* é promover, abastecer, guarnecer. *Emitir* é exprimir, produzir, publicar, expedir, pôr em circulação. E *utilizar* é aproveitar, empregar com vantagem, fazer uso de... Os diversos verbos nucleares da conduta dão indicativo de estarem voltados para o crime das quadrilhas especializadas em lesar o Fisco.[129] Primeiramente, abarca-se aquele que elabora o documento falso, aquele que prepara, organiza ou executa o documento, *v.g.*, o gráfico, aquele que intelectualizou o documento a ser impresso pela gráfica... Depois, aquele que distribui o documento falsificado, aquele que espalha, nos diversos pontos de venda, o documento. Nestes, alguém fornece o documento àquele que irá utilizá-lo, objetivando tirar proveito. Têm-se, como agentes do delito, todos aqueles que, de uma forma ou de outra, contribuem para que o documento falso seja elaborado (inventado) até ser ele usado na área tributária. Neste contexto, aquele que imprimiu as notas fiscais falsas, aquele que elaborou o documento não poderá dizer que não sabia que era falso, quando, pelas circunstâncias, devesse saber

---

[129] Na ouvida de um agente de uma quadrilha, ele mencionou a existência de vários pontos (situados em bares) de vendas de notas "frias", falsas, numa cidade do interior do Rio Grande do Sul. Segundo ele, conforme o valor do crédito era o preço da nota fiscal "fria". Perguntado sobre quais os locais, esquivou-se de mencionar, sob o argumento de que, se revelasse, seria pessoa morta.
A indústria da "nota fria" assumiu tal proporção, alimentada pela falta de fiscais suficientes para o exercício de fiscalização, que os quadrilheiros se tornam cada vez mais ousados. Não só falsificam notas fiscais de empresas idôneas, como inventam empresas inexistentes. Uma das notas falsas apreendidas em determinada empresa tinha CGC de uma empresa do Nordeste, a inscrição de outra empresa da capital e o endereço era um terreno baldio numa cidade interiorana.

ser ele falso. O legislador quis, de plano, em razão de que os agentes trabalham em divisão de trabalho, afastar o conhecido argumento usado pelos co-autores quando flagrada uma quadrilha: não sabia. Contudo, a matéria não pode ser levada para o campo da culpabilidade. O agente que utiliza o documento tem a vontade voltada para a redução ou supressão de tributo. Aí está o dolo do crime contra a ordem tributária. Se, sabendo ser falso ou quando deveria saber ser falso ou inexato, o agente busca reduzir ou suprimir tributo, elabora, distribui, fornece, emite o documento, ocorre o delito. Vários foram os casos denunciados no Estado do RS, sendo que, em todos eles, havia a venda de créditos inexistentes, "frios", geralmente por notas fiscais de empresas fantasmas. Neles, o contribuinte fornecia suas notas fiscais para outrem utilizá-las sem que houvesse uma operação mercantil ou porque era testa-de-ferro, e sua empresa era "laranja" ou porque entregava a nota fiscal mediante compensação financeira; ou intermediários forneciam notas fiscais de firmas fantasmas (firmas inexistentes ou baixadas de ofício) para que fossem preenchidas e inseridas na contabilidade das empresas, gerando falso crédito.

Como o texto legal especifica que o agente sabe ou deve saber ser o documento falso, questiona-se a espécie de falsidade exigida para o caso. Ora, a falsidade do documento pode decorrer dele próprio (falsidade material) ou do que foi inserido no documento (falsidade ideológica). Embora o texto legal permita tal interpretação, na verdade, os casos de falsidade ideológica se subsumem melhor no inciso II, primeira parte, quando diz "inserir elementos inexatos... em documento ou livro exigido pelas leis fiscais". Daí por que, sendo a nota fiscal, *v.g.*, oriunda de empresa "fantasma", a falsidade é material, sendo o fato capitulado no presente inciso. Se a nota fiscal é de "empresa laranja", aquela cuja documentação é regular, mas que encobre os verdadeiros agentes, os quais fazem uso de pessoas subalternas para transferir a responsabilidade fiscal, melhor é o enquadramento no inciso II, apesar de se poder, perfeitamente, dizer que houve fornecimento, emissão, uso de documento que sabia ou devia saber ser falso ou inexato.

Ao discorrer sobre o assunto, Pedro Roberto Decomain aborda questão relativa à elisão, citando lição de Antonio Roberto Sampaio Dória, o qual distingue a elisão da simulação por quatro aspectos: pela natureza dos meios; pela ocorrência do fato gerador; pela eficácia dos meios e pelos resultados. Na elisão, os meios são lícitos, na simulação, não; na elisão, "a economia fiscal (...) pressupõe a adoção de forma alternativa, de molde a *evitar a verificação* do pressuposto de incidência", enquanto, na simulação, "o fato gerador *ocorre efetivamente*, mas vem desnaturado, em sua exteriorização formal, pelo artifício utilizado, de maneira que não é tipologicamente reconhecido, em sua aparência, como o pressuposto de incidência legal."; na elisão, "a forma jurídica, conquanto alternativa, é real; na simulação, é mero pretexto"; já os resultados, na elisão, são reais, enquanto, na simulação, os efeitos "são diversos daqueles ostensivamente indicados".[130] Na verdade, na elisão, o contribuinte opta, sem falsear nada, por um caminho que lhe beneficia. Age dentro da licitude do Direito Tributário. Contudo, quando a elisão vira ilusão, ou seja, quando se usa de artifício para mascarar a realidade, desvirtuando-a da real situação, quando se utiliza o agente de falsidade, e a documentação não reflete a realidade, não se tem elisão, tem-se ilusão: a simulação praticada com o fim de reduzir ou suprimir tributo, cuja atuação ocorre fora da licitude das condutas permitidas pelo Direito Tributário.

Analisando a matéria, Antonio Corrêa observa que "o *modus operandi* varia. São catalogadas pelo menos onze variações, mas podem subir a dezenas, visto que dependem exclusivamente da imaginação criadora de diversas maneiras".[131] Basicamente, as modalidades que menciona versam sobre a falsidade da nota fiscal, quer por ser "fria" a nota fiscal (nota fiscal paralela), ou por ser "fria" a empresa (nota fiscal de empresa fantasma, de empresa laranja, etc.). O agente emite como vendedor tais notas ou as utiliza como comprador ou, na qualidade de "intermediários", agenciadores de notas frias, elabora, distribui ou fornece. Na verdade, a possibilidade de condutas, versando sobre notas fiscais falsas, é enorme. Pode-se dizer, como se disse em relação à evasão e às fraudes fiscais, que *la realtà supera l'immaginazione* conforme M. Rolland, na expressão de Piero Paradiso.[132]

9.4.2.5. Recusa ou omissão de fornecimento de documento

O inciso V prevê uma das condutas mais usuais no comércio de bens. O agente, efetuada a operação de venda, não fornece ou nega fornecer a nota fiscal. Diz o texto legal:

"V – negar ou deixar de fornecer, quando obrigatório, nota fiscal ou documento equivalente, relativa à venda de mercadoria ou prestação de serviço, efetivamente realizada, ou fornecê-la em desacordo com a legislação."

---

[130] *Op. cit.*, p. 63. Gianni BELLAGAMBA e Giuseppe CARITI observam que ao contribuinte não é vedado o uso de esquemas fiscais lícitos com o fim de pagar menos tributos. (*in I Nuovi Reati Tributari*). Milano: Giufrè Editore, 2000, p. 55.

[131] *Op. cit.*, p. 125.

[132] Ver COSSON, Jean. *Les industriels de la fraude fiscale*. Nouvelle Édition Revue et Augmentee. Éditions du Seuil, 1971, p. 9: (...) "la réalité dépasse la fiction".

A modalidade de conduta prevê *ação* (negar) pela recusa do agente em fornecer nota fiscal (venda de mercadoria) ou documento equivalente (recibo de pagamento de honorários pela prestação de serviço ou, na venda de mercadoria, onde se prevê outro documento no lugar da nota fiscal, *v.g.*, o *ticket* ou cupom fiscal nos supermercados, farmácias, etc.). Negar implica recusa expressa do fornecimento da nota fiscal, quando solicitada. Deixar de fornecer já é omissão: o agente efetua a venda, recebe o valor, devolve o troco, quando existente, mas não emite a nota fiscal.

Tanto a ação como a omissão devem estar ligadas ao *caput*, ou seja, a conduta deve estar voltada para a redução ou supressão do tributo. Se o agente se recusa a fornecer nota fiscal na venda de produto isento, *v.g.*, não se configura o delito, porquanto falta o dolo de reduzir ou suprimir o tributo ou acessórios. Não se olvide, contudo, da obrigatoriedade legal do fornecimento de nota fiscal ou documento equivalente em qualquer operação de compra e venda ou prestação de serviço como garantia ao consumidor. O fato, nestas circunstâncias, de não se configurar delito contra a ordem tributária, não significa inexistência de outra figura típica, quando existente previsão legal. Importa não dissociar o inciso do *caput*.

Além da recusa expressa, formal, ou da omissão do fornecimento da nota fiscal ou documento equivalente, contempla o inciso a conduta do agente que fornece a nota fiscal ou documento, mas em desacordo com a legislação. A própria legislação prevê uma série de controles sobre a impressão de documentos fiscais das empresas, bem como especifica que tipo de documento fiscal deve ser fornecido em cada operação. Assim, o fornecimento de recibo na venda de mercadoria não corresponde ao determinado pela norma a qual exige o fornecimento de nota fiscal. Esta é o comprovante do pagamento, quando à vista, e deve acompanhar o trânsito da mercadoria. Caso a entrega da mercadoria seja posterior, fica o comprador com o recibo, para prova do pagamento, mas a nota fiscal fica no estabelecimento para que, quando dele sair, acompanhe a mercadoria. Igualmente, fornecer o documento correspondente ao pedido, numa compra e venda de mercadoria, é fornecer em desacordo com a legislação, porquanto o pedido não significa venda efetivada, mas se foi ela efetivada, o documento a ser fornecido é a nota fiscal. Também, é a primeira via da nota fiscal que deve ser entregue ao comprador, e não outra. Se o agente, como já se constatou, fornece a cada comprador uma via da nota fiscal, está fornecendo em desacordo com a legislação e sua conduta, por óbvio, objetiva omitir o registro de saída de operações para suprimir o tributo de determinadas operações. Embora pudesse a conduta ser enquadrada no inciso, a configuração do delito, especialmente, no dolo de reduzir ou suprimir o tributo, subsume-se mais na conduta prevista no inciso II, segunda parte, porquanto o negar ou o deixar de fornecer a nota fiscal objetiva, na realidade, a omissão da operação no livro oficial.

A elementar "efetivamente realizada" é despicienda. Se a venda de mercadoria ou a prestação de serviço não se efetivou, inexiste o fato gerador, não incidindo tributo. Só pode haver tributo sobre a operação ou prestação de serviço se, como refere Ruy Barbosa Nogueira, "a *situação descrita for praticada, por alguém,* dentro da *jurisdição,* num dado *momento,* submetida a uma *base* de cálculo e alíquota se se trata de um tributo avaliável ou apenas de um *quantum* se o tributo é fixo".[133]

Reitere-se a existência do crime-meio (falsidade) como necessário para a configuração do delito previsto nesta modalidade, como nas anteriores. A ação (negar ou fornecer em desacordo) ou a omissão (deixar de fornecer) implica registro omisso ou inexato das operações tributadas, com o que o tributo é reduzido ou suprimido.

Sempre, pois, é necessário verificar se a conduta tem por objetivo a redução ou supressão do tributo. Mas não basta o dolo específico, necessário é que aquela conduta seja capaz de reduzir ou suprimir o tributo. Sendo caso de imunidade, não-incidência ou isenção, inexiste o delito:[134] não se reduz, nem se suprime, em qualquer desses casos mencionados, tributo algum.

Aliás, a conduta do inciso V está subsumida na prevista no inciso II, segunda parte, "omitindo operação de qualquer natureza, em documento ou livro exigido pela lei fiscal". Se o agente se nega ou deixa de fornecer a nota fiscal, a conseqüência lógica e necessária é a omissão prevista no inciso II. Mas, se o agente deixa de fornecer o documento equivalente à nota fiscal na prestação de serviço (*v.g.* médico), atente-se para o fato de que o delito não se consuma nesse momento em relação ao imposto de renda do profissional. De qualquer forma, trata-se de uma redundância a qual pode ensejar interpretação equivocada quando for analisada a conduta do agente somente pelo inciso, sendo que é indispensável que a análise seja feita em função do *caput* do artigo 1º.

O legislador, em razão do teor do inciso II, poderia ter dispensado a existência do inciso V. Poderia ele ter criado um crime formal, separado do artigo 1º, caracterizado pela conduta descrita no inciso. Como

---

[133] NOGUEIRA, Ruy Barbosa. *Curso de Direito Tributário.* 9ª ed. São Paulo: Saraiva, p. 146.

[134] Ruy Barbosa Nogueira chama a atenção, "em face da natureza jurídica da obrigação tributária", que "é de grande alcance a distinção dessas figuras, pois quase todo o problema da casuística fiscal gira em torno de se saber se ocorre ou não a incidência; se ocorrida a incidência, se existe ou não isenção ou se a 'situação' de que se trata está excluída do próprio poder tributário, por imunidade constitucional" (*op. cit.,* p. 172).

este não pode ser separado do *caput*, o tipo penal ali descrito, na prática, está subsumido nas elementares do delito previsto no inciso II.

Já a conduta consistente em "fornecê-la em desacordo com a legislação" merece um cuidado na tipificação: como a outra conduta do inciso, o fornecimento de nota fiscal, *v.g.*, em desacordo com a legislação deve significar falsidade em relação ao fato gerador do tributo, cuja nota será capaz de reduzir ou suprimir o tributo, quer para quem fornece a nota ou documento fiscal, quer para quem recebe a nota ou documento fiscal. Não se pode enquadrar na modalidade de conduta, as infrações formais no preenchimento do documento fiscal. Na infração formal, há preenchimento em desacordo com a legislação, mas isto não tipifica, sempre, crime contra a ordem tributária.

9.4.2.6. Obstáculo à ação fiscal

Determina o parágrafo único do artigo 1º:

"A falta de atendimento da exigência da autoridade, no prazo de 10 dias, que poderá ser convertido em horas em razão da maior ou menor complexidade da matéria ou da dificuldade quanto ao atendimento da exigência, caracteriza a infração prevista no inc. V."

Busca a norma contida no parágrafo único cercear a atividade omissiva de contribuinte que, intimado a entregar os livros ou documentos fiscais, não atende em razão de que, ao entregá-los, dá ciência ou possibilita ao agente fiscal descobrir ter ele reduzido ou suprimido tributo ou acessórios. O agente não atende para obstaculizar a ação fiscal, quando instaurada, ou para não ser ela instaurada. Consigne-se que a norma não se contém, unicamente, no parágrafo. Há que ser conjugada com o *caput*, ou seja, é necessário que tal conduta tenha por elemento subjetivo do injusto a vontade de reduzir ou suprimir tributo: se o agente não receber os documentos, não descobre a redução ou supressão do tributo e/ou acessórios.

Primeiramente, impõe-se que a exigência seja feita por autoridade. Não pode ser qualquer autoridade, mas, sim, autoridade competente, requisito inicial para que não se configure abuso de poder. A autoridade que pode fazer exigência, em princípio, é a autoridade fazendária, observadas as atribuições que cada função tem: diretamente do contribuinte, a autoridade é fazendária. Contudo, quando, pela localização do documento, ou pela qualidade da pessoa, se faz necessária a exigência a terceiro, alheio ao acesso fiscal, a autoridade pode ser outra, obedecidas as normas sobre competência ou atribuições dela. Assim, numa requisição judicial a uma agência bancária de documentos ali existentes, com base em elementos iniciais indicadores de sonegação de tributo, ciente o gerente disto (*v.g.*, sabia que a conta estava em nome de pessoa inexistente), o não-atendimento da exigência, em vez de crime de desobediência, caracteriza o parágrafo único. Igualmente quando é o Ministério Público a fazer a exigência de apresentação de documento, naqueles casos em que esteja investigando fato concreto de sonegação fiscal ou outro delito contra a ordem tributária. Mas, como se disse, em princípio é a autoridade fazendária com atribuições para aquela exigência quem deve tê-la feito.

Em segundo lugar, a exigência deve estar relacionada à ação fiscalizadora da autoridade. Se, por exemplo, a autoridade fazendária exige que o contribuinte de ICMS por responsabilidade própria, o qual tem declarado devidamente o imposto, apresente os comprovantes de pagamento do imposto, em prazo fixado, o não-atendimento de semelhante exigência não significa a caracterização do delito, mesmo porque, se a autoridade quisesse, poderia verificar diretamente, dentro da Secretaria da Fazenda, se houve ou não o pagamento. E, mesmo que a finalidade do contribuinte, nestas circunstâncias, fosse de obstaculizar o conhecimento do não-pagamento por parte da autoridade, irrelevante seria a causa porquanto inadimplemento não se confunde com redução ou supressão de tributo.

Alguns autores têm interpretado o parágrafo sem questionar a espécie de exigência, sob o fundamento de que ele objetiva proteger a autoridade fiscal. Não se trata de proteger o fiscal pura e simplesmente, mas de proteção à ação fiscal voltada para tomar conhecimento da ocorrência do fato gerador da obrigação tributária principal, sua natureza ou circunstâncias materiais ou das condições pessoais do contribuinte, suscetíveis de afetar a obrigação tributária principal ou o crédito tributário correspondente, conforme Lei nº 4.502/64, quando o não-atendimento objetiva, justamente, impedir ou retardar, total ou parcialmente, semelhante conhecimento. O que se protege, por meio da norma contida no parágrafo, é a ordem tributária,[135] não a autoridade em si própria.

---

[135] Elucidativa é uma situação fática ocorrida há alguns anos. Diante da enorme quantidade de propaganda de uma empresa, em jornal, uma autoridade fazendária resolveu investigar o valor do recolhimento de ICMS da empresa. Com surpresa, verificou que era mínima. Diante disso, intimou a representante legal da firma, tendo ela, em vez de entregar os livros fiscais, buscado, na esfera política, apoio para que fosse revogada a intimação. Não tendo obtido êxito, no dia seguinte ao do prazo fixado, apresentou um registro de ocorrência, segundo o qual, na véspera, por volta de 20 horas, em uma sinaleira, havia sido assaltada, tendo o ladrão levado a camioneta Elba com a documentação da empresa. Ora, não bastasse já ter decorrido o prazo para entrega dos documentos quando do "assalto", toda a conduta do agente denota, claramente, que seu objetivo era evitar que a autoridade fazendária descobrisse a venda efetivada e lavrasse auto de infração. No caso, incide a norma do parágrafo, porquanto o não-atendimento tinha por escopo ocultar a sonegação exis-

Ainda, a exigência deve atender às formalidades legais. Como se trata de marco inicial de um prazo, findo o qual, o não-atendimento caracteriza o delito, impõe-se a observância de toda e qualquer formalidade especificada nas normas correspondentes. Como a citação, no processo judicial, o ato em que a autoridade fazendária dá ciência ao contribuinte para que ele atenda alguma exigência é formal. Deve haver prova inequívoca de que o contribuinte teve ciência da intimação da autoridade fazendária, não sendo admitida a intimação oral comprovada por testemunhas.

O prazo mencionado na norma é de 10 dias, podendo ser convertido em horas, conforme a maior ou menor complexidade da matéria. Se a autoridade entender que o prazo de 10 dias é insuficiente, pode dilatar o prazo, assim como pode reduzi-lo quando a matéria é simples. Importa que o prazo fixado seja razoável e permita a realização da exigência. Afasta-se, como causa justificativa de uma prorrogação, a dificuldade originada de ato do contribuinte pelo qual buscava ocultar suas operações e/ou documentação. Por outro lado, quando pela quantidade de documentos e pela elasticidade do período buscado, necessário se faz tempo maior, a autoridade deverá avaliar a situação e prorrogar o prazo. Igualmente, afasta a existência do delito, a fixação de um prazo tão exíguo que torna impossível a realização da exigência.

Ressalte-se, finalmente, não ser exigível a apresentação de documento incriminador, *v.g.*, controle paralelo, conta bancária (só com ordem judicial de busca e apreensão), contabilidade paralela. Os livros e documentos exigíveis devem ser os oficiais, obrigatórios por lei.

9.4.3. Os delitos do artigo 2°

Determina o artigo 2° da Lei n° 8.137/90:

"Constitui crime da mesma natureza:
I – fazer declaração falsa ou omitir declaração sobre rendas, bens ou fatos, ou empregar outra fraude, para eximir-se, total ou parcialmente, de pagamento de tributo;
II – deixar de recolher, no prazo legal, valor de tributo ou de contribuição social, descontado ou cobrado, na qualidade de sujeito passivo de obrigação e que deveria recolher aos cofres públicos;
III – exigir, pagar ou receber, para si ou para o contribuinte beneficiário, qualquer percentagem sobre a parcela dedutível ou deduzida de imposto ou de contribuição como incentivo fiscal;

---

tente, aliás confessada logo a seguir, em publicidade que havia sido encaminhada, onde diz, para demonstrar ser uma empresa de credibilidade, o número de aparelhos vendidos.

IV – deixar de aplicar, ou aplicar em desacordo com o estatuído, incentivo fiscal ou parcelas de imposto liberadas por órgão ou entidade de desenvolvimento;
V – utilizar ou divulgar programa de processamento de dados que permita ao sujeito passivo da obrigação tributária possuir informação contábil diversa daquela que é, por lei, fornecida à Fazenda Pública.
Pena – detenção, de 6 (seis) meses a 2 (dois) anos, e multa."

O artigo 2º prevê situações menos graves das previstas no artigo 1º. Diversamente do preconizado pelo artigo 1º, nem sempre a ordem tributária se encontra protegida de forma explícita. Veja-se o inciso IV: nele, *v.g.*, se pretende que o incentivo seja aplicado de acordo com a norma. Se existe um incentivo a favorecer o contribuinte, a ordem tributária estabeleceu normas, condições, etc. O desrespeito a tais requisitos constitui, no fundo, afronta à ordem tributária. Daí por que se fala em crimes da mesma natureza.

Antonio Corrêa observa que "a natureza jurídica dos delitos que serão analisados a partir de agora, portanto, é de Direito Penal especial, vinculada à ofensa à ordem tributária, com dolo especial de obter a supressão ou redução de impostos, que caracteriza a sonegação integral ou parcial de tributos, contribuições sociais e acessórios".[136] Com a devida vênia, a expressão "crimes da mesma natureza" não tem o alcance de exigir os mesmos requisitos tipificados no artigo 1º, *v.g.* que se busque reduzir ou suprimir tributo. A mesma natureza significa a ordem tributária, sendo que, no artigo 1º, a ordem tributária é protegida de forma clara e direta, vedando-se a falsidade, enquanto, no artigo 2º, outros aspectos da ordem tributária são protegidos, alguns nada tendo com sonegação em seu sentido próprio. Veja-se, pois, o inciso II: a conduta referida não reduz, nem suprime tributo, mas somente diz respeito ao pagamento do tributo com as características nele descritas. Não se cogita, aqui, da necessidade de que haja o resultado de suprimir ou reduzir tributo, essencial nos delitos previstos no artigo 1º. E como a descrição das diversas condutas não prevê a exigência do resultado redução do tributo, são crimes formais.

9.4.3.1. Da natureza dos crimes do artigo 2º

Se os delitos do artigo 1º exigem o resultado de reduzir ou suprimir tributo, com os delitos do artigo 2º inexiste a exigibilidade do resultado. A conduta prevista no inciso I exige somente o dolo específico, i.é, a

---

[136] *Dos Crimes Contra a Ordem Tributária.* São Paulo: Saraiva, 1994, p. 156.

intenção de eximir-se, total ou parcialmente, do pagamento do tributo. É crime formal. Igualmente é formal o delito: *deixar de recolher...* (inc. II); *exigir, pagar ou receber...* (inc. III); *deixar de aplicar ou aplicar em desacordo...* (inc. IV) e *utilizar ou divulgar programa de processamento de dados...* (inc. V).

9.4.3.2. Quanto ao bem jurídico protegido no artigo 2°

As condutas tipificadas no artigo 2° mantêm a ordem tributária, em sentido macro, como o bem protegido. Por tal razão, responsabiliza condutas que, em si próprias, ofendem ao Código Penal: a falsidade, no inciso I; a "apropriação indébita", no inciso II; o desvio de finalidade do ato administrativo, aquele que concede benefício fiscal; a falsidade decorrente de programa que permite dupla contabilidade... Em sentido estrito, tem-se, pois, como bem jurídico protegido a veracidade das declarações (inc. I); o patrimônio público pela exigência de honestidade de entregar à pessoa jurídica de direito público aquilo que, em nome dela, cobrou ou descontou (inc. II); a finalidade do incentivo fiscal, vedando a cobrança de comissão (inc. III) e o desvio (inc. IV); a veracidade contábil, evitando programas que permitem dupla contabilidade (inc. V).

9.4.3.3. Modalidades de condutas

9.4.3.3.1. Das rendas, bens ou fatos

Constitui crime da mesma natureza:

"I – fazer declaração falsa ou omitir declaração sobre rendas, bens ou fatos, ou empregar outra fraude, para eximir-se, total ou parcialmente, de pagamento de tributo;"

A ação é fazer declaração falsa ou omitir declaração. Além da falsidade por ação ou omissão, a norma prevê o emprego de outra fraude, qualquer artifício aplicado no mesmo sentido referido no inciso II, somente que não em relação à ocorrência do fato gerador, mas ao pagamento.

A ação deve ter por finalidade eximir-se, total ou parcialmente, de pagamento de tributo.

Pedro Decomain explicita que se trata de crime meramente formal. Não depende ele do efetivo prejuízo do erário. "Caso, porém, o prejuízo ocorra, o crime não será o deste inciso, mas sim o do inciso I do artigo 1° da lei".[137] Razão tem quando se refere a ser crime formal. O que falta, contudo, é a observação da existência de outra elementar, ou seja, necessário é que se trate de *rendas, bens ou fatos*. A declaração falsa, a omissão

---

[137] *Crimes Contra a Ordem Tributária.* Florianópolis: Obra Jurídica, 1995, p. 80.

ou a fraude deve referir-se a rendas, bens ou fatos, objetivando a redução do pagamento. Se a declaração falsa não se referir nem a rendas, nem a bens ou nem a fatos, não se subsumiu o fato à norma, e, conseqüentemente, ele será atípico. Não se pode, pois, no caso, simplesmente distinguir pelo resultado (art. 1º) ou ausência de resultado (art. 2º). Importa ver se a ação ou omissão ou a fraude do agente concerne a rendas, bens ou fatos. Concernente a *bem, v.g.*, esclarecedor é o conceito dele no direito tributário, conforme bem sintetiza Eduardo Marcial Ferreira Jardim: "No âmbito do direito tributário a palavra significa objeto corpóreo destinado ao uso pessoal, ou seja, trata-se de algo fora do comércio. Opõe-se a mercadoria, que significa produto corpóreo destinado ao comércio. Baleeiro nos propicia um exemplo singelo em expressivo dizer: um sapato exposto numa vitrine é uma mercadoria, enquanto adquirido por alguém e uma vez calçado transforma-se em bem. Essa sutil diferença entre bem e mercadoria pode suscitar conseqüências relevantíssimas na área tributária".[138] José Cassiano Borges e Maria Lúcia Américo dos Reis consignam: "Para efeito de legislação fiscal dos impostos indiretos, bens são mercadorias adquiridas ou recebidas para integração no ativo imobilizado, uso ou consumo do contribuinte".[139] Daí as várias espécies: *bens de capital* ("máquinas, equipamentos e aparelhos, bem como suas peças, partes, acessórios e sobressalentes classificados nos Capítulos 84 a 90 da Tabela de Incidência do IPI, quando, por sua natureza e finalidade, se destinem a emprego direto na produção agrícola ou industrial e na prestação de serviços" ou, na expressão do mestre Aliomar Baleeiro, "a coisa é bem de capital se produzida, ou adquirida, ou importada, por alguém para integrá-la em seu ativo fixo, sem propósito de revenda, mas apenas para uso de sua empresa no fabrico ou transporte de produtos");[140] *bens de produção* (conforme Regulamento do IPI aprovado pelo Decreto nº 87.981/82 são: as matérias-primas; os produtos intermediários, inclusive os que, embora não integrem o produto final, sejam consumidos ou utilizados no processo de industrialização; os produtos destinados a embalagem e acondicionamento; as ferramentas empregadas no processo industrial, exceto as manuais; as máquinas, instrumentos, aparelhos e equipamentos, inclusive suas peças, partes e outros componentes que se destinem a emprego no processo industrial); *bens de uso e costume* ("mercadorias utilizadas pelo contribuinte em seu estabelecimento, na manutenção, conservação ou substituição de outras, sem nenhuma participação no processo de industrialização ou de comercialização do adquirente") e *bens do ativo imobilizado* ("as

---

[138] In *Dicionário Jurídico Tributário*. São Paulo: Saraiva, 1995, p. 13.
[139] In *O ICMS ao Alcance de Todos*. Rio de Janeiro: Forense, 1995, p. 2.
[140] In *Direito Tributário Brasileiro*. 10ª ed. Rio de Janeiro: Forense, p. 239.

máquinas, os equipamentos, aparelhos, instrumentos, motores, móveis, utensílios, veículos e outras mercadorias, cuja vida útil ultrapasse a 12 (doze) meses de uso").[141]

Ora, na área penal tributária, a observância do significado técnico assume maior importância em razão da tipicidade, em que todas as elementares devem estar presentes para caracterizar o tipo penal. Não se pode, pois, buscar na linguagem comum o significado de bem, mas, no Direito Tributário. Assim, mercadoria adquirida para revenda é mercadoria, e não bem; mercadoria adquirida para produção, para capital, para ativo imobilizado, para uso e consumo é bem. Logo, se a mercadoria foi adquirida para revenda, a declaração falsa, a omissão da declaração ou o emprego de qualquer outra fraude não se subsume no inciso I do artigo 2º, mas, independentemente de prejuízo consumado à Fazenda Pública, constitui crime previsto no artigo 1º. Igualmente, a falsidade praticada no concernente aos bens mencionados com o objetivo de eximir-se total ou parcialmente do tributo constitui crime do inciso I do artigo 2º, pelo princípio da especialidade.

Já a expressão *rendas* encontra dificuldade de definição, isto porque "nenhum país conseguiu até agora elaborar uma definição completa e clara de *renda* para os efeitos tributários",[142] conforme reconheceu o XIX Congresso Internacional de Direito Financeiro e Tributário de 1965, em Londres. A dificuldade se evidencia quando se busca definir o que seja renda de forma justa. Apesar desta dificuldade, encontra-se definida no CTN como *o produto do capital, do trabalho ou da combinação de ambos*. Distingue o CTN proventos, definindo-os como *os acréscimos patrimoniais não compreendidos* no conceito de renda. Ora, relativamente a rendas, o tributo existente é o imposto de renda. Tem-se, pois, que buscar na legislação correspondente a cada ano, as normas para saber se incidia e como incidia o imposto. Posto isso, verifica-se a ação ou omissão do contribuinte em relação à falsidade por ação ou omissão, ou à outra fraude praticadas com o objetivo de eximir-se total ou parcialmente do imposto de renda (exceto proventos de qualquer natureza). Como se disse antes, vige aqui o princípio da especialidade.

Por sua vez, a expressão *fatos* poderia ensejar o entendimento de que está a abranger todo o tipo de situações previstas como tributadas. Se fosse dado o entendimento de que *fatos* é todo *fato gerador*, desnecessário seria mencionar rendas e bens. Estes seriam dispensáveis. Ocorre que a lei transforma, também, bens e rendas em fato gerador. Ora, a fim de evitar semelhante tautologia, há que se entender *fatos* como a situa-

---

[141] *In ICMS ao Alcance de Todos*. Rio de Janeiro: Forense, 1995, p. 2 e 3.
[142] *Apud* Rui Barbosa Nogueira, *op. cit.*, p. 10.

ção descrita como incidente de tributo que não depende da vontade do contribuinte, no sentido oposto a *ato,* o qual depende da manifestação da vontade, sendo ambos (fato e ato) espécies do gênero fato. Assim, embora a compra-e-venda seja um fato, sua ocorrência foi fruto da vontade, não surgiu independente da vontade, e, conseqüentemente, embora se diga ser fato, é definido como ato. Por sua vez, a morte de alguém independe da vontade. É fato. Como semelhante fato está previsto como transmissor da propriedade aos herdeiros, tendo o falecido bens, surge o fato gerador do ITBI,[143] e qualquer falsidade de declaração, com o objetivo de eximir-se total ou parcialmente do tributo, enseja a incidência do tipo penal do inciso I do artigo 2º.

Ora, as rendas, os bens e os fatos têm, administrativamente, um controle maior e imediato da Fazenda Pública ou sua repercussão não é significativa, ensejando uma sanção de menor grau. Quis o legislador punir menos severamente tais situações, donde, pelo princípio da especialidade, deve-se aplicar o inciso nas situações descritas.

9.4.3.3.2. Não-recolhimento do tributo

Constitui crime da mesma natureza:

"I – ...

II – deixar de recolher, no prazo legal, valor de tributo ou de contribuição social, descontado ou cobrado, na qualidade de sujeito passivo de obrigação e que deveria recolher aos cofres públicos;"

O inciso é fundamental na distinção entre inadimplência e crime contra a ordem tributária. Se todas as elementares do inciso estiverem presentes, há crime contra a ordem tributária, mas, se nem todas estiverem presentes, o deixar de recolher o tributo caracteriza-se como simples inadimplência, restrita ao campo tributário. Deflui, pois, como de enorme importância, a distinção.

O verbo nuclear é *deixar de recolher*. O agente tem a obrigação de recolher e se omite, não efetua o pagamento daquilo *que deveria recolher aos cofres públicos*. Há a obrigação de agir, expressa pelo verbo *recolher*, e, apesar dela, o contribuinte omite-se (*deixar*). O delito é omissivo, diversamente do que ocorre com o crime de apropriação indébita, em que se exige o *animus rem sibi habendi,* por meio da ação de apropriar-se. Mas,

---

[143] Ao falar em ITBI, convém realçar a necessidade de que o fato gerador tenha ocorrido. Surpreendentemente, o STJ teve de apreciar HC (RHC nº 5178), sem que o fato gerador do tributo tivesse existido: "A simples promessa de cessão de direitos não gera, na concepção jurídica da egrégia primeira seção, deste STJ, obrigação do pagamento do ITBI, cujo fato gerador e registro do respectivo título. Sendo assim, descabe imputar o crime de sonegação fiscal a quem porta, apenas, promessa de cessão de direitos"(DJ de 13.5.96).

se não exige o dolo correspondente à apropriação indébita, convém, desde logo, ressaltar a presença da elementar *cobrado* ou *descontado*, em que se situa a reprovabilidade. Isto se diz para ser evitada a interpretação equivocada que se centraliza na *omissão*, olvidando a necessidade das demais elementares para caracterizar o delito.

Relativamente à matéria, especificamente à questão do dolo, convém lembrar a lição de Amir Sarti, então Procurador da República, hoje Desembargador Federal do TRF da 4ª Região, em palestra proferida em setembro de 1993, em Porto Alegre:

"Ademais, como ficou demonstrado, crime omissivo-formal, como é o delito de não-recolhimento de tributo ou de contribuição, consuma-se com a simples abstenção da atividade legalmente devida, independentemente da produção de qualquer resultado ou efeito diverso da própria omissão: 'ou o agente atua, e não há crime, ou se omite, e o crime está consumado' (Heleno Cláudio Fragoso, *op. cit.*, p. 250)."

"Certo, a ausência de dolo – elemento subjetivo do tipo, segundo a teoria finalística da ação, atualmente prestigiada entre os que cultivam a ciência penal – afastando a tipicidade, exclui o crime. Mas, na medida em que o mesmo dolo se caracteriza pela consciência (representação) e pela vontade de realizar a conduta típica, abstraindo-se qualquer elemento valorativo da atuação do agente, parece muito difícil, senão impossível, sustentar, pelo menos na generalidade dos casos, que não é dolosa, no sentido finalístico, e portanto não é típica, a omissão de quem, devendo fazê-lo, deixa de recolher, no prazo legal, tributo ou contribuição que cobrou e que deveria recolher aos cofres públicos."

"Muito mais adequado, em vista do que ordinariamente acontece e em face de situações excepcionais – que alguns identificam, p. ex., certamente com boa dose de liberalidade, na impossibilidade de recolher o tributo devido, quando está em jogo a capacidade de pagar os salários dos empregados ou a própria sobrevivência da empresa – é falar em ausência de culpabilidade, vale dizer, ausência de reprovabilidade ou censurabilidade, ainda conforme a teoria finalística, o que também exclui o crime, mas absolutamente não afasta a tipicidade".[144]

Aliás, a figura correspondente seria a do "estado de necessidade", que, comprovado, afasta a existência de crime, embora o fato seja típico.

---

[144] "A Apropriação Indébita nos Impostos", palestra não publicada.

O objeto a ser recolhido aos cofres públicos é *valor de tributo ou contribuição social*. Bastaria mencionar tributo, porquanto contribuição social também é tributo.

A contribuição social da Previdência Social, contudo, deixou de ser delito tipificado na presente norma. Com a edição da Lei nº 8.212/91, a qual trata especificamente da Previdência Social, punindo criminalmente fatos delituosos contra ela, entre os quais aqueles que se enquadravam na norma geral do presente inciso, pelo princípio da especificidade. Hoje, em razão da revogação do art. 95 da Lei nº 8.212/91 e do princípio da especialidade, aplica-se a Lei nº 9.983/00, e não a 8.137/80, nas contribuições sociais da Previdência Social. O artigo 168-A do Código Penal, pela inserção feita pela Lei nº 9.983/00, diz expressamente: "deixar de repassar à previdência social as contribuições recolhidas dos contribuintes, no prazo e forma legal ou convencional: Pena – Reclusão, de 2 (dois) a 5 (cinco) anos, e multa. § 1º Nas mesmas penas incorre quem deixar de: I – recolher, no prazo legal, contribuição ou outra importância destinada à previdência social que tenha sido descontada de pagamento efetuado a segurados, a terceiros ou arrecadada do público; (...)". Contudo, aos fatos capituláveis no inciso II do art. 2º da Lei nº 8.137/90, praticados durante sua vigência e antes da Lei nº 8.212/91, aplica-se aquela, ocorrendo a ultra-atividade da lei mais benéfica.

A outra elementar, fundamental na distinção entre inadimplência e crime contra a ordem tributária, está expressa nos elementos qualificadores do tributo: *cobrado* ou *descontado*. Necessário é que o tributo seja cobrado ou descontado. A norma tributária transfere, às vezes, a responsabilidade pelo pagamento do tributo, transferindo tal responsabilidade a outrem, que passa a ser sujeito passivo da obrigação, impondo-lhe o dever de cobrar ou de descontar o tributo antecipadamente.

Assim, a hipótese do tributo *cobrado* ocorre, *v.g.*, no pagamento de salário ou honorários de determinados valores, quando a norma obriga a pessoa jurídica que efetua o pagamento a reter a parte corresponde ao imposto de renda (IR),[145] dando-lhe a responsabilidade não só de efetuar o desconto correspondente, mas de proceder ao recolhimento do valor aos cofres públicos. Trata-se de situação fático-jurídica em que o tributo deve ser descontado, e o responsável pela obrigação tem o dever de abater do valor a pagar a importância correspondente ao tributo. A reprovabilidade está em que o contribuinte de fato, ao não recolher o valor correspondente, age como se tivesse se apropriado daquilo que não é seu, mas do Estado. Embora não esteja expressa no texto legal a ação de

---

[145] A normas anteriores relativas ao Imposto de Renda, quando descontado, não mais vigoram, passando a matéria a ser regida pela presente lei.

apropriar-se, a idéia de reprovabilidade da conduta está exatamente na semelhança do agir do agente com a apropriação indébita.

Já a elementar *cobrado* fica evidente no caso do IPI (Imposto sobre Produtos Industrializados).[146] Ao efetuar a venda, o contribuinte-industrial tem o dever de cobrar o IPI. Cobra, então, o valor da mercadoria mais o valor do IPI. Este valor cobrado deve ser recolhido no prazo legal aos cofres públicos sob pena de incidir o inciso. A jurisprudência entende ser dispensável a verificação dos elementos da apropriação indébita. A norma veda ao responsável pelo pagamento do tributo a utilização dele para outro fim que não seu recolhimento (RTJ 86/408).

Numa e noutra situação, quer seja o tributo cobrado, quer seja ele descontado, não se cogita de falsidade. Pressupõe-se a declaração correta dos valores, seu registro nos livros fiscais correspondentes e a omissão do recolhimento e qualidade de cobrado ou descontado. Se houver falsidade por ação ou omissão, objetivando suprimir ou reduzir o IR a ser recolhido, não incide o inciso II do artigo 2º, há subsunção do fato ao artigo 1º ou ao artigo 2º, inciso I, conforme o caso (se houve simples declaração ou omissão ou se houve outra conduta).

No mesmo sentido, o Imposto sobre Operações Financeiras e a CPMF: cobrados pelos bancos, devem ser recolhidos aos cofres públicos no prazo legal. Caso não o sejam, incide o inciso II do artigo 2º.

Nos casos mencionados, inexistem maiores dúvidas quanto à elementar (*cobrado ou descontado*). A matéria, embora também não ofereça maiores dificuldades, tem sido mal-interpretada no que concerne ao ICMS. Embora se diga estar o imposto embutido no preço, ou ser o consumidor final o contribuinte de fato, juridicamente não se trata de tributo cobrado ou descontado, à exceção da hipótese em que ocorrer substituição tributária. Ilustra-se a matéria com o exemplo da carne no Rio Grande do Sul. Como havia muita sonegação no setor, a norma legal, a fim de facilitar o controle, fazendo-o nas fontes, estabeleceu o regime de substituição tributária. Desta forma, supondo-se que o frigorífico venda a carne a R$ 2,00 para o retalhista, e este venda a R$ 5,00 o quilo para o consumidor, valor este estabelecido como pauta na Secretaria da Fazenda em face da generalidade das situações concretas, exsurge, na venda para o retalhista, a obrigação do frigorífico de declarar e recolher, por responsabilidade própria, o ICMS sobre o valor de R$ 2,00 e, também, tem a obrigação de cobrar, por substituição tributária, o ICMS sobre a diferença entre o valor da venda e o preço final, ou seja, sobre R$ 3,00. Se, no prazo legal, não recolher o débito decorrente da venda

---

[146] A Lei nº 8.137/90 revogou as normas anteriores sobre o não-recolhimento do IPI, especialmente o Decreto-Lei nº 326/67.

por responsabilidade própria, haveria inadimplência, ensejando autuação da autoridade fazendária por atraso de pagamento sem, contudo, ter relevância na esfera penal. Mas, se no prazo legal, não recolher o tributo que cobrara na qualidade de substituto tributário, incide ele nas penas do art. 2º, inciso II, da Lei nº 8.137/90. Na hipótese, a denúncia deve distinguir o débito por responsabilidade própria, no qual existe somente inadimplência, do débito por substituição tributária, na qual o imposto sobre circulação de mercadorias e serviços foi cobrado antecipadamente do vendedor seguinte, como se fosse venda final, sendo que tais valores devem ser cobrados e recolhidos aos cofres públicos. A omissão do recolhimento significa que o agente, tendo cobrado ou descontado o tributo, ficou com aquilo que não lhe pertencia. Não se exige o *animus rem sibi habendi*, mas a omissão no recolhimento do tributo cobrado ou descontado, ou seja, exige-se que o agente fique com o tributo *descontado* ou *cobrado*.

Veja-se que a reprovabilidade não está centrada no não-pagamento, como se este fosse o aspecto fundamental a ser preservado. Centra-se, sim, nas elementares cobrado ou descontado. Não fosse assim, se o legislador quisesse punir penalmente todo não-pagamento de tributo, ele teria omitido, no texto legal, a expressão *cobrado* ou *descontado*. Nem há como transferir para o Direito Penal a matéria relativa à repetição do indébito quanto à repercussão no preço. A distinção entre contribuinte de fato e contribuinte de direito, relevante para a jurisprudência sobre repetição de débito, torna-se inócua na esfera penal em razão da tipicidade, ao exigir as elementares mencionadas. Deve haver, para tipificar-se o fato, que o contribuinte tenha o dever legal de cobrar ou descontar quando a obrigação tributária seria daquele de quem se cobra ou desconta. Antecipa-se a cobrança ou o desconto. No caso do ICMS, o contribuinte de fato não deve o ICMS. A obrigação é do contribuinte de direito, com exceção, como se disse, da substituição tributária.[147] Nesta, como no caso da carne, a obrigação seria do retalhista quanto ao imposto sobre os R$ 3,00 (três reais). Dele seria a obrigação normal do tributo, e não do frigorífico, nem do consumidor final. Mas o legislador transfere a obrigação, impondo-a a alguém que passa a ser o sujeito passivo da obrigação tributária. Aquilo que é *cobrado* ou *descontado* não o é do contribuinte de fato, mas, tecnicamente, só se cobra ou se desconta de contribuinte de direito. E esta conduta é exercida em nome da pessoa

---

[147] Na substituição tributária há um "fato gerador presumido, não havendo que se falar em tributo pago a maior ou a menor por parte do contribuinte substituído, porquanto o sistema da substituição tributária progressiva é adotado para produtos cujos preços de revenda final são previamente fixados ou tabelados, sendo, por isso, apenas eventuais as hipóteses de excesso de tributação". (STJ, Rec. Ord. em MS nº 13.814)

jurídica de direito público por dispositivo legal, daí por que o substituto tributário (e não o consumidor) tem a obrigação de cobrar ou descontar o tributo e de recolhê-lo aos cofres públicos. Se o tributo foi cobrado e não recolhido, configurou-se o delito.

E se o tributo não foi cobrado ou descontado, configura-se o delito? O tipo penal não é deixar de recolher tributo que deveria ser cobrado, mas a qualidade do tributo que deixa de ser recolhido é de tributo *cobrado* ou *descontado*. Conseqüentemente, se o tributo não foi cobrado, nem descontado, embora pareça estranho, não se configura o delito. Haverá ilícito tributário, contudo o ilícito penal não se configura por ausência de elementar fundamental. Interpretação diversa funda-se num equívoco consistente em adotar a esfera penal para cobrança de tributo. Esta deve ficar restrita à execução fiscal.

Finalmente, consigne-se, em razão de algumas observações existentes na doutrina, que a penalização prevista no art. 2º, inc. II, não ofende ao princípio constitucional que veda prisão por dívida. A norma punitiva, se pretendesse punir pelo não-pagamento do tributo, teria sido redigida de forma diversa, como acima se disse. A reprovabilidade não se situa no não-pagamento da dívida, mas na conduta de quem, por obrigação legal, cobra ou desconta o tributo e não o recolhe a quem de direito, ficando com aquilo que não lhe pertence. Daí que não se trata de penalização por dívida, mas, à semelhança da apropriação indébita, a conduta do agente é penalmente relevante.

9.4.3.3.3. Incentivos fiscais

Constitui crime da mesma natureza:

"(...)

III – exigir, pagar ou receber, para si ou para o contribuinte beneficiário, qualquer percentagem sobre a parcela dedutível ou deduzida de imposto ou de contribuição como incentivo fiscal;"

"Exigir" indica mera conduta. Basta exigir, não sendo necessário que haja o resultado. O verbo corresponde ao do crime de concussão previsto no art. 316 do Código Penal. A diferença está em que a exigência da concussão é feita por funcionário público. Aqui, é crime praticado por particular, inexistindo o denominado "temor da autoridade", mas, em razão da função do particular, a exigibilidade passa a ser relevante. "Exigir é impor como obrigação ou reclamar imperiosamente. A exigência pode ser formulada diretamente, *a viso aperto* ou *facie ad faciem*, sob ameaça explícita de represálias (imediatas ou futuras), ou indiretamente, servindo-se o agente de interposta pessoa, ou de velada pressão, ou fazendo supor, com maliciosas ou falsas interpretações, ou capciosas sugestões, a legitimidade da exigência." (RT 586/272).

Não só exigir é punível, como a ação de "pagar" ou "receber". O agente pode pagar, sem que tenha havido exigência, ou pode "receber" sem que tenha exigido qualquer dedução na parcela dedutível ou deduzida do imposto ou de contribuição como incentivo fiscal.

Atente-se para o fato de que a exigibilidade feita, *v.g.*, pelo profissional liberal cujo recibo seja dedutível no Imposto de Renda (médico, dentista...) não se enquadra no presente inciso, uma vez que a dedução não ocorre *como incentivo fiscal*. Necessário é que haja correlação entre a dedução e o incentivo fiscal.

9.4.3.3.4. Incentivo fiscal

Constitui crime da mesma natureza:

"(...);
IV – deixar de aplicar, ou aplicar em desacordo com o estatuído, incentivo fiscal ou parcelas de imposto liberadas por órgão ou entidade de desenvolvimento;"

O inciso IV trata também da má aplicação do incentivo fiscal. Por política de desenvolvimento econômico de determinadas regiões, muitas vezes, são criados incentivos fiscais para desenvolvê-las. Contudo o contribuinte recebe o benefício e não o aplica de acordo com o estatuído ou aplica-o em desacordo. Há, na aplicação do incentivo fiscal, desvio de finalidade. Dessa forma, se o incentivo fiscal, *v.g.*, for para possibilitar a renovação da frota de ônibus e caminhões, possibilitando um melhor transporte para a Amazônia Legal, o registro de caminhões ou ônibus para aproveitar o benefício, mas destinados a circularem fora da região prevista, constitui desvio de finalidade.

9.4.3.3.5. Programa de processamento de dados

Constitui crime da mesma natureza:

"(...)
V – utilizar ou divulgar programa de processamento de dados que permita ao sujeito passivo da obrigação tributária possuir informação contábil diversa daquela que é, por lei, fornecida à Fazenda Pública".

Ninguém conhece suficientemente todo alcance quanto às possibilidades dos programas de processamento de dados. Aqui, reprise-se, a expressão de Rolland é adequada: "la realitá supera l'immaginazione".

Mas, basicamente, trata-se de punir a utilização ou divulgação de programa que permita a existência de dois controles contábeis: um fornecido à Fazenda Pública; outro, utilizado pelo contribuinte. Basta divulgá-lo. Basta utilizá-lo. Desnecessária é a existência de dano. Trata-se de crime formal.

Contudo, se o agente utiliza o programa, criando uma contabilidade paralela diversa daquela fornecida à Fazenda Pública, e, por meio do expediente, houver a omissão de operações, de lançamentos, ou qualquer outro meio fraudulento capaz de reduzir ou suprimir o tributo devido, a conduta desloca-se para a tipificação do artigo 1º.

9.4.4. Os delitos praticados por funcionários públicos

"Art. 3º – Constitui crime funcional contra a ordem tributária, além dos previstos no Decreto-lei nº 2.848, de 7 de dezembro de 1940 – Código Penal, (Título XI, Capítulo I):
I – extraviar livro oficial, processo fiscal ou qualquer documento, de que tenha a guarda em razão da função; sonegá-lo, ou inutilizá-lo, total ou parcialmente, acarretando pagamento indevido ou inexato de tributo ou contribuição social;
II – exigir, solicitar ou receber, para si ou para outrem, direta ou indiretamente, ainda que fora da função ou antes de iniciar seu exercício, mas em razão dela, vantagem indevida; ou aceitar promessa de tal vantagem, para deixar de lançar ou cobrar tributo ou contribuição social, ou cobrá-los parcialmente;
Pena – reclusão, de 3 (três) a 8 (oito) anos, e multa.
III – patrocinar, direta ou indiretamente, interesse privado perante a administração fazendária, valendo-se da qualidade de funcionário público.
Pena – reclusão, de 1 (um) a 4 (quatro) anos, e multa."

O funcionário público tem o dever legal de zelar pela coisa pública, de defender a ordem tributária. Se, pois, o agente ofender a ordem tributária, quer pelo crime definido no art. 314 (extravio, sonegação ou inutilização de livro ou documento), quer pelos crimes definidos nos arts. 316, *caput*, e 317, *caput* (concussão e corrupção passiva), quer pelo art. 321 (advocacia administrativa), praticando tais crimes perante a administração pública fazendária, sua conduta passa a ter uma especificidade, sendo reprimida mais severamente nos incisos I, II e III do artigo 3º da Lei nº 8.137/90. O Estado não subsiste sem a Ordem Tributária. Esta é a razão pela qual os mencionados crimes do Código Penal, na Lei dos Crimes Contra a Ordem Tributária, têm reprimenda maior. Relevante é observar que a ordem tributária é mantida não só pela veracidade e higidez da conduta do contribuinte, como também pela responsabilidade e correição do agente público tanto em relação ao erário público como em relação ao contribuinte. A ordem tributária somente pode ser mantida com a observação da legalidade, princípio este que, tanto quanto na ordem penal, tem suma relevância na esfera tributária.

O *caput* do artigo 3º chama a atenção para outros crimes definidos no Código Penal, relacionados com a administração pública, e que, numa ou noutra circunstância, têm conotação com a ordem tributária: são os crimes definidos no Capítulo I do Título XI, ou seja, crimes praticados por funcionários públicos contra a administração em geral, tais como peculato em suas diversas modalidades, emprego irregular das verbas ou rendas públicas... Destes, o legislador destacou quatro delitos, classificáveis em dois grupos de delitos funcionais. No primeiro, têm-se os crimes funcionais próprios do funcionário da Fazenda Pública ou do funcionário ou agente público que trabalha com documentos ou processos fiscais. São crimes da espécie os de extravio, sonegação de livro, de processo fiscal ou de documentos (I) e os de concussão e corrupção passiva (II) (pena de 3 a 8 anos de reclusão e multa). E, no segundo, crime de funcionário público em geral, que pratica advocacia administrativa perante a Fazenda Pública (III) (pena de 1 a 4 anos de reclusão e multa). E todos eles, em relação ao mesmo tipo de crime do Código Penal, têm penas mais graves em razão da especificidade: como o objeto jurídico protegido é a administração pública no Código Penal, aqui é a ordem tributária que deve ser protegida não só pelo comportamento do contribuinte, mas pelos agentes da administração pública, fazendária ou não, ou seja, aquela que trata com o dinheiro público, da sociedade, essencial para que se efetive o bem comum.

Em todos eles, o sujeito ativo pratica o delito em razão da função (crimes funcionais). O conceito de funcionário público não se confunde com o de agente público, conforme definido no art. 2º da Lei nº 8.429/92, segundo o qual "reputa-se agente público, para efeitos desta lei, todo aquele que exerce, ainda que transitoriamente ou sem remuneração, por eleição, nomeação, designação, contratação ou qualquer outra forma de investidura ou vínculo, mandato, cargo, emprego ou função nas entidades no artigo anterior". Tais entidades são da administração direta ou indireta, abarcando, inclusive, aquelas entidades que recebem subvenção, benefício ou incentivo fiscal ou creditício, de órgão público ou para cuja criação ou custeio o erário haja concorrido ou concorra com menos de 50% do patrimônio ou da receita anual.

A ampliação que se faz do conceito de agente público, bem mais amplo que funcionário público, relevante para a probidade administrativa, se estenderia aos delitos contra a administração pública quando ela especifica como elementar dos delitos ser o sujeito ativo *funcionário público*? O conceito, para fins penais, encontra-se definido no art. 327 do Código Penal: "Considera-se funcionário público, para efeitos penais, quem, transitoriamente ou sem remuneração, exerce cargo, emprego ou função pública. § 1º. Equipara-se a funcionário público quem exerce cargo, emprego ou função em entidade paraestatal". Os agentes públicos do conceito de improbidade administrativa, ao exercerem função pública, enquadram-se na equiparação feita pelo Código Penal. No entanto, a amplitude não é absoluta. A função há que ser pública, de agente da Fazenda Pública nos casos dos incisos I e II ou perante a Fazenda Pública no inciso III. Como observa Celso Delmanto, em nota ao art. 327, "domina o entendimento de que a equiparação só alcança as autarquias, e não as sociedades de economia mista em que o governo seja acionista majoritário. Mas, havendo exercício de função delegada pelo poder público, tais funcionários passam a ser considerados como públicos". Tal entendimento consolida-se com a edição da Lei nº 9.983/00, que modificou o artigo 337, § 1º, cuja redação diz: "§ 1º Equipara-se a funcionário público quem exerce cargo, emprego ou função em entidade paraestatal, e quem trabalha para empresa prestadora de serviço contratada ou conveniada para a execução de atividade típica da Administração Pública".

Para os efeitos da Lei nº 8.137, o funcionário público, para a execução dos crimes dos incisos I e II, deve ser funcionário fazendário, porquanto são crimes cometidos em razão da função exercida por ele ou, em razão da função, aquele que recebe o expediente (*v.g.* julgador dos recursos administrativos dos processos fiscais) ou processo fiscal (juiz, promotor de justiça, procurador da pessoa jurídica de direito público), etc. Se o funcionário público não é fazendário, ou se não exerce uma função equivalente, ou mais precisamente, se não recebeu o documento em razão da função, não há incidência da Lei nº 8.137/90. Já o inciso III pode ser praticado por qualquer funcionário público, não só o fazendário, como por aquele a ele equiparado.

9.4.4.1. Extravio, sonegação ou inutilização de documento

"Art. 3º – Constitui crime funcional contra a ordem tributária, além dos previstos no Decreto-lei nº 2.848, de 7 de dezembro de 1940 – Código Penal, (Título XI, Capítulo I):
I – extraviar livro oficial, processo fiscal ou qualquer documento, de que tenha a guarda em razão da função; sonegá-lo, ou inutilizá-lo, total ou parcialmente, acarretando pagamento indevido ou inexato de tributo ou contribuição social;"

Duas são as modalidades de crimes previstas no inciso I: na primeira, objetiva-se a proteção da ordem tributária, resguardando a documentação, conceito genérico e que abrange, também, os livros oficiais e o processo fiscal. O zelo pela ordem tributária é dever do funcionário público fazendário e de todos aqueles cuja função faça com que recebam livro oficial, processo fiscal ou qualquer documento fiscal; na segunda, o sonegar ou inutilizar tais documentos, de forma parcial ou total, exige o resultado: pagamento indevido ou inexato do tributo ou contribuição social. Sem o resultado, incide o Código Penal.

Extraviar, segundo dicionário de Cândido de Figueiredo, é *"tirar do caminho, desencaminhar, fazer desaparecer..."*. Noutras palavras, é perder propositadamente. *Sonegar*, segundo o mesmo autor, é *ocultar, deixando de mencionar ou descrever, nos casos em que a menção ou descrição é exigida por lei. Ocultar fraudulentamente. Deixar de pagar. Subtrair. Inutilizar é tornar inútil; frustrar*, é tornar vão, inaproveitável. A ação do agente há de estar centrada num dos três verbos nucleares do tipo: o agente faz desaparecer, faz perder, oculta fraudulentamente, torna inútil documento, processo fiscal ou livro oficial que se encontra sob sua guarda. Logo, necessário é o dolo do agente. Não é possível o delito culposo, aquele em que há o extravio por relaxamento ou outro motivo comportamental do agente. É preciso que o agente tenha agido com a vontade de *extraviar, sonegar* ou *inutilizar*. Mais, é necessário que seja extravio, sonegação ou inutilização de documento, livro ou processo relacionados com tributo. A inutilização pode ser total ou parcial, mas em qualquer dos casos há que ter, como conseqüência concreta, o pagamento indevido ou inexato do tributo ou contribuição social. Com isto, podem-se especificar as elementares básicas:

a) *o agente deve ser funcionário público*. Na modalidade de extravio ou na da sonegação ou inutilização, a co-autoria é viável. A elementar pode-se comunicar a quem não seja funcionário público; o funcionário pode ser de outro órgão que a Fazenda Pública, basta que ou o livro ou o processo fiscal ou o documento, *lato sensu*, tenha sido entregue ao funcionário em razão de sua função, como ocorre, *v.g.*, com os agentes e funcionários do Judiciário, do Ministério Público, da Procuradoria da Fazenda, dos Tribunais de Recursos Administrativos Fiscais ou do Estado, etc.;

b) deve *praticar a ação* de extraviar, sonegar ou inutilizar livro oficial, processo fiscal ou documento. Livro oficial deve ser um dos exigidos pelas normas tributárias, de conformidade com a espécie de tributo. Veja-se, *v.g.*, em relação ao ICMS, se o contribuinte for industrial ou comerciante atacadista, sujeito ao pagamento do IPI, deve ter os Livros de Registro de Entradas, de Registro de Saídas, de Registro de Controle de

Produção e Estoque, de Registro do Selo Especial de Controle, de Registro de Impressão de Documentos Fiscais (de uso dos estabelecimentos gráficos), de Registro de Utilização de Documentos Fiscais e Termos de Ocorrência, de Registro de Inventário, de Registro de Apuração do IPI e de Registro de Apuração do ICMS; se o contribuinte for comerciante varejista, não sujeito ao IPI, deverá ter os Livros de Registro de Entradas, de Registro de Saídas, de Registro de Utilização de Documentos Fiscais e Termos de Ocorrência, de Registro de Inventário e de Registro de Apuração do ICMS.[148] Há, também, o processo fiscal, o que se origina da autuação do agente fazendário ou da impugnação pelo contribuinte. Havendo processo fiscal, deve ser preservado. Seu extravio depõe contra a ordem tributária, sendo apenada a ação de quem o extraviar. Igualmente, a ação de extraviar documento. Documento é o gênero e abrangeria, necessariamente, os livros oficiais e o processo fiscal. Aqui está empregado *stricto sensu*, para significar, além dos livros, os demais documentos como notas fiscais, conhecimentos, cupons fiscais, recibos, etc. A ação de extraviar independe de resultado quanto ao pagamento de tributo, requisito que aparece na segunda modalidade de crime (sonegação ou inutilização de documento a acarretar o resultado: pagamento indevido de tributo);

c) o agente deve ter, em razão da função, a posse do livro oficial, do processo fiscal ou do documento. O funcionário deve ter a posse do documento, em sentido geral, em razão do exercício de sua função, ou seja, deve extraviar o documento porque, em razão dela, fora-lhe entregue (*v.g.* as notas fiscais requisitadas, recebidas e extraviadas), ou o processo fiscal estava com ele para parecer, processamento ou julgamento de recurso administrativo, etc.;

d) a quarta elementar está presente na segunda modalidade, quando o agente sonega ou inutiliza livros oficiais, processos fiscais ou documentos. A sonegação ou a inutilização pode ser parcial ou total. Contudo, de forma diversa da preconizada no art. 314 do CP, a Lei nº 8.137/90 criou a necessidade de que haja um resultado: *acarretando pagamento indevido ou inexato do tributo ou contribuição social*. O resultado exigido pode, pois, dizer respeito a tributo que foi pago a mais ou a menos. Havendo pagamento a maior, o contribuinte foi lesado; havendo pagamento a menor, a Fazenda Pública foi lesada. A ordem tributária protege não só o Fisco, mas o contribuinte, do qual somente pode ser exigido o devido. A exigibilidade desse resultado não se faz presente na ação de extraviar.

---

[148] Ver BORGES, José Cassiano. *O ICMS ao Alcance de Todos. Op. cit.*, p. 191.

Se os documentos não dizem respeito aos tributos, o delito que se pode configurar é o do Código Penal. É o caso de extravio de processo quando não trata de matéria tributária.

O dolo exigido é o genérico. Não existe na modalidade culposa. Assim, se o extravio foi culposo, não se configura o delito.

Magalhães Noronha, comentando o art. 314 do CP, observa que "É admissível a tentativa, nas hipóteses de *extravio e inutilização*. Compreende-se, sem dificuldade, que o agente pode ser obstado quando se acha *desencaminhando* um livro da repartição (saindo com ele) ou está para inutilizar um documento (prestes a atacá-lo com um ácido). Já o mesmo não acontece com a *sonegação*: ou o funcionário não é ainda obrigado a apresentar o documento e nada se pode objetar contra ele, ou já lhe corre a obrigação, e o delito está consumado".[149] Atente-se, contudo, que em relação aos documentos fiscais, objeto da proteção da Lei nº 8.137/90, na sonegação e na utilização, a norma passou a exigir o resultado (*pagamento indevido ou inexato*), com o que se amplia a possibilidade de tentativa, ou seja, a atuação de terceiro que evita o resultado como circunstância alheia à vontade do agente possibilita a tentativa, diversamente do crime contra a administração pública previsto na segunda parte do artigo 314 do Código Penal..

9.4.4.2. Concussão e corrupção passiva

"Art. 3º – Constitui crime funcional contra a ordem tributária, além dos previstos no Decreto-lei nº 2.848, de 7 de dezembro de 1940 – Código Penal, (Título XI, Capítulo I):
I – (...)
II – exigir, solicitar ou receber, para si ou para outrem, direta ou indiretamente, ainda que fora da função ou antes de iniciar seu exercício, mas em razão dela, vantagem indevida; ou aceitar promessa de tal vantagem, para deixar de lançar ou cobrar tributo ou contribuição social, ou cobrá-los parcialmente;"

O texto do inciso II do artigo 3º reune as figuras penais da concussão e da corrupção passiva do Código Penal. No verbo exigir, aparece a concussão, e, nos verbos solicitar ou receber, aparece a corrupção passiva.

Além dos verbos nucleares da concussão ou da corrupção passiva, várias são as elementares necessárias para a configuração do delito do inciso II do art. 3º da Lei nº 8.137/90:

a) o sujeito ativo somente pode ser funcionário público. Pode haver co-autoria, quando a elementar se comunica ao co-autor;

---

[149] *Op. cit.* Vol. IV, p. 240.

b) na concussão, a ação do agente deve ser de *exigir*, no sentido de *impor, mandar, ordenar, reclamar com direito ou aparência de direito, intimar, obrigar a* (segundo Candido de Figueiredo). "Exigir é impor como obrigação ou reclamar imperiosamente".[150] A ação tem como suporte o *metus publicae potestatis*; já na corrupção passiva, inicialmente a ação centra-se em dois verbos nucleares: *solicitar* ou *receber*. Solicitar é "demover, induzir, agenciar com empenho, pedir instantemente, atrair, provocar". Segundo Magalhães Noronha, é "pedir, é manifestar que quer ou deseja alguma coisa. Não só expressamente se pede, mas pode-se fazê-lo de modo velado ou cauteloso, conforme a astúcia e manha do corrupto". Já *receber* é "aceitar e obter", "aceitar o pagamento, acolher, recolher" ... No solicitar, a iniciativa é do funcionário público, enquanto no receber há iniciativa do *extraneus*, que dá, e o funcionário público recebe. Neste, o *extraneus* pratica crime de oferecer (corrupção ativa). E se o *extraneus* oferece, nem sempre há o pagamento, daí por que o legislador estabelece o verbo *aceitar promessa*. Basta, para a configuração do delito, a existência de aceitação da promessa de vantagem indevida, pouco importando se a promessa foi ou não cumprida;

c) aquilo que se exige, solicita ou recebe pode ser vantagem pessoal ou de terceiro; a vantagem não necessariamente deve ser pecuniária. Pode ser de qualquer espécie. Menciona-se Maggiore, citado por Magalhães Noronha, o qual afirma: "Se a sórdida cobiça do dinheiro é o motivo mais freqüente de corrupção, pode, entretanto, corromper-se igualmente para gozar os favores de uma mulher, para obter um cargo ou uma distinção, para satisfazer um desejo de vingança etc. Tudo pode entrar no conceito vastíssimo de *utilidade:* nem se vê o motivo por que se deva ter como excluída a satisfação de um desejo erótico ilícito";[151]

d) a vantagem deve ser indevida. Se a exigência, a solicitação ou o recebimento for de vantagem devida, ou seja, se houver amparo em lei para aquilo que é exigido, inexiste o delito;

e) o agente deve estar no exercício de sua função. Pode exigir, solicitar ou receber fora da função ou antes de exercê-la, mas sempre em razão dela, ou seja, a ação de receber, solicitar ou exigir pode ocorrer após a prática do ato ou antes da prática do ato: na primeira hipótese, o funcionário pode ter deixado a função; na segunda, está para assumir a função; mas numa ou noutra situação, a conduta do funcionário foi em razão da função que exerce ou que irá exercer. Neste caso, mesmo que descoberto o fato, não assuma a função ou é, em razão do estágio, exonerado, caracterizado está o delito.

---

[150] RT 586/272.
[151] *Op. cit.*, p. 261.

f) na Lei nº 8.137/90, há um objetivo para configurar a corrupção passiva ou a concussão: necessário é que a promessa da vantagem ou exigência, ou a solicitação ou o recebimento tenha sido para *deixar de lançar ou cobrar tributo ou contribuição social, ou cobrá-los parcialmente.* A finalidade da conduta do funcionário é que dá especificidade ao caso, tipificando-se como crime contra a ordem tributária. Sem o dolo específico, tipifica-se o fato ou no art. 316 ou no 317 do CP. Desnecessário é que o funcionário deixe de lançar ou cobrar, parcial ou totalmente, o tributo. No exigir, no solicitar, no receber, no aceitar promessa da vantagem indevida, consuma-se o delito.

Importante ressaltar que o tipo penal prevê que a ação de exigir, solicitar ou receber a vantagem é para deixar de lançar tributo ou contribuição social, ou cobrá-los parcialmente. A elementar, o tipo penal, portanto, não abrange os acessórios, multa, etc. Se houver a exigência para deixar de cobrar multa, a classificação do delito não se faz pelo artigo 3º da Lei nº 8.137/90, mas pelo Código Penal (art. 316, com o aumento previsto no § 2º do artigo 327).

Tem-se, pois, que a concussão e a corrupção passiva, com dolo específico para a área de lançamento ou cobrança de tributo, ofendem gravemente a ordem tributária.

A pena será de 3 (três) a 8 (oito) anos e multa.

9.4.4.3. Da advocacia administrativa perante a Fazenda Pública

"Art. 3º – Constitui crime funcional contra a ordem tributária, além dos previstos no Decreto-lei nº 2.848, de 7 de dezembro de 1940 – Código Penal, (Título XI, Capítulo I):
I – ...
II – ...
III – patrocinar, direta ou indiretamente, interesse privado perante a administração fazendária, valendo-se da qualidade de funcionário público.
Pena – reclusão de 1 (um) a 4 (quatro) anos, e multa."

Se, nos dois primeiros incisos, reprime a norma legal comportamento praticado por funcionário público, cuja função se vincula à fazenda pública ou à área tributária, no inciso terceiro, objetiva-se punir qualquer funcionário público que advogue interesse particular perante a administração fazendária. Assim, caracteriza-se o delito pelos requisitos:

a) deve ser *funcionário público* o agente. Ele pode ser qualquer funcionário público, não ficando adstrita a autoria ao funcionário fazendário (inc. II), fazendário e/ou cuja função envolva processo fiscal ou documentos fiscais *lato sensu*. O que se veda é que o funcionário, cujo zelo primordial deva ser o interesse público, promova o interesse particular;

b) sua ação é *patrocinar*, cujo significado é bem apreendido por Magalhães Noronha, ao defini-la: "é núcleo do tipo – isto é, advogar, facilitar, proteger, favorecer etc. Por qualquer uma dessas maneiras se exerce a advocacia administrativa, que pode ser direta ou indireta. Dá-se a primeira, quando o funcionário se encarrega de agir no sentido de que terceiro consiga o escopo objetivado por sua pretensão. Desenvolve sua atividade fazendo defesas, requerimentos etc., ou conversando e tratando com os funcionários de que se pode valer. Faz-se indiretamente *advocacia* administrativa, quando existe uma pessoa que ostensivamente se encarrega dos atos necessários, porém, na verdade, nada mais faz do que ocultar o funcionário criminoso, por quem assina, do qual faz as vezes, enfim, que segue todas as determinações do *advogado*. Nessa hipótese, quem está em contato com a administração é essa pessoa: o funcionário age na sombra". E logo a seguir prossegue: "pode ser praticada também por omissão: quando, p. ex., se evita que a administração pratique um ato necessário aos seus interesses, daí advindo benefícios aos de outrem";[152]

c) *interesse privado*. Necessário é que o interesse seja privado, ou seja, o interesse pertencente ao contribuinte é defendido pelo funcionário público;

d) *perante a administração fazendária*. Alguns criticam o inciso por tratar de forma diversa a administração fazendária de outras, quando todos seriam iguais perante a lei, sendo mais graves as falcatruas que ocorrem em outras espécies de crime do colarinho branco;

e) *valendo-se da qualidade de funcionário público*. Não basta que o agente seja funcionário público, mas que, em razão de semelhante qualidade, tenha ele se aproveitado das facilidades que sua condição lhe proporciona.[153] Desimporta, aqui, o parágrafo único do art. 321 do CP. Se o interesse é ilegítimo ou legítimo, perante a administração fazendária, a pena é a mesma.

Concluindo a tipicidade, convém ressaltar, novamente, a relevância do princípio da reserva legal: a conduta reprovável deve-se enquadrar nas elementares descritas na lei penal. Contudo, para que isto ocorra, é fundamental a compreensão do fato, em todas as suas circunstâncias, sob pena de haver, pró ou contra réu, a inadequada imputação.

---

[152] NORONHA, *op. cit.*, p. 275.
[153] RT 400/316.

10. Concurso de crimes

A forma como foi redigida a Lei nº 8.137/90 faz com que determinada conduta praticada, *v.g.*, a emissão de nota fiscal paralela, seja subsumida em mais de um inciso do artigo 1º. Daí não se infere que a dificuldade de adequação típica redunde em concurso de crimes. Contudo, em razão do bem jurídico protegido e atingido, nas condutas referentes aos crimes contra a ordem tributária, pode haver concurso material, formal ou crime continuado.

10.1. DO CRIME CONTINUADO

A ocorrência mais comum é de existência de crime continuado, quando o agente pratica, duas ou mais vezes, determinada conduta que, por si só, é capaz de reduzir ou de suprimir o tributo. A repetição da conduta, *v.g.*, omissão de registro de saída de mercadoria ou uso de nota fiscal calçada para menos, estabelece a existência de crime continuado, porquanto as condutas são da mesma espécie e cada uma, por si mesma, reduz ou suprime o tributo. Se vários atos são necessários para a realização do tipo, cuja perfectibilização se realiza ao término da prática do último ato, não há crime continuado, mas crime plurissubsistente.

Não importa se uma conduta se enquadra no inciso I e outra no inciso II, desde que o bem jurídico seja o mesmo, ou seja, não importa que o agente tenha usado de falsidade por omissão ou por ação, a divergência não descaracteriza a continuidade delitiva. Contudo, se o agente, numa ou mais condutas, pratica falsidade para reduzir ou suprimir o tributo e, noutra, ele deixa de recolher, no prazo legal, tributo cobrado ou descontado, incidindo no tipo penal do artigo 2º, inc. II, inexiste crime continuado nas duas modalidades de condutas, porquanto numa o bem jurídico é um (ordem tributária em sua veracidade) e noutra é outro, é o bem jurídico protegido (o patrimônio público – o agente ficou com aquilo que não era seu, mas do ente público), apesar de o *caput* do artigo 2º dizer que se trata de crimes da mesma espécie.

10.2. CONCURSO MATERIAL

Se os bens jurídicos protegidos não forem os mesmos, havendo pluralidade de condutas e pluralidade de bens atingidos, de espécies diferentes, haverá concurso material de crimes. O agente, *v.g.*, falsifica um documento para suprimir ou reduzir tributo, obtendo o resultado, e, também, utiliza aquele documento para obter vantagem indevida contra outra pessoa ou qualquer outra conduta capaz de caracterizar crime previsto no Código Penal. Houve duas condutas praticadas, dois bens jurídicos protegidos, e, conseqüentemente, dois crimes em concurso material. Igualmente, no caso de tráfico de drogas e omissão de rendimentos na declaração do Imposto de Renda pelo traficante. Uma ação é a praticada na traficância, e um bem jurídico é atingido; outra é a ação na declaração do Imposto de Renda e proventos de qualquer natureza, e outro é o bem jurídico atingido, com o que se tem concurso material de crimes (narcotráfico e sonegação fiscal).

Da mesma forma, o crime de sonegação fiscal e o de formação de quadrilha para sonegar tributos. O de formação de quadrilha, presente seus elementos caracterizadores, tem uma configuração e um bem jurídico atingido, já o crime realizado contra a ordem tributária tem outra configuração e tem outro bem jurídico atingido. Há, pois, concurso material de crimes. Daí porque, se afastada a denúncia por sonegação de tributos, permanece a de formação de quadrilha.[154]

10.3. CONCURSO FORMAL

Se a conduta é una, ou seja, se o agente, mediante uma só conduta, concretizada em um ou mais atos, realiza uma figura típica da Lei 8.137/90 e, ao mesmo tempo, aquela conduta é capaz de atingir bem jurídico diverso da ordem tributária, tem-se concurso formal de crimes.

---

[154] HC 55.807, STJ. No STF, HC 84223. Daí por que o mesmo acórdão decide: "8. De outra parte, igualmente não vingam as razões da impetração ao visarem elidir a acusação por quadrilha ou bando, tão-somente em face da suspensão da ação penal pelo crime de sonegação fiscal, em decorrência da adesão ao programa de recuperação fiscal, porquanto o artigo 9º da Lei 10.684/03 não tem o alcance que se pretende, abrangendo unicamente o delito ali especificado. O entendimento desta Corte sobre o assunto é de que, sendo a quadrilha ou bando crime autônomo e formal, o delito se consuma no momento em que se concretiza a convergência de vontades e independe da realização ulterior do fim visado (RHCs 50.966, 2ª Turma, Barros Monteiro, DJ de 25.05.73; 61.957, 2ª Turma, Djaci Falcão, DJ de 29.06.84; 63.158, 2ª Turma, Djaci Falcão, DJ de 13.12.85; 70.710, 2ª Turma, Carlos Velloso, DJ de 29.04.94; e HHCC 70.290, Pleno, Sepúlveda Pertence, DJ de 13.06.97; 70.919, 1ª Turma, Sepúlveda Pertence, DJ de 29.04.94; 75.349, 1ª Tuma, Néri da Silveira, DJ de 26.11.99; 81.260, Pleno, Sepúlveda Pertence, DJ de 19.04.02 e 81.295, 1ª Turma, Ellen Gracie, DJ de 14.12.01)."

10.4. CRIME ANTERIOR E TRIBUTOS

Relativamente à questão do concurso de crimes, relevante é consignar o entendimento firmado pelos Tribunais Superiores quanto à prática de crime da qual se origina vantagem econômica significativa (peculato, corrupção ativa ou passiva, concussão, estelionato, tráfico de tóxicos, lavagem de dinheiro...) e a omissão da declaração de tais rendimentos ilícitos para a Receita Federal, considerando que, independentemente da ilicitude dos rendimentos auferidos, o agente deve declará-los à tributação. Entende que inexiste *bis in idem*, porquanto, de conformidade com o artigo 118 do CTN, o fato gerador do tributo ocorre independentemente da validade dos atos praticados pelo contribuinte.[155] O entendimento não é sem oposição, afirmando alguns que, *v.g.*, o peculato absorve a sonegação fiscal.

Parece que a matéria deve ser vista caso a caso: se há uma ou mais condutas necessárias para que haja ofensa a um bem jurídico protegido pelo Código Penal, ou se é necessária duas ou mais condutas. Se há uma só conduta para configurar o crime denominado absorvente, e, se esta mesma conduta atinge, simultaneamente, a esfera tributária, há concurso formal. Se a conduta una, seja *uni* ou *plurissubsistente* o crime, atinge somente o bem protegido pelo Código Penal, fazendo-se necessária nova ação ou omissão para que seja atingido o bem jurídico protegido pela ordem tributária, haveria concurso material. É o que ocorre com aquele que teve altos rendimentos auferidos pela prática de narcotráfico, não os declarando perante a Receita Federal ou declarando-os parcialmente. O delito de narcotráfico foi realizado mediante uma ou mais ações, num determinado momento, atingindo um bem jurídico protegido, enquanto a sonegação do Imposto de Renda foi realizada por uma omissão, em outro momento, atingindo outro bem jurídico. Há, portanto, concurso material entre narcotráfico e sonegação fiscal do Imposto de Renda.

---

[155] RT 762/588.

11. Consumação e tentativa

Ao explicitar qual o bem jurídico protegido, já se observou não ser o pagamento, o qual seria o exaurimento do crime. Segundo se consignou, seria a ordem tributária, a *veracidade* da ordem tributária, em função da sistemática adotada por ela, pelo lançamento por homologação.

Também se observou serem os crimes do artigo 1º, nas suas diversas modalidades de condutas, crimes de resultado. E, se são crimes de resultado, o delito se consuma quando a ação do verbo nuclear do tipo – redução ou supressão do tributo – ocorrer. Se antes dele, por circunstâncias alheias à vontade do agente, houver interferência externa, quer no evitar o resultado apesar de ter praticado todos os atos, quer no impedir a realização dos demais atos necessários para efetivar a redução ou a supressão do tributo, tem-se a tentativa.

Na prática, a matéria é complexa. Isto se verifica ainda na esfera tributária. Primeiramente, há que se distinguir as condutas comissivas das omissivas. Naquelas, dependendo da espécie de tributo, a perfectibilização do ato de suprimir ou de reduzir tributo exige a realização de um ou de mais atos e/ou etapas. Nas omissivas próprias, a tentativa torna-se difícil, especialmente porque se faz necessário somente um ato para a consumação do delito. Nas omissivas impróprias, em tese, embora de difícil comprovação, pode haver tentativa, isto nos casos em que se exige, para a consumação do delito, uma série de atos e/ou etapas, não sendo suficiente para omissão um ato só do agente.

Daí que, com pertinência, Edmar Oliveira Andrade Filho observa que

> "no sistema existem tributos e contribuições sociais cujo fato gerador decorre de um único ato a par de outros cujo fato gerador não se materializa senão após uma série de fatos econômicos, ou jurídicos, após determinado tempo, e que dependem da apuração de um resultado positivo.

O Imposto de Renda devido pelas pessoas jurídicas, assim como a contribuição social sobre o lucro, instituída pela Lei nº 7.689/88, são exemplos de tributos cuja obrigação tributária, para se materializar, dependem da realização de inúmeros atos que propiciem a apuração de certo resultado ao final de determinado período de tempo.

Com efeito, tais tributos têm como núcleo material um acréscimo ao patrimônio da pessoa jurídica cuja definição está relacionada com a prestação de contas, mediante o levantamento de Balanços, de acordo com critérios definidos pela Lei Comercial, mas com ajustes determinados pela legislação tributária, que também determina o período em que os mesmos devem ser apurados e recolhidos.

Se determinado agente, representante da pessoa jurídica que contribuinte do Imposto de Renda, insere, na contabilidade da mesma, documento que não corresponda à aquisição de bens ou serviços – a vulgarmente conhecida 'nota fria' – e considera as cifras correspondentes como custo ou despesa dedutível, essa conduta poderá vir a produzir o resultado delituoso no mesmo mês em que isso ocorreu, ou apenas por ocasião do encerramento do balanço anula, isto porque a legislação faculta aos contribuintes do Imposto de Renda e da contribuição social sobre o lucro a apuração em períodos anuais ou mensais."[156]

Conseqüentemente, em semelhantes situações fáticas, a tentativa é perfeitamente viável. São os denominados crimes plurissubsistentes, cujo resultado só ocorre com a prática de vários atos sucessivos, sendo, portanto, possível a tentativa. Entretanto, embora os crimes do artigo 1º da Lei nº 8.137 sejam crimes de resultado, nem sempre são plurissubsistentes. Muitos crimes comisssivos realizam o resultado com a prática de um ato (unissubsistentes), nos quais difícil é imaginar uma tentativa.

Existe, na área penal tributária, um equívoco consistente em considerar que o crime se consuma quando se consolida o crédito tributário. Desloca-se, desta forma, para a exigibilidade do crédito tributário a questão. Improcede a argumentação. A exigibilidade é relevante para o exaurimento do crime tributário, não para a consumação. Para esta importa: a) que o tributo seja devido e, sendo devido, o agente tenha usado uma das condutas de falsidade para que o tributo fosse reduzido ou suprimido, nos casos do artigo 1º; b) que tenha havido falsidade com o fim de reduzir ou suprimir, independentemente do resultado, ou que tenha ficado com o que pertencia ao ente de direito público ou tenha havido exigência de percentagem para aplicar o incentivo fiscal ou desviar

---

[156] *Direito Penal Tributário. Crimes contra a Ordem Tributária.* São Paulo: Atlas, 1995, p. 91/92.

a finalidade dele, bem como o programa de computação que permite outra contabilidade paralela à oficial (casos do artigo 2º).

Portanto, especificamente, nas condutas do artigo 1º, em cada situação concreta, distinguindo-se os omissivos dos comissivos, da necessidade ou não de mais atos para a realização da conduta, há que ser analisada a conduta: nela pode haver existência ou não da tentativa. Se a conduta foi suficiente para reduzir ou suprimir tributo, independentemente do pagamento, tem-se o delito consumado do artigo 1º. Se a conduta não foi suficiente para reduzir ou suprimir tributo, mas necessitava de outros atos, tem-se, em tese, a tentativa. Se, apesar da falta de resultado, houve falsidade em relação a bens, rendas ou fatos, pode haver crime do artigo 2º, inciso I, o qual não exige o resultado. E, também, apesar da conduta falsa, pode não se tipificar crime contra a ordem tributária, não estando presentes todas as elementares do tipo, podendo caracterizar outro crime do Código Penal.

Observe-se, ainda, seguindo lição de Cezar Roberto Bitencourt, nos crimes de omissão, a necessidade de se distinguir os omissivos próprios dos impróprios. "O crime *omissivo próprio* também não admite a tentativa, pois não exige um resultado naturalístico produzido pela omissão. Se o agente deixa passar o momento em que devia agir, consumou-se o delito; se ainda pode agir, não se pode falar em crime. (...) Os *omissivos impróprios* ou comissivos por omissão, que produzem o resultado naturalístico, admitem tentativa. Os *unissubsistentes* ou de ato único não admitem tentativa, diante da impossibilidade de fracionamento dos atos de execução.(...) Os crimes *plurissubsistentes* admitem o *conatus*."[157] É o que pode ocorrer com as condutas omissivas previstas nos incisos I, II e V, desde que a omissão tenha sido decorrente do dolo do agente, e não decorrência de erro ou equívoco. Dessa forma, haverá tentativa se o agente, quando flagrado pela ação fiscal, houver praticado um ou alguns (mas não todos) dos atos necessários para a supressão ou redução do tributo, tendo sua atividade sido cerceada: iniciara a execução do tipo, mas não a consumara por circunstâncias alheias à sua vontade.

---

[157] BITENCOURT, Cezar Roberto. *Manual de Direito Penal*. 5ª ed. São Paulo: RT, 1999, p. 414.

12. Das penas e suas circunstâncias

12.1. DA PENA PRIVATIVA DE LIBERDADE

Os crimes previstos no artigo 1º têm pena de 2 (dois) a 5 (cinco) anos de reclusão, e multa. Os do artigo 2º, pena de 6 (seis) meses a 2 (dois) anos de detenção, e multa. Já os dos incisos I e II do artigo 3º, pena de 3 (três) a 8 (oito) anos de reclusão, e multa; os do inciso III do artigo 3º, pena de 1 (um) a 4 (quatro) anos, e multa.

A pena de multa está fixada no art. 8º:

"Nos crimes definidos nos arts. 1º a 3º desta lei, a pena de multa será fixada entre 10 (dez) e 360 (trezentos e sessenta) dias-multa, conforme seja necessário e suficiente para a reprovação e prevenção do crime.
Parágrafo único. O dia-multa será fixado pelo juiz em valor não inferior a 14 (quatorze) e nem superior a 200 (duzentos) Bônus do Tesouro Nacional – BTN."

A pena de multa é cumulativa. Diversamente do que ocorria com a Lei nº 4.729/65, a pena privativa de liberdade não mais pode ser convertida em multa.[158] A previsão da conversão existente no art. 9º somente se aplica aos crimes contra a ordem econômica e as relações de consumo, conforme se depreende dos incisos do art. 9º.

Ela é flexível: pode ser de 140 BTN (10 dias-multa a 14 BTN cada dia-multa) a 72 mil BTN (360 dias-multa a 200 BTN). O mínimo pode ser reduzido, e o máximo pode ser aumentado "caso o juiz, considerado o ganho ilícito e a situação econômica do réu, verifique a insuficiência ou excessiva onerosidade das penas pecuniárias previstas nesta Lei, poderá diminuí-las até a 10ª (décima) parte ou elevá-la ao décuplo" (art. 10). Com isto, a pena pode ser, no mínimo, de 1,4 BTN e, no máximo, 720

---

[158] Não olvidar a existência das penas alternativas inseridas na legislação pela Lei nº 9.714/98.

mil BTN. Como a BTN foi extinta, toma-se seu valor histórico e passa-se a corrigi-la pela UFIR e/ou demais critérios oficiais de correção, conforme especifica a Lei nº 8.383/91.

Relevante é observar que a sonegação fiscal tem como móvel histórico a ganância. Resulta, pois, importante que, na aplicação da pena, o juiz dose a multa de forma a que o sonegador sinta, também, financeiramente, sua condenação. Uma multa insignificante em razão do volume de sonegação pode ser objeto de riso, antes de ser reprimenda.

Recentemente, questão foi proposta no sentido de caber ou não prisão nos crimes contra a ordem tributária. Na oportunidade, entendemos de responder no seguinte sentido:

"A questão proposta enseja dois questionamentos fundamentais. Em primeiro lugar, necessário é distinguir sonegação de inadimplência, e, em segundo lugar, é essencial a compreensão do fato para que a subsunção dele no tipo penal seja perfectibilizado sob pena de haver ofensa ao princípio da legalidade que deve haver na área tributária e na área penal.

Posto isto, necessário é afirmar-se, desde logo, que a lei penal tributária, protege a ordem jurídica tributária, a veracidade das declarações, em razão da sistemática que o direito tributário adota. Para que haja crime tributário, necessário é que haja um crime-meio tipificado no código penal como falsidade material ou falsidade ideológica e apropriação indébita, fundamentalmente. Afasta-se da análise os crimes dos incisos III e IV porquanto não correlacionados com o recolhimento do tributo, mas com os incentivos fiscais. Acrescente-se, ainda, que a ação de não recolher tributo está tipificada em duas normas: no inciso II do artigo 2º, exigindo que, em tal circunstância, seja tributo descontado ou cobrado, e na letra *d*, do art. 95 da Lei nº 8.212/91, hoje, artigo 168-A do Código Penal, referente aos delitos previdenciários, exigindo-se a presença da elementar *contribuições recolhidas,* no *caput, ou* a elementar importância arrecadada dos segurados ou do público. Sem semelhantes elementares, inexiste crime contra a ordem tributária a ser tipificado no artigo 2º, inc. II, da Lei nº 8.137 ou crime previdenciário a ser capitulado no artigo 168-A do Código Penal.

Portanto, sem a presença do crime-meio, inexiste a hipótese de crime tributário, não se podendo, de forma alguma, cogitar de prisão. Daí porque ser exigível para a consecução do crime do artigo 1º da Lei nº 8.137 que o agente pratique ou falsidade material ou ideológica; e para a realização do tipo do artigo 2º da citada lei, necessário é a presença de uma das elementares: *cobrado ou descontado.* Na primeira situação, a reprovabilidade está em que o agente, para reduzir ou suprimir tributo, pratica falsidade material ou ideológica por ação ou omissão; e, na segunda, a reprovabilidade está em que o agente cobra ou desconta o tributo em nome do Estado, mas fica consigo, fica com aquilo que não é seu. Tanto é verdade tal posição que, no caso do agente não recolher a parte patronal do INSS ou a parte do tributo que não foi descontada ou cobrada, será mero inadimplente e não sonegador. Isto ocorre, *v.g.*, com o ICMS: o tributo de responsabilidade própria devidamente declarado e não-recolhido não constitui crime algum, mas o ICMS de substituição tributária, caracterizável como tributo cobrado, se não recolhido no prazo legal, constitui crime.

Desta forma, tendo havido a prática do crime-meio, e caracterizada as demais elementares dos tipos previstos na Lei nº 8.137, não se pode afastar a incidência da prisão do empresário, uma vez que todos são iguais perante a lei.[159] Se para qualquer pessoa que cometa o crime-meio é prevista a prisão como pena, não se pode dizer que é absurda a prisão, nem pode ela ser excluída para o empresário quando comete ele o mesmo crime-meio. Pensar diferentemente seria estabelecer normas penais para alguns, excluindo outros em razão da profissão ou posição social. Mas, felizmente, no Brasil, perdura, ainda que com alguns tropeços, o princípio de que o tipo penal é abstrato e refere-se a todos, tendo todos direito à ampla defesa.

Sob pena de discriminação, não há como ser contra a prisão prevista para todo o que comete o crime-meio da sonegação, a menos que, também, sejam excluídos do Código Penal os crimes de falsidade e de apropriação indébita.

Uma última observação que se impõe: assim como, pelo princípio da isonomia, existe a prisão do empresário pela prática de sonegação fiscal, assim, também, deve ele ser favorecido com as penas alternativas, quando preenchidos os requisitos legais. O que é reprovável é transformar o direito penal especial como órgão arrecadador de tributos, apenando-se em desproporção com o bem jurídico atingido como pretende um projeto de lei que prevê penas de 2 a 15 anos de reclusão para o não recolhimento do INSS, como se isto fosse a solução.[160] Nem esta, nem o contínuo aumento das alíquotas é conduta recomendável. Deve ser aplicada a lei, sob pena de se estar, de forma reiterada, sempre onerando o empresário honesto." (*sic*)

---

[159] Jean COSSON, em "Les industriels de la fraude fiscal", afirma que a pena de prisão, ou ao menos a publicidade dada à decisão judicial, é mais eficaz, por sua exemplaridade, que as penas aplicadas administrativamente (p. 141).

[160] A edição da Lei nº 9.983/2000 parece ter sepultado semelhante projeto.

12.2. DAS CAUSAS DE AUMENTO OU DE DIMINUIÇÃO DA PENA

O artigo 12 prevê causas de aumento da pena:

"São circunstâncias que podem agravar de 1/3(um terço) até a metade as penas previstas nos arts. 1º, 2º e 4º a 7º:
I – ocasionar grave dano à coletividade;
II – ser o crime cometido por servidor público no exercício de suas funções;
III – ser o crime praticado em relação à prestação de serviços ou ao comércio de bens essenciais à vida ou à saúde."

Ao ser fixado o aumento da pena em valor proporcional à pena cominada, estabeleceu o legislador uma majorante, a qual tem a capacidade de elevar a pena além do máximo fixado em lei.

As majorantes do artigo 12 não são aplicáveis aos crimes previstos no artigo 3º da Lei nº 8.137/90, mas, dentro de nosso estudo, somente aos crimes definidos nos artigos 1º e 2º, ou seja, aqueles praticados por particulares:

I – *ocasionar grave dano à coletividade:* grave dano é a sonegação vultosa, ou seja, em razão do volume financeiro da sonegação, a coletividade ficou prejudicada, porquanto o dinheiro do tributo se destina ao bem comum.

II – *ser o crime cometido por servidor público no exercício de suas funções.* A qualidade *funcionário público* é elementar do delito previsto no inciso III. Daí por que para o artigo 3º não se aplica a majorante. Contudo, embora seja de difícil previsão, já que ela prevê que o servidor público tenha cometido o crime no exercício de suas funções, não se afasta a hipótese de ser aplicada ao funcionário público, na área dos crimes contra a ordem tributária, quando é co-autor de crime previsto nos artigos 1º e 2º. A majorante tem aplicação mais adequada aos crimes contra a ordem econômica e as relações de consumo, fatos nos quais o funcionário público agiria em razão da função, em co-autoria.

III – *ser o crime praticado em relação à prestação de serviços ou ao comércio de bens essenciais à vida ou à saúde.* Da mesma forma, o inciso é de difícil previsão nos casos dos artigos 1º e 2º. A majorante decorre de uma maior gravidade do fato naquela circunstância. Sonegar tributo nos serviços essenciais ou no comércio de bens essenciais à vida ou à saúde não torna o delito mais grave daquele ocorrido na venda de bens supérfluos. Entretanto, se houver crime contra a ordem econômica ou nas relações de consumo na venda de bens essenciais à vida ou à saúde, é evidente que tal circunstância deva majorar a pena. Alguém retira do comércio produtos da cesta básica ou remédios com o fim de forçar o aumento de preço dos referidos produtos: a circunstância merece reprovabilidade maior do que aquele que sonegou tributo na venda do remédio, mesmo porque inexiste gravidade maior. Temos, por tais razões, sustentado que a majorante se aplica somente aos crimes previstos nos arts. 4º a 7º.

12.3. DAS MINORANTES

A Lei nº 8.137/90 não previa nenhuma causa minorante da pena. Se o pagamento do tributo não fosse causa de extinção da punibilidade, seria causa minorante, quando feito antes do oferecimento da denúncia, caso em que se aplicaria o artigo 16 do CP. Contudo, como ela é causa de extinção de punibilidade, o artigo 16 não pode ser aplicado. Mas, se o pagamento do tributo devido for posterior ao recebimento da denúncia e antes da sentença, passa a ser uma atenuante (art. 65, III, *b*, do CP).

Entretanto, com o advento da Lei nº 9.080/95, que acrescentou o parágrafo único ao artigo 16 da Lei nº 8.137/90, a confissão espontânea da trama delituosa de crimes cometidos em quadrilha ou em co-autoria feita por um dos co-autores ou partícipes, possibilitando a revelação da sonegação à autoridade policial ou judicial, é minorante, reduzindo a pena de um a dois terços. Desta forma, por meio do benefício, busca o legislador descobrir determinados fatos ardilosos, cujos malefícios, se não descobertos, são muito graves aos cofres públicos.

12.4. DAS CIRCUNSTÂNCIAS AGRAVANTES

Não há, também, previsão de circunstâncias de agravamento de pena na lei especial. Contudo, aplica-se aos crimes contra a ordem tributária a norma contida nos arts. 61 e 62. Das agravantes previstas no artigo 61, têm aplicação a do inciso I e a do inciso II, letra *g*: a) reincidência, na sonegação, é causa de aumento da pena; b) igualmente, quando o fato é realizado com *violação de dever inerente a cargo, ofício, ministério ou profissão*, destacando-se, *v.g.*, a situação do contador da empresa, cujo ofício lhe impõe o dever de evitar a sonegação.

Do artigo 62 tem aplicação, como circunstância que agrava a pena, quando houver concurso de agentes, o fato de alguém *promover ou organizar a cooperação no crime ou dirigir a atividade dos demais agentes (inc.I)*, *v.g.*, o mentor do esquema de sonegação. Igualmente o inciso II, quando o agente *coage ou induz outrem à execução material do crime* (*v.g.* patrão em relação ao empregado) ou, no caso do inciso III, *instiga ou determina a cometer o crime alguém sujeito à sua autoridade ou não punível em virtude de sua condição ou qualidade pessoal,* como no caso de autoria mediata.

12.5. DAS CIRCUNSTÂNCIAS ATENUANTES

Das circunstâncias atenuantes previstas no art. 65 do CP, têm aplicação, nos crimes contra a ordem tributária, a *menoridade* (inc. I); *a reparação do dano* feita depois da denúncia, mas antes da sentença (inc. III, letra *b*, *in fine*) e a *confissão espontânea* da autoria perante a autoridade (inc. III, letra *d*). Se a reparação do dano ocorrer antes da denúncia, será causa extintiva da punibilidade.

12.6. DAS PENAS ALTERNATIVAS

O artigo 43 do Código Penal, com a redação dada pela Lei n° 9.714, de 25 de novembro de 1998, estabelece, como pena restritiva de direito: a) a prestação pecuniária; b) a perda dos bens; c) a prestação de serviços à comunidade; d) interdição temporária de direitos e e) limitação de fim de semana. O artigo 44 do Código Penal, com a redação dada pela mesma lei, possibilita a substituição da pena privativa de liberdade quando:

a) a pena de prisão não for superior a 4 anos, desde que o crime não tenha sido cometido com violência ou grave ameaça à pessoa, ou desde que, independentemente da pena, o crime tenha sido culposo;

b) o réu não é reincidente em crime doloso, com a exceção do § 3° do artigo 44 do CP;

c) as circunstâncias judiciais do artigo 59 do CP indicam que a substituição seja suficiente.

Dessa forma, a partir da Lei 9.714/98, houve significativa mudança na aplicação da pena. Como se trata de lei mais benéfica, aplica-se retroativamente aos crimes contra a ordem tributária, desde que preenchidos os requisitos objetivos e subjetivos mencionados no artigo 44. A substituição da pena privativa de liberdade por pena alternativa, como as penas do artigo 1° da Lei n° 8.137/90, situam-se entre 2 e 5 anos de reclusão; as penas do artigo 2° são de 6 meses a 2 anos, e as penas do artigo 3° são de 3 a 8 anos, sendo todos, por sua natureza, crimes sem violência contra a pessoa, passou a ser possível. No caso do artigo 2º, pelo prisma do requisito objetivo, sempre é possível fazer a substituição. No caso dos artigos 1º e 3º, se a pena aplicada não for superior a 4 anos, preenchidos os requisitos subjetivos, também é possível haver a substituição

No caso dos crimes previstos no artigo 2º, a prestação dos serviços, tanto à comunidade como às entidades públicas, por ser a pena de 6 meses a 2 anos de detenção, é indicada, conforme o artigo 46 do CP.

A aplicação das interdições temporárias de direitos, passível, em tese, nos crimes dos artigos 1º e 3º da Lei nº 8.137/90, merecem algumas observações. Em primeiro lugar, a *proibição do exercício de cargo, função ou atividade pública bem como de mandato eletivo,* nos casos do artigo 3º, não deve ser vista como efeito da condenação (artigo 92, I, do CP), porquanto, em tais delitos, há evidente violação de dever para com a administração pública, mas deve ser aplicada por força do artigo 56 do CP. No caso do artigo 1º, o agente não é funcionário público, mas o exercício da atividade (industrial, comerciante, autônomo...) exige autorização do poder público devendo, também, ser aplicada por força do artigo 56. Contudo não se pode olvidar o princípio de que a pena não pode ultrapassar a pessoa do condenado. Caso a interdição de direito atinja terceiros, impedindo-os de trabalhar, *v.g.*, em razão da pena substitutiva, é evidente que não deve ser aplicada. Em algumas situações fáticas, inócua é a aplicação da interdição, o que deve ser considerado na sentença. Noutras, a substituição tem efeito moralizador e educativo bem maior, como, por exemplo, quando o agente tem atividade resultante de licitação com o poder público: a interdição temporária passa a ter efeito e significado.

Quanto à perda de bens e valores, consigne-se que existe legislação especial regulando a matéria: Decreto 3.240/45, que prevê a perda dos bens provenientes do crime para reparar o dano.

Se houve o seqüestro de bens para o fim de garantir a reparação do dano à Fazenda Pública, na sentença, em razão da nova lei, desde que preenchidos os requisitos objetivos e subjetivos, pode ser aplicada a pena alternativa com a perda dos bens e/ou valores já seqüestrados.

Se, contudo, não houve o seqüestro de bens com base naquele diploma legal, nem houve o pagamento do tributo antes da denúncia, desde que, também, preenchidos os demais requisitos objetivos e subjetivos, possível é a aplicação da pena alternativa. A incidência faz com que aquele que, por circunstâncias várias, não pode efetuar o pagamento do valor sonegado antes da denúncia, e cuja privação da liberdade não seria o mais indicado em sua situação fática, possa equivaler-se, de certa forma, àquele que usou do benefício antes da denúncia. A perda de bens ou valores passa a ter a finalidade de reparar o dano aos cofres públicos como previa o decreto.

Atente-se que o montante da perda deve corresponder ou ao montante do prejuízo causado ou do proveito obtido pelo agente. O montante do prejuízo causado não significa, para efeitos da pena alternativa, que se inclua o valor da multa fiscal pelo ilícito tributário. Ela é sanção administrativa, não se identificando com o prejuízo causado. Aplicam-se, contudo, ao tributo sonegado, reduzido ou suprimido, a correção monetária e os juros, porquanto repõem o valor e, diante da dívida pública, significa cobertura do prejuízo. A multa administrativa fica para ser solucionada na esfera estritamente tributária.

13. Da elisão e da evasão

A doutrina tem distinguido elisão de evasão nas condutas daqueles que buscam uma forma de diminuir a carga tributária. Reconhece ao contribuinte o direito de planejamento tributário a fim de diminuir a carga tributária, caracterizando o que denomina de economia tributária. Como a faixa em que atua é uma faixa cinzenta, tem-se facilmente a ultrapassagem da simples economia tributária para a fraude fiscal, tornando-se difícil, muitas vezes, a distinção entre elisão e evasão fiscal. Essa dificuldade é aumentada em razão das divergências conceituais de fraude, simulação, elisão e evasão.

13.1. DA FRAUDE

Para caracterizar o que seja fraude, na área tributária, o próprio legislador, ao tratar do IPI, definiu-a da seguinte forma: *fraudar a fiscalização tributária* é "toda ação ou omissão *dolosa* tendente a impedir ou retardar, total ou parcialmente, a ocorrência do fato gerador da obrigação tributária principal, ou a excluir ou modificar as suas características essenciais, de modo a reduzir o montante de imposto devido, ou a evitar ou diferir o seu pagamento" (art. 72 da Lei nº 4.502/65). Pelo texto legal, o agente age com dolo, a) ou para subtrair o fato imponível ou b) para fugir do pagamento de um imposto devido.[161] Na fraude, o agente busca "fugir à aplicação da lei tributária originalmente aplicável ao negócio pretendido". Isso, segundo Lerouge (1944), tanto na fraude de fato como na fraude de intenção, espécies que adota. Aquela (de fato) seria a violação direta da lei, com relevância para o fato material, como por exemplo na importação mediante contrabando; nesta (de intenção),

---

[161] Ver Gaston Lerouge, *Théorie de la fraude fiscale*, Paris, LGDJ, 1944, p.. 2, *apud* Hermes Marcelo Huck, *Evasão e Elisão: Rodas Nacionais e Internacionais do Planejamento Tributário*. São Paulo: Saraiva, 1997, p. 103.

"o agente cuida de evitar o confronto com a lei fiscal que deve ser aplicada ao caso concreto".[162] Segundo Ruy Barbosa Nogueira, na fraude, "a ação ou omissão visa escamotear o pagamento do *imposto devido* – reduzi-lo, evitá-lo, ou retardá-lo".[163] Não parece ser relevante a fraude de intenção, embora Lerouge condene ambas. A fraude parece estar mais ligada à licitude da ação do agente, aproveitando-se da lacuna ou omissão da lei, especialmente considerando a necessária legalidade que deve haver na área tributária, a qual encontra similar somente na esfera penal com a tipicidade.

Pode-se, também, buscar o conceito de fraude no Direito Civil. Segundo Silvio Rodrigues, "age com fraude à lei a pessoa que, para burlar princípio cogente, usa de procedimento aparentemente lícito. Ela altera deliberadamente a situação de fato em que se encontra, para fugir à incidência da norma. O sujeito se coloca simuladamente em uma situação em que a lei não o atinge, procurando livrar-se de seus efeitos."[164]

13.2. DA SIMULAÇÃO

O Código Civil, em seu artigo 102, menciona os casos de simulação dos atos jurídicos em geral: "I) quando aparentarem conferir ou transmitir direitos a pessoas diversas das a quem realmente se conferem ou transmitem; II) quando contiverem declaração, confissão, condição, ou cláusula não-verdadeira; III) quando os instrumentos particulares forem ante-datados, ou pós-datados". Exige o Código a intenção de prejudicar terceiros ou de violar disposição de lei (art. 103 do CC).

A primeira questão que surge é a sua distinção com a fraude. Com propriedade, Hermes Marcelo Huck observa, apoiado nas lições de Francesco Ferrara, que "muito embora guardando semelhanças, simulação e fraude não se confundem, ainda que o objetivo de ambas seja a transgressão indireta da norma. A reação do Direito ante a simulação, concentra-se na busca do verdadeiro ato praticado, enquanto, na fraude, o objetivo é a desconstituição da realidade jurídica que se intentou criar. Ferrara, em sua monografia sobre a simulação nos negócios jurídicos, procurou demonstrar que o negócio simulado, quando em contradição com a lei, implica um *contra legem agere*, e não um *in fraudem legis agere*. Na fraude, o ato ilícito não é oculto, pois aparente sua realização. O ato

---

[162] *Apud* Hermes Marcelo Huck, *op. cit.*, p. 108.
[163] *Op. cit.*, p. 202.
[164] *In Direito Civil*, vol. 1, Parte Geral. São Paulo: Saraiva, 1994, p. 226.

fraudulento ocorre ostensivamente, mas sob a tutela de uma norma que não lhe corresponde. Assim, se os negócios simulados são fictícios, não desejados pelas partes, os fraudulentos são reais, realizados pelas partes para obter um resultado ilícito. A simulação, concluía Ferrara, não aparece como um meio para elidir a lei, e sim para ocultar sua violação". E, forte em Franco Gallo (*Tecnica legislativa ed interesse protetto nei nuovi reati tributari*), diz adiante: "em matéria tributária, entretanto, a simulação é mais do que mera e simples ocultação de um negócio jurídico; requer uma conduta dirigida a obstruir a ocorrência do fato gerador, utilizando-se para tanto de um arsenal complexo que envolve uma miríade de artimanhas, documentos, práticas contábeis e registros".[165]

13.3. DO CONLUIO

Para a perpetração da fraude, muitas vezes, surge o conluio entre pessoas naturais ou jurídicas. O conluio já se encontrava previsto no artigo 73 da Lei nº 4.502/64. Segundo a norma, "conluio é o ajuste doloso entre duas ou mais pessoas, naturais ou jurídicas, visando aos efeitos da sonegação ou da fraude".

13.4. DA ELISÃO

Já se mencionou que elisão é a forma lícita de o contribuinte buscar um caminho menos oneroso dentro da ordem tributária. Para tanto, na lacuna da lei, emprega meio lícito ou não-vedado, com o fim de sofrer menor carga tributária. Como observa Ruy Barbosa Nogueira, "a realização do fato imponível é uma faculdade do contribuinte e se ele não a realizar, não terá dado origem ao direito, daí a chamada economia de imposto ser legítima se o contribuinte, licitamente, não praticar ou realizar a *situação prevista* como fato imponível".[166]

Ela não se confunde com a simulação. "A elisão, segundo Hermes Marcelo Huck, lícita, vista como forma de planejamento tributário legalmente praticado, distingue-se da simulação, pois, na primeira, os meios empregados devem ser lícitos, ao passo que, na simulação, haverá sempre um ilícito oculto. Na elisão, o que se busca é uma forma alternativa para, atingindo-se o mesmo resultado econômico, ou equivalente, evi-

---
[165] *Op. cit.*, p. 120/121.
[166] *Op. cit.*, p. 202.

tar-se, ainda, a ocorrência do pressuposto de incidência tributária. Na simulação, o fato gerador na verdade ocorre, mas é descaracterizado, não sendo tipologicamente reconhecido em sua aparência, como hipótese de incidência legal. Na elisão lícita, a forma jurídica adotada é a real, ainda que alternativa à original fiscalmente mais onerosa, guardando compatibilidade entre a forma final adotada e o conteúdo econômico visado; ao invés, na simulação, a forma é mero pretexto escondendo o real objetivo das partes".[167]

Conseqüentemente, na elisão, não há como o fisco pretender que o contribuinte volte atrás para trilhar um caminho mais oneroso. Na simulação, por sua vez, desnecessária é a declaração da nulidade do ato ou a sua desconstituição, bastando a caracterização da simulação para que seja considerado ineficaz, "não sendo oponível ao fisco" o qual pode cobrar o tributo correspondente. Cumpre ressaltar que ninguém é obrigado a fazer ou deixar de fazer alguma coisa senão em virtude de lei. Este princípio assume importância maior na área tributária pela relevância, semelhante à área penal, do princípio da legalidade. Assim, embora alguns entendam que a elisão seja uma forma ilícita, na verdade, é lícito ao contribuinte um planejamento tributário destituído de simulação ou fraude ou mesmo de abuso de direito conforme entendimento francês.[168] O artigo 64 do *Livre de Procédures Fiscales,* que versa sobre o abuso de direito, objetiva atingir os casos de simulação (*dissimulations juridiques*).[169] Mencionando a lição de Maurice Cozian, José Eduardo Schoueri observa: "ao reprimir o abuso de direito, a administração estaria dizendo ao contribuinte: Você não é, sem dúvida, mentiroso mas pode ser pior, você é ilusionista; você conseguiu fazer desaparecer a matéria tributável por um *passe de mágica jurídico*; você é astuto demais e eu o tributo como fraudador".[170]

Noutras palavras, o abuso de direito é uma simulação, e, como tal, deixa de ser elisão porquanto ela está ligada à ilusão.

---

[167] *Op. cit.* p. 121/122.

[168] Ver, na França, *Livre de Procédures Fiscales*, art. 64, onde se caracteriza o abuso de direito: "Não podem ser opostos à administração dos impostos os atos que escondem a verdadeira natureza de um contrato ou acordo não são válidos contra o Fisco, se contiverem cláusulas: a) que causem um menor registro de impostos ou taxas de registro público de imóveis, b) ou que disfarcem a geração ou a transferência de lucros ou de receitas; c) ou que permitam evitar o pagamento, total ou parcial, de taxas sobre o valor dos negócios correspondentes às operações efetuadas em execução de um contrato ou de uma convenção". Daí por que o Prof. Hermes Marcelo Huck considera que, na França, existe uma forma de elisão que, por ser abusiva, é ilícita. (*Op. cit.*, p. 181).

[169] SCHOUERI, José Eduardo. *Planejamento fiscal através de acordos de bitributação: Treaty Shopping.* São Paulo: RT, 1995, p. 57.

[170] Id., ib., p. 58.

13.5. DA EVASÃO

Se, por um lado, é permitida a economia tributária, por outro, a linha divisória dela com a evasão é tênue. Entre elas estabelece-se uma faixa cinzenta cujos contornos são difíceis de precisar. Contudo, desde logo se descarta, por incabível como economia tributária, toda a conduta que se apóia na fraude, na simulação ou no abuso do direito.[171] Tais substratos caracterizam a faixa da evasão tributária, área caracteristicamente ilícita da conduta, reprovada em todos os países com maior ou menor intensidade. A evasão, em sua quase totalidade, no Brasil, caracteriza os crimes contra a ordem tributária, os crimes previdenciários e os demais crimes previstos no Código Penal, *v.g.*, contrabando, descaminho... Alguns autores definem a evasão como sinônimo de sonegação. Sonegação, porém, ficou expressão menos abrangente do que crimes contra a ordem tributária, motivo pelo qual se prefere esta denominação a caracterizar a evasão. A jurisprudência, entretanto, praticamente de forma uniforme, usa a expressão *sonegação fiscal* como sinônimo de *crime contra a ordem tributária*.

Segundo alguns, a evasão pode ser omissiva ou comissiva. Na omissiva, mereceria destaque a decorrente da intenção como a sonegação, o não-recolhimento do tributo, etc. Já a comissiva, sempre intencional, tem sido classificada como lícita ou ilícita. Esta seria resultante da fraude, da simulação ou do conluio, enquanto aquela, a lícita, seria a elisão em sentido estrito, resultante de economia fiscal.

Antonio Roberto Sampaio Doria, na *Enciclopédia Saraiva de Direito*, estabelece um esquema elucidativo sobre a evasão fiscal: distingue a *omissiva* (intencional ou não) da *comissiva* (sempre intencional); aquela se subdividiria em evasão imprópria (abstenção de incidência, transferência econômica) e evasão por inação, a qual se subdividiria em: a) intencional (sonegação, falta ou atraso de recolhimento) e b) não-intencional (ignorância do dever fiscal); por outro lado a comissiva se subdividiria em a) ilícita (fraude, simulação, conluio) e b) lícita ou legítima (evasão *stricto sensu*, elisão ou economia fiscal).[172]

Parece mais adequado manter a expressão *evasão* para caracterizar o ato ilícito, resultante de sonegação em sentido próprio (Lei nº 4.729) ou impróprio (tipificados nas Leis nºs 8.137, 8.212 e CP), fraude, conluio, simulação, ilusão, atraso de pagamento, etc. Caracterizaria, sempre, ili-

---

[171] É evidente que o contribuinte que obtém, por mandado de segurança, o direito de creditar-se do ICMS nas operações isentas, não adquire o direito de creditar-se em caso de diferimento (HC nº 3269, DJ de 29.5.95, p. 15529).

[172] *Cadernos de Pesquisas Tributárias. Elisão e Evasão Fiscal.* Coord. Ives Gandra Martins, São Paulo: Resenha Tributária, 1988, p. 222.

citude de comportamento, tipificada como ilícito tributário. Contudo, há condutas que, embora sempre se constituam em ilícito tributário, não serão necessariamente ilícitos penais. Isso fica ressaltado no caso da falta de recolhimento do tributo: há ilícito tributário, há evasão fiscal, mas não será, na legislação brasileira atual, crime, senão na hipótese em que o tributo tenha sido cobrado ou descontado.

13.6. ELISÃO – EVASÃO

A diferença entre elisão e evasão, segundo Ilves José de Miranda Guimarães, estaria "na utilização de meios hábeis, lícitos e sem vícios jurídicos que a maculem, ou então, na adoção de meios inábeis, ilícitos e alvo da fraude, dolo, simulação e má-fé, ambos tendo por escopo minorar no tempo no quanto a carga tributária".[173] Em geral, também, firma-se a distinção entre elas em razão da realização ou não do pressuposto de fato. Na evasão, o "pressuposto de fato já verificado, e, portanto, obrigação de pagar o tributo que não é cumprida"; na elisão, "não realização do pressuposto de fato, mas obtenção dos mesmos resultados econômicos – ou dos resultados similares – que se obteriam adotando o negócio jurídico relevante para fins fiscais, aproveitando-se das lacunas da lei, ou deturpando para esses fins as formas civis".[174] Contudo o Prof. Piero Villani não torna a distinção tão relevante, mas chama a atenção para o fato de que, no âmbito da elisão, procura-se "fixar uma diferença qualitativa entre a economia de imposto (escolha das vias onerosas), considerada lícita e fraude fiscal".[175]

Vittorio Cassone, ao ser questionado sobre a distinção entre elisão e evasão, responde, dizendo: "a diferença entre a elisão e a evasão fiscal, consiste em que a elisão expressa ato formal e substancialmente legítimo praticado antes do surgimento do fato gerador, com o fim de evitar a incidência tributária plena ou a diminuir o tributo; e evasão é o ato ou omissão ilegítimo, praticado durante ou após a ocorrência do fato gerador, com o fim de evitar, reduzir ou retardar o pagamento do tributo. O limite entre ambas está na licitude ou ilicitude do ato praticado".[176]

---

[173] *Elisão e Evasão fiscal Cadernos de Pesquisa Tributária*. Vol. 8. Coord. Ives Granda Martins, São Paulo: Resenha Tributária e Centro de Estudos de Extensão Universitária, 1988, p. 681.

[174] VILLANI, Piero. Elisão Fiscal no Direito Tributário Italiano e Brasileiro. Análise Comparatística. *In Elisão e Evasão fiscal Cadernos de Pesquisa Tributária. Op. cit.*, p. 654.

[175] Id. ib., p. 654.

[176] CASSONE, Vittorio. *Elisão e Evasão fiscal. Cadernos de Pesquisa Tributária*. Vol. 13. Coord. Ives Granda Martins. São Paulo: Resenha Tributária e Centro de Estudos de Extensão Universitária, 1988, p. 230.

Portanto, na esfera penal, há que se respeitar a economia tributária estabelecida dentro dos limites da lei, sem simulação, fraude ou abuso de direito. A questão assume maior repercussão e necessidade de controle, porquanto, na prática, a evasão, a sonegação, a fraude, a simulação e o abuso de direito atingem o montante de tributos necessários ao Estado, e os governantes, de forma simplista, em geral, resolvem a questão aumentando as alíquotas dos tributos, ou seja, o bom contribuinte acaba sempre onerado. A ambos, ao Estado e ao contribuinte, pois, impõem-se limites de conduta – limites expressos na lei, mas, em nenhuma circunstância, elisão deve ser confundida com ilusão. Nesta, a visão que se cria é fruto do engodo, restando a conduta subsumida na esfera da evasão. E, se a evasão é reprovável por se constituir ilícito tributário, nem toda a conduta assim tipificada constitui crime. Há que se preservar o princípio da reserva legal da esfera penal como, também, na área do Direito Tributário.

Neste contexto, a Lei dos Crimes contra a Ordem Tributária é relevante na medida em que protege a veracidade das declarações, a verdade das informações, bem como veda que o contribuinte fique com aquilo que pertence à pessoa jurídica de direito público, em nome da qual cobrou ou descontou, ou que faça uso de benefícios fiscais para aplicá-los em desconformidade com a finalidade ou se aproveite de quem aplica para cobrar dele comissão.

Assim, diante da dificuldade de discernimento existente na faixa cinzenta situada entre a elisão e a evasão, questiona-se da necessidade de a norma legal estabelecer os limites. Piero Villani menciona que, "embora se mantenham limites em dificuldades de caracterização, parece preferível a uma legislação para casos singulares, inevitavelmente pesada, a predisposição de pressupostos precisos, protegidos por uma regra de caráter geral, que impeça as operações injustificadas, os abusos, a deformação dos negócios civilísticos para fins puramente elusivos."[177] Neste ponto, em face do princípio da legalidade dos tributos, parece que o limite imposto ao fisco se encontra precipuamente na Constituição Federal, especialmente considerando-se o desrespeito manifestado pelo Executivo ao princípio da anterioridade. Na legislação infraconstitucional, encontra limite no CTN. Se o contribuinte não é obrigado a fazer ou deixar de fazer alguma coisa senão em virtude de lei, a própria esfera penal auxilia a distinguir a elisão da evasão... A lei dos crimes contra a ordem tributária adota, fundamentalmente, a reprovabilidade da adoção da falsidade, material ou ideológica, nas diversas condutas tendentes e capazes de reduzir ou suprimir o tributo (art. 1º), ou com o

---

[177] Op. cit., p. 653.

fim de eximir-se do pagamento do tributo no caso de rendas, bens ou fatos (art. 2º, I), ou na conduta reprovável de quem cobra ou desconta tributo em nome da pessoa jurídica de direito público e não lhe entrega o valor (art. 2º, inc. II), ou cobrança indevida para que terceiro exerça um direito de aplicar dinheiro em incentivo fiscal (art. 2º, inc. II.), ou na dissimulação ou aplicação do incentivo com desvio de finalidade (art. 2º, inc. IV), ou com programa de computador que permita dupla contabilidade (art. 2º, inc. V). Estabelece, portanto, a lei penal limites: se houver emprego das condutas estabelecidas nos incisos deixa o fato/conduta de ser elisão para ser evasão. Esta evasão, caracterizada pelos incisos, pode ou não constituir fato criminoso, porquanto nem todo o ilícito tributário constitui ilícito penal tributário. Destarte, para a esfera penal, relevante será a verificação da existência dos elementos reprováveis do Direito Penal comum como falsidade e apropriação indébita, desvio de benefícios fiscais, escritas paralelas, como elementos identificadores da inexistência de elisão. Mas, se o contribuinte age na esfera da não-incidência do tributo, não é possível tipificar como delito, devendo-se reconhecer a elisão lícita do contribuinte.

14. Extinção da punibilidade

O Estado exerce seu direito de punir, mas, para evitar um exercício interminável deste *ius puniendi*, ele próprio limita seu direito, fixando um lapso temporal, dentro do qual pode aplicar a pena. Ultrapassado o prazo, não exercido o *ius puniendi*, extingue-se a punibilidade. Igualmente, se condenado o agente, não pode a pena ficar indefinidamente para ser cumprida. Fixa a norma uma limitação, cujo termo *ad quem*, *implementado*, faz com que a execução da pena seja extinta. Assim, a forma mais relevante e comum de extinção da punibilidade nos crimes comuns é a decorrente do transcurso do lapso temporal.

O Código Penal, em seu art. 107, prevê não só as causas temporais, como outras causas extintivas da punibilidade. Tais causas se aplicam não só aos crimes em geral, como a todos os crimes, mesmo aqueles previstos em normas especiais, desde que haja compatibilidade (não se concebe aplicar causa extintiva dependente da vontade da vítima para crimes de ação pública), bem como aos crimes contra a ordem tributária.

O Código Penal prevê hipóteses como causas gerais de extinção da punibilidade. Além delas, existe causa específica prevista na legislação relativa aos crimes fiscais e outros conexos com a ordem tributária, consistente ela no pagamento do tributo antes do recebimento da denúncia.

14.1. DAS CAUSAS GERAIS

14.1.1. Morte do agente

A primeira causa extintiva da punibilidade está prevista no art. 107, I, do CP, como sendo a *morte do agente*. Sendo a responsabilidade penal tributária diversa da responsabilidade tributária penal[178], naquela, a morte do agente extingue a punibilidade, enquanto nesta, a responsabilidade tributária não se extingue. Se a responsabilidade tributária se transfere para os sucessores, na empresa, dentro do limite da herança, a responsabilidade penal se extingue com a morte, limitada à pessoa de quem praticou, como autor, co-autor ou autor mediato, o fato ou teve nele participação. Consigne-se, também, que a morte de um agente não produz a extinção da punibilidade dos demais. Inexiste a comunicabilidade do benefício.

14.1.2. Anistia

A segunda causa extintiva da punibilidade é a *anistia, graça e indulto*. Cogita-se aqui de anistia da pena, e não anistia de tributo. Conseqüentemente, não se enquadra no inciso II do art. 107 do Código Penal a anistia concedida em relação aos tributos. Aliás, esta não pode ser concedida *aos atos qualificados em lei como crimes ou contravenções e aos que, mesmo sem esta qualificação sejam praticados com dolo, fraude ou simulação pelo sujeito passivo ou por terceiro em benefício daquele*, bem como não se aplicam *às infrações resultantes de conluio entre duas ou mais pessoas naturais ou jurídicas*, conforme determina o artigo 180, I e II, do CTN.

A anistia tributária deve ser analisada entre as causas especiais na medida em que extingue o crédito tributário. Mas, como somente pode ser concedida caso inexista delito, irrelevante é para a extinção da punibilidade, porquanto esta pressupõe justamente a existência da causa que impede sua concessão.

A anistia que interessa à extinção da punibilidade, relacionada com o artigo do Código Penal, surge quando o Estado renuncia ao direito de punir. Sua concessão é da competência exclusiva da União (art. 21, inc. XVII, das CF), com atribuição do Congresso Nacional e sanção do Presidente da República (art. 48, VIII, da CF), motivo por que há necessidade de lei específica. Segundo Damásio de Jesus, "tem o caráter da generalidade, abrangendo fatos e não pessoas". Não se projeta para o futuro, mas "opera *ex tunc*", isto é, para o passado, apagando o crime, extinguindo a punibilidade e demais conseqüências de natureza penal. Se a lei, portanto, abranger os fatos capitulados como crimes contra a ordem tributária, quer em razão da natureza, quer pela quantidade da pena, extinta fica a punibilidade, se antes da condenação; ou extingue-se a punição, se o agente já fora condenado.

---

[178] A doutrina espanhola fala em "Derecho administrativo sancionador": ver BOIX REIG e BENAVENT, *op. cit.*, p. 37.

Recentemente, o artigo 11 da Lei nº 9.639 concedeu anistia nos seguintes termos: "São anistiados os agentes políticos que tenham sido responsabilizados, sem que fosse atribuição legal sua, pela prática dos crimes previstos na alínea *d* do artigo 95 da Lei 8.212, de 1991, e no art. 86 da Lei 3.807, de 26.8.60". O primeiro equívoco concerne ao aspecto de que a lei anistiou pessoas, e não fatos. Embora a matéria diga respeito aos crimes previdenciários, como poderia ter ocorrido com a área da Lei nº 8.137, devem-se fazer algumas considerações. E aí aparece o segundo grave equívoco da mencionada lei. Se o agente político foi responsabilizado penalmente, porque era atribuição sua, não fica abrangido pela referida norma porquanto um dos requisitos é que "sem que fosse atribuição sua". Está ele fora da situação prevista. Se foi ele responsabilizado sem que fosse atribuição legal sua, é evidente que não cometera delito. Entender-se diversamente seria admitir responsabilidade objetiva na área penal.[179] Causa espécie que se edite uma norma para anistiar quem não cometeu delito, porquanto, se não era responsabilidade sua o recolhimento, inexiste correlação de sua conduta com a omissão do recolhimento. Se, contudo, embora não fosse obrigação sua, o agente político determina a quem de direito que não recolha as contribuições, não se enquadra ele no mencionado dispositivo, devendo ser denunciado como co-autor, já que não está agindo por atribuição sua, e sim como fator relevante para que o fato se realize.

Acrescente-se que a mencionada lei foi tão "equivocada" que chegou a ser publicada com menção de um parágrafo que não fora aprovado pelo congresso. Decisões há no sentido de estender tal "pseudolei" aos demais com base no argumento de que todos são iguais perante a lei, observando-se o princípio da isonomia. Até válido seria o raciocínio, mesmo porque se anistia em razão do fato, e não da pessoa, mas não há como estender aos demais uma anistia inexistente: a lei somente admite anistia para uma situação (*sem que fosse atribuição legal sua*), situação fática que afasta a existência do delito por inexistência de responsabilidade objetiva. Pontes de Miranda, com pertinência, observara que "não há validade, ou eficácia do que não é".[180] Em razão disto, o artigo 1º, § 4º, da LICC, ao especificar que "as correções a texto de lei já em vigor consideram-se lei nova" não pode ser estendida àqueles textos que não foram e não são lei. Se o juiz não aplica a lei inconstitucional, como vai ele aplicar um texto não aprovado legislativamente?

---

[179] "Il est de príncipe que la responsabilité pénale ne peut résulter que d'um fait personel. On ne peut donc être condamné pour une infraction, que s'il est établi qu'on en a été l'auteur ou le complice". Fernand Bopulan, *in L'Application du Droit Pénal en Matière Fiscale*. Marseille: Presses Universitaires d'Aix, 1982.

[180] MIRANDA, Pontes de. *Tratado de Direito Privado*. Vol. IV. São Paulo: RT, 1984, p. 15.

14.1.3. O indulto e graça

O indulto é de atribuição exclusiva do Presidente da República (art. 84, XII, da CF). É benefício de ordem geral, enquanto a graça é individual. Ambos "são providências de ordem administrativa, deixadas a relativo poder discricionário do Presidente da República, para extinguir ou comutar penas", conforme José Frederico Marques.[181] Se for concedido o indulto para o agente que tenha sido condenado por crime contra a ordem tributária, cuja situação fática se enquadre na prevista em lei, aplica-se o indulto, podendo ser total ou parcial.

14.1.4. *Abolitio criminis*

O inciso II do art. 107 do CP prevê, como causa extintiva da punibilidade, a *abolitio criminis*. De difícil ocorrência na área tributária, em razão de que a reprovabilidade se impõe quando o agente faz uso de falsidade, pode ocorrer na área da contribuição social da Previdência Social, caso se alterem as normas, estabelecendo a lei nova descriminante. Diante do princípio da retroatividade da lei mais benéfica, passa a *abolitio criminis* a abranger os fatos passados.

14.1.5. A prescrição, a decadência ou a perempção

O inciso V preconiza como causas extintivas da punibilidade a prescrição, a decadência ou a perempção. As duas últimas, em face do fato de a ação penal, nos crimes contra a ordem tributária, ser pública incondicionada, não se aplicam. A prescrição, como causa extintiva geral, não se confunde com a prescrição do crédito tributário. Primeiramente, este tem prazo de 5 anos, enquanto a prescrição penal se regula, pelos crimes dos arts. 1º e 3º, em abstrato, em 12 anos. Já os do art. 2º prescrevem em 4 anos. Nos demais crimes, aplica-se o art. 109 do CP, tendo em vista o máximo da pena cominada para o delito. Já a pretensão executória prescreve de conformidade com a pena aplicada. A causa geral extintiva da punibilidade diz respeito ao crime, não tendo relevância, aqui, a prescrição do débito tributário.

14.1.6. O inciso V

O inciso V, que trata de causa extintiva da punibilidade na ação privada, não se aplica aos crimes contra a ordem tributária.

---

[181] *Apud Código Penal e Sua Interpretação Jurisprudencial*, Alberto Silva Franco e outros. São Paulo: RT, 1993, p. 620.

14.1.7. A retratação do agente

A retratação do agente, nos casos em que a lei permite, é prevista no inciso VI do art. 107. Na esfera penal, o inciso tem sido admitido nos crimes contra a honra (art. 143). Admite-se a retratação, também, nos crimes de falso testemunho ou de falsa perícia (art. 342, § 3°), desde que tenha sido anterior à sentença, com o que deixou de ser relevante para esta o *falsum*. Os casos mencionados estão previstos na legislação penal. E, se a retratação é prevista na legislação tributária, onde é permitido que o contribuinte refaça sua declaração falsa, teria tal retratação o condão de extinguir a punibilidade? A extinção da punibilidade deve estar prevista na legislação penal (CP ou lei especial). Como hoje em dia esta última prevê a extinção da punibilidade pelo pagamento do tributo, a retratação com o pagamento ou parcelamento reflete-se na causa extintiva especial. Contudo, sem o pagamento do tributo, em si só, a retratação (que equivale à denúncia espontânea) não extingue a punibilidade. Sobre ela o STJ tem-se manifestado, referindo, na ementa do acórdão REsp 45942, sendo relator o Min. Milton Luiz Pereira, que "2. A denúncia espontânea pressupõe a boa-fé, não servindo para escapar, direta ou indiretamente, de sanções aplicáveis ao ilícito tipificado pela ação anterior, praticada deliberadamente contra disposições fiscais." (DJU 23.5.94, p. 12.576)

14.1.8. Os demais incisos, VII, VIII e IX

Os demais incisos: o VII e o VIII foram revogados pela Lei n° 11.106/05, e o inc. IX não tem aplicação na esfera dos crimes contra a ordem tributária. Os dois primeiros tratavam de crimes contra os costumes. O último versa sobre perdão judicial nos casos previstos em lei, sendo que não há previsão legal em relação aos crimes fiscais.

14.2. DAS CAUSAS ESPECIAIS

14.2.1. Antes da Lei n° 10.684/03

Ao ser editada a Lei n° 8.137/90, o privilégio da extinção da punibilidade pelo pagamento do tributo anteriormente previsto na Lei n° 4.729/65 foi mantido. Posteriormente, houve a edição da Lei n° 8.383/91, de 31 de dezembro de 1991, cujo artigo 98 revogou o artigo 14 da Lei n° 8.137/90. Hoje, com a edição da Lei n° 9.249, de 26 de dezembro de 1995, vigora a norma contida em seu art. 34:

"Extingue-se a punibilidade dos crimes definidos na Lei nº 8.137, de 27 de dezembro de 1990, e na Lei nº 4.729, de 14 de julho de 1965, quando o agente promove o pagamento do tributo ou contribuição social, inclusive acessórios, antes do recebimento da denúncia."

O novo texto tem ensejado discussões sobre sua aplicabilidade retroativa e sobre a questão do parcelamento do tributo. Sobre a aplicabilidade retroativa, o TRF da 1ª R. apreciou a matéria nos embargos infringentes em apelação-crime nº 95.01.27500-0, sendo relator o Juiz Eustáquio Silveira, tendo afirmado: "1. A Lei número 9.249/95, em seu artigo 34, prevê a extinção da punibilidade pelo pagamento do tributo, antes do recebimento da denúncia, nos crimes contra a ordem tributária e de sonegação fiscal. 2. A lei de que se trata é posterior ao fato, mas favorece a ré, sendo, portanto, aplicável retroativamente, nos termos do parágrafo único do art. 2º do Código Penal."[182] Igualmente a 3ª Turma, sendo relator o Juiz Tourinho Filho.[183] No mesmo sentido tem decidido o STJ por sua 6ª Turma, no RHC nº 4.888, sendo relator o Min. Adhemar Maciel, cuja ementa diz: "Pagamento do débito antes da denúncia. Incidência da *lex mitior* (nº 9.249/95, art. 34), pouco importando tenha a denúncia sido recebida sob o império da *lex gravior* (nº 8.383/91). Punibilidade extinta. Recurso ordinário provido."[184] O Código Penal não deixa dúvida quanto à aplicabilidade retroativa da Lei 9.249/95 ao determinar que "a lei posterior, que de qualquer modo favorecer o agente, aplica-se aos fatos anteriores, ainda que decididos por sentença condenatória transitada em julgado". Logo, se o pagamento do tributo antes da denúncia passou a ser causa extintiva da punibilidade, todos aqueles que pagaram o tributo antes da denúncia devem ter extinta a sua punibilidade, trancando-se a ação penal existente, de ofício ou por meio de *habeas corpus*, ou por meio de revisão criminal, caso tenha havido sentença condenatória trânsita em julgado.

Questionou-se, ainda, se a *lex mitior*, em face do texto legal que especifica *crimes definidos na Lei nº 8.137, de 27 de dezembro de 1990, e na Lei nº 4.729, de 14 de julho de 1965*, seria aplicável aos delitos relativos à contribuição social da Previdência Social. O STJ, no julgamento do RHC 5.080, por sua 5ª T, sendo Relator o Min. Assis Toledo, decidiu: "Extingue-se a punibilidade do crime previsto no art. 2º, II, da Lei nº 8.137, de 27.12.90, em face do recolhimento do débito previdenciário em data anterior ao recebimento da denúncia, nos termos do disposto no art. 34 da Lei nº 9.249, de 26.12.95. Denúncia que não pode ser rejeitada quanto

---
[182] DJU de 29.4.96.
[183] DJU 31.5.96 – TRF 1ª R, Ac. 95.01.36.170-5.
[184] DJU de 24.6.96.

ao crime previsto no art. 95, letra *d*, da Lei n° 8.212, de 24.7.91, porque inaplicável a esta norma o art. 34 da Lei n° 9.249, de 26.12.95, e por não terem os pacientes se utilizado do benefício concedido pelo art. 9° da Lei n° 8.620, de 5.1.93, quanto aos débitos anteriores a 1°.12.92. Recurso ordinário provido parcialmente". Ora, o que está definido no art. 95, letra *d*, da Lei n° 8.212/91, era o que estava previsto na Lei n° 8.137/90, em seu artigo 2°, inciso II. A Lei n° 8.212/91 é uma lei especial dentro das normas gerais dos crimes contra a ordem tributária. Por tal motivo, estabelecida a causa extintiva dos crimes contra a ordem tributária, não há como negar vigência de tal causa extintiva da punibilidade para os crimes contra a ordem tributária quando se cogita de previdência social. Por isso, a 6ª Turma do STJ, em relação aos crimes de sonegação de créditos tributários, entendeu que, havendo "pagamento do débito antes da denúncia", há "incidência da *lex mitior*" (n° 9.249/95, art. 34)".[185] Outra, aliás, não poderia ser a interpretação porquanto a Lei n° 8.137/90 trata dos crimes contra a ordem tributária, constituindo-se em normas de caráter geral na sua proteção. Sem se cogitar, pois, da igualdade de todos perante a lei, a norma de caráter geral à ordem tributária, por evidente, deve ser aplicada, inclusive retroativamente, por ser benéfica, aos agentes cuja conduta esteja tipificada tanto na Lei n° 8.137, quanto na Lei n° 8.212/91.

Entretanto, tal questionamento perdeu razão de ser com a edição da Lei n° 9.983/00, inserindo no Código Penal os crimes previdenciários, com a respectiva norma de extinção da punibilidade. Assim, para a apropriação indébita da contribuição previdenciária, o § 2° do art. 168-A do Código Penal prevê que *é extinta a punibilidade se o agente, espontaneamente, declara confessa e efetua o pagamento das contribuições, importâncias ou valores e presta as informações devidas à previdência social, na forma definida em lei ou regulamento, antes do início da ação fiscal*, isto é, antes de qualquer ato oficial da previdência social. Se o pagamento ocorrer depois de iniciada a ação fiscal e antes do oferecimento da denúncia, o juiz poderá deixar de aplicar a pena ou aplicar somente a de multa, desde que o agente seja primário e de bons antecedentes (§ 3°, inc. I). É o perdão judicial referido por André Luís Callegari.[186] Mas, se for a supressão ou a redução da contribuição previdenciária, mediante condutas previstas nos incisos I a III do artigo 337-A, *é extinta a punibilidade se o agente, espontaneamente, declara e confessa as contribuições previdenciárias, importâncias e valores e presta as informações devidas à previdência social, na forma definida em lei ou regulamento, antes do início da ação fiscal* (§ 1°). Neste ponto, cum-

---

[185] RHC 4.888, Rel. Min. Adhemar Maciel, DJU 24.6.96.
[186] Considerações sobre o Art. 168-A do Código Penal – Apropriação Indébita Previdenciária. In *Direito Penal Empresarial*. São Paulo: Dialética, 2001, p. 42.

pre observar que houve preocupação em não possibilitar a não-aplicação da pena se o agente promovesse o pagamento do tributo devido antes do oferecimento da denúncia, deixando-se o parágrafo primeiro nos termos acima, com o que se tem, hoje, a extinção da punibilidade, independentemente do pagamento da contribuição reduzida ou suprimida, mediante a simples denúncia espontânea. Se, pois, o agente, antes de iniciada a ação fiscal, declara e confessa as condutas previstas nos incisos do artigo 337-A, tem extinta a punibilidade, independentemente do pagamento dos valores sonegados.

Outra questão que tem suscitado controvérsias diz respeito ao pagamento. De que o pagamento total, pleno, do débito principal e dos acessórios, antes da denúncia, extinga a punibilidade, não há dúvida. Esta aflora quando o pagamento do tributo não é pleno, mas parcial, notadamente em razão do parcelamento do débito obtido nos órgãos fazendários, ou quando, por causa prevista na legislação tributária, o crédito tributário se extingue. Conseqüentemente, impõe-se não só a análise do pagamento total ou parcial do tributo, como também das demais causas de extinção do crédito tributário, objetivando identificar, em cada uma delas, os possíveis reflexos na esfera penal.

14.2.2. A Lei n° 10.684/03 e os Tribunais Superiores

O STF, em acórdão de que foi relator o Min. Cezar Peluso, Medida Cautelar no HC n° 85.048, ao tratar da aplicabilidade do artigo 9 da Lei n° 10.684/03, decidiu:

"A norma agora vigente introduziu, pois, nova disciplina geral, para os efeitos do pagamento e do parcelamento na esfera de punibilidade dos crimes tributários (cf. HC n° 82.959).
Isto quer dizer que essa nova disciplina, a do art. 9° da Lei n° 10.684/03, se aplica, indistinto, a todos os crimes tributários e a todas as formas de parcelamento, qualquer que seja o programa ou o regime que, instituído pelo Estado, sob este ou aquele nome, no exercício de sua competência tributária, possibilite o pagamento parcelado do débito tributário. Donde ser agora adiáforo tratar-se do REFIS ou doutro programa legal. E mais: para os efeitos penais do parcelamento tornou-se, ainda, irrelevante o que suceda ou tenha sucedido na esfera administrativo-tributária, bastando, para os fins do art. 9°, o fato em si da concessão do parcelamento, com abstração de quando e como o haja logrado o contribuinte.
Daí, a inanidade do argumento de que a Lei n° 10.684/03 não permitiria o parcelamento dos débitos objeto do crime de não recolhi-

mento de contribuições previdenciárias. Não cumpre ao juiz penal estimar a legalidade da concessão do parcelamento pela autoridade administrativa competente. O que é determinante e decisivo é apenas saber se o parcelamento foi deferido pela Administração Tributária, desencadeando-se *ex vi legis*, em caso positivo, na esfera penal, os efeitos previstos no art. 9°, ou seja, a suspensão da pretensão punitiva e da prescrição.

O ora paciente obteve, da autoridade competente, o parcelamento de seus débitos, em conformidade com o disposto na Lei n° 9.964/00. É certo que, quando o obteve, a eficácia penal do parcelamento atuava só até o 'recebimento da denúncia' (art. 15), de modo que foi legítima a recusa, anterior ao início de vigência da Lei n° 10.684/03, ao pedido de suspensão da pretensão punitiva.

Mas a nova disciplina (art. 9° da Lei n° 10.684/03), sobre ser geral, é mais benéfica ao réu, precisamente porque suprimiu aquele termo final da eficácia do parcelamento. E, já não a limitando, retroage para alcançar o presente caso (art. 5°, XL, da Constituição Federal), ainda quando estivera coberto pela coisa julgada (art. 2°, parágrafo único, do Código Penal) (cf. HC n° 82.959)".

Assim, para o STF não há limitação temporal para incidir a norma do artigo 9° da Lei n° 10.684/03.

No STJ, sendo relator o Min. Gilson Dipp, no HC 18484,

"I. Hipótese em que o recorrente foi indiciado pela suposta prática do crime previsto no art. 1°, incisos I e II, da Lei 8.137/90, pois teria sonegado o ICMS devido nas operações realizadas pelo empresa da qual é sócio-gerente. II. Evidenciado ter sido o parcelamento do débito tributário deferido já na vigência da Lei 10.684/2003, aplica-se ao caso o disposto no art. 9° do referido Diploma Legal, afastando-se a incidência da Lei 9.249/95. III. A extinção da punibilidade, com base na Lei 10.684/2003, depende da demonstração de pagamento integral da dívida fiscal, que não é a hipótese dos autos. IV. Demonstrado, a partir de prova inequívoca, a inserção do débito tributário no programa de parcelamento, torna-se possível a suspensão da pretensão punitiva estatal, no tocante ao delito do art. 2°, inciso I, da Lei 8.137/90. V. Deve ser determinada a suspensão do curso da ação penal instaurada contra o paciente, bem como da pretensão punitiva do Estado, durante o período em que estiver incluído no regime de parcelamento."

Especialmente o STJ insiste em que "a aplicação do art. 9° da Lei n° 10.684/2003, o qual prevê a suspensão da pretensão punitiva do Estado para os crimes contra a ordem tributária, exige prova inequívoca da inserção dos débitos tributários no programa de parcelamento"[187]

E o critério aplica-se a todos os delitos tributários, inclusive aos previdenciários:

"No entanto, o entendimento que vem prevalecendo na atualidade, inclusive no Supremo Tribunal Federal, é o de que o art. 9º da Lei nº 10.684/03, se aplica a todos os crimes tributários e a todas as formas de parcelamento, qualquer que seja o programa ou o regime que, instituído pelo Estado no exercício de sua competência tributária, possibilite o pagamento parcelado do débito tributário. (HC nº 85.643/RS, Primeira Turma, Rel. Min. Cezar Peluso. Documento: 758593 – Inteiro Teor do Acórdão – Site certificado – DJ: 22/04/2008 Página 1 de 15, DJ de 28.6.2005)".[188]

Em conclusão, no parcelamento, o STJ e o STF aplicam o artigo 9º da Lei nº 10.684/03 independentemente do momento e da espécie de tributo em que ocorre o parcelamento: a) suspende-se a pretensão punitiva; b) não corre a prescrição durante o período do parcelamento; e c) com o pagamento da última prestação, extingue-se a punibilidade, verificando-se, inclusive, a aplicação retroativa quando havia coisa julgada.

E, se o pagamento for integral, mesmo após o recebimento da denúncia, nos tribunais, considera-se extinta a punibilidade.

14.2.3. Divergência

14.2.3.1. Novo regime jurídico-penal do parcelamento

A Lei nº 10.684/03 estabelece novo regime jurídico-penal para aqueles que ingressarem no regime de parcelamento, qualquer espécie de parcelamento, não se limitando aos casos de parcelamento da própria lei, uma vez que a lei diz *quando a pessoa jurídica relacionada com o agente dos aludidos crimes estiver incluída no regime de parcelamento*. Ora, parcelamento havia antes da mencionada lei, como passará a existir depois dela para os casos não abrangidos por ela. Noutras palavras, a partir desse novo regime, se o agente ingressou no regime de parcelamento, fica estabelecido:

a) **suspensão da pretensão punitiva**, ou seja, o Estado não poderá buscar a responsabilização penal do agente. Se investigou, e o Ministério Público, com base nos fatos apurados, oferecer a denúncia, quan-

---

[187] HC nº 42.870
[188] REsp nº 949 935.

do o agente já havia parcelado o débito sonegado, o juiz determinará o aguardo do decurso do prazo para ver se o agente efetua o pagamento de todas as prestações. O indevido recebimento da denúncia, pelo fato de estar suspensa a pretensão punitiva do Estado, enseja a anulação do processo, conforme decidiu o STJ no julgamento do Recurso Ordinário de Habeas Corpus nº 12057/RS, sendo relator o Min. Félix Fischer. Se houver cessação do pagamento das prestações, restabelece-se a pretensão punitiva do Estado com o recebimento da denúncia. Somente com o pagamento de todas elas, será extinta a punibilidade, gerando os mesmos efeitos do pagamento integral que permanecerá regido pelo artigo 34 da Lei nº 9.249/95;

b) *durante o período da suspensão da pretensão punitiva*, **não corre a prescrição**. O período em que o agente se encontra no regime de parcelamento é de suspensão da prescrição. O lapso prescricional anterior é contado e somado ao período posterior à sua exclusão, caso ele deixe de pagar as prestações. Não fosse assim, poderia alguém, pagar as parcelas até ocorrer a prescrição por uma possível pena concreta, e, dessa forma, locupletar-se com a extinção da punibilidade sem que tivesse reparado integralmente o dano. A norma objetiva evitar o que, na prática, ocorria: muitos agentes efetuavam o parcelamento do débito, obtinham a extinção da punibilidade, e, depois, não mais pagavam;

c) **extinção da punibilidade** ocorre somente com o pagamento da última prestação. O simples parcelamento não enseja mais a extinção da punibilidade, mas necessário é que haja o efetivo pagamento de todas as prestações ajustadas.

14.2.3.2. Requisito temporal do parcelamento

Duas questões ficaram mal postas na mencionada Lei nº 10.684/03. A primeira concerne ao momento em que deve ocorrer o ingresso no regime de parcelamento: antes do início da ação fiscal; b) antes do recebimento da denúncia ou c) a qualquer tempo? A Lei não menciona o momento do ingresso, como faz com o pagamento integral (art. 34 da Lei 9.249/95), mencionando somente, em seu artigo 9º, *ingresso no regime de parcelamento*.

A Lei nº 8.137/90, em seu artigo 14, estabelecera que o pagamento do tributo, antes do recebimento da denúncia, era causa extintiva da punibilidade. Consagrou esse marco, afastando de vez *o início da ação fiscal* presente quando da edição da Lei nº 4.729/65. Depois, o pagamento do tributo devido, antes do recebimento da denúncia, era uma minorante, a teor do artigo 16 do Código Penal, ou seja, a reparação do dano antes da denúncia reduzia a pena de um a dois terços. Com a vigência da Lei n° 9.249/95, passou a ser causa extintiva da punibilidade, e se ocorresse após o recebimento da denúncia, seria causa de diminuição da pena prevista a teor do artigo 65, III, b, do Código Penal.

Historicamente, o pagamento integral, antes do recebimento da denúncia, foi admitido como causa extintiva da punibidade.

Na Lei n° 10.684/03, a extinção da punibilidade ocorre com o pagamento da última prestação, ou seja, a reparação parcial vai se completando no tempo, e a extinção da punibilidade somente ocorre se o agente configurar a reparação integral. Ora, se a extinção da punibilidade somente ocorre com a reparação integral antes do recebimento da denúncia (Lei 9.249/95), não se entende que a reparação parcial tenha maiores efeitos. Há, pois, que se entender que, a teor da reparação integral com o pagamento total, também a reparação parcial deva se inicial antes do recebimento da denúncia. Se assim ocorreu, suspende a pretensão punitiva, não corre a prescrição e integralizado o pagamento, extingue-se a punibilidade. A reparação parcial não pode ter alcance maior do que a reparação total do dano. Entender-se de forma contrária, seria fugir à sistemática penal-tributária.

Critica-se, pois, o posicionamento dos tribunais superiores, porque contraria toda a legislação anterior, em especial a Lei n° 9.249/95, de forma a efetivar a impunibilidade nos crimes do colarinho branco. A omissão de uma especificidade (momento em que deve ocorrer o início da resparação do dano) não tem o condão de revogar norma expressa (artigo 34 da Lei n° 9.249/95), nem têm os tribunais superiores poder de estabelecer nova causa de suspensão da prescrição, nem de transferir para a Administração Pública o direito de ela estabelecer (e não o agente) o momento consumativo do delito ou de declarar a existência de crime.

14.3. DAS CAUSAS EXTINTIVAS NO DIREITO TRIBUTÁRIO

O crédito tributário: "primeiramente tem de existir em abstrato a descrição da *hipótese de incidência* no texto da *lei material* para existir a pretensão; que o sujeito passivo realize em concreto o *fato típico* (elementos constitutivos de direito material) e que o lançamento, que é de *direito formal* apure e declare a obrigação em quantia e notifique o devedor, do quê? Do *crédito* ou *quantum* e de seu vencimento".[189]

---

[189] NOGUEIRA, Ruy Barbosa. *Curso de Direito Tributário*. 9ª ed. São Paulo: Saraiva, p. 311.

Assim, exigível o crédito tributário, ele pode ser extinto de várias formas. O art. 156 do CTN enumera: pagamento, compensação, transação, remissão, prescrição e decadência, a conversão do depósito em renda, o pagamento antecipado e a homologação do lançamento, consignação em pagamento, a decisão administrativa irreformável, que não possa ser objeto de ação anulatória, e a decisão judicial passada em julgado.

O *pagamento* não enseja dúvida, sendo modalidade mais comum de extinção do crédito tributário.

A *compensação* é a segunda modalidade. Ela ocorre entre o crédito que a Fazenda Pública tem contra o contribuinte com aquele que este tem contra aquela, desde que líquido e certo, vencido ou vincendo.

A *transação*, de acordo com a lei, ocorre quando, mediante concessões mútuas, se termine o litígio. A lei deve indicar a autoridade competente para efetivar a transação.

A *remissão* caracteriza-se quando considerar: a situação econômica do sujeito passivo, erro ou ignorância escusável quanto à matéria de fato, diminuta importância do crédito tributário, considerações de eqüidade em relação com as características pessoais ou materiais do caso e condições peculiares a determinada região do território da autoridade tributante, por despacho fundamentado, a autoridade pode concedê-la, total ou parcialmente.

A *prescrição* e a *decadência*. Determina o art. 173 do CTN:

"O direito de a Fazenda Pública constituir o crédito tributário extingue-se após cinco anos contados:
I – do primeiro dia do exercício seguinte àquele em que o lançamento poderia ter sido efetuado;
II – da data em que se tornar definitiva a decisão que houver anulado, por vício formal, o lançamento anteriormente efetuado."

Noutras palavras, conforme o parágrafo único igualmente especifica, o crédito tributário prescreve no prazo de cinco anos, tendo por termo *a quo* as datas enunciadas no art. 173 do CTN.

Gerador de dúvidas é o fato de o CTN inserir, em nosso Direito Tributário, a decadência, dando-lhe aspecto de interrupção, quando a doutrina clássica a distingue da prescrição pelo conceito de que, nela, há a extinção do próprio direito, enquanto, na prescrição, ocorre a extinção somente da ação. Há, na verdade, uma inadequação do instituto da decadência especialmente à obrigação tributária, conforme lição de Carlos da Rocha Guimarães,[190] devendo-se atender aos princípios que

---

[190] *In Prescrição e decadência*. 2ª ed. Rio de Janeiro: Forense, 1984, p. 230.

regem a prescrição. Aliás, para o objetivo de nosso estudo – reflexos na área penal –, irrelevante é a distinção.

A *conversão de depósito em renda* tem de ser do valor total do débito para que a parte possa discuti-lo, o que suspende sua exigibilidade. Funciona como uma garantia para se poder discutir o débito.

Pagamento antecipado e homologação. Aquele só terá validade se houver homologação.

Consignação em pagamento é, geralmente, para o efeito de conversão do depósito em renda, suspendendo a exigibilidade do crédito.

A *decisão administrativa definitiva* tem importância desde que extinga o suposto crédito. Tal decisão, na esfera administrativa, não está mais sujeita a recurso e, evidentemente, entenda-se decisão contrária à Fazenda Pública, extinguindo o crédito expresso na autuação.

Finalmente, o crédito extingue-se pela *decisão judicial passada em julgado*. Sobre ela dispensáveis são maiores considerações.

14.4. DO REFLEXO DAS CAUSAS EXTINTIVAS DO CRÉDITO NA ESFERA PENAL

Inicialmente, em relação ao *pagamento* total do crédito tributário, já se mencionou ser ele causa extintiva da punibilidade, quando feito antes da denúncia. Após a denúncia, funciona somente como causa de diminuição da pena (art. 65, II, *b*, do CP). No período anterior à vigência da Lei nº 9.249/95, o pagamento feito até o recebimento da denúncia funcionava como uma minorante (art. 16), sendo capaz de trazer a pena aquém do mínimo legal, o que possibilitava a concessão do *sursis*. Com a Lei nº 9.249/95, a minorante perdeu a razão de ser por ser causa extintiva da punibilidade na espécie de crimes.

Consigne-se, na consideração do pagamento, dever-se sempre pressupor a existência da figura típica, nunca olvidando a necessária distinção entre crime tributário e inadimplência.

Se o pagamento for parcial, há que se distinguir duas espécies: o omissivo de parte do débito e o resultante de parcelas estabelecidas no *parcelamento*. Naquele, inocorre a causa extintiva da punibilidade. Neste, o parcelamento corresponde a uma novação da dívida, extinguindo a dívida antiga e originando nova, cujo questionamento não pode ser feito pela parte, sob pena de litigância de má-fé.[191] Alguns sustentam que o

---

[191] A posição de que o parcelamento corresponde a uma novação é rejeitada pelo Min. Luiz Vicente Cernicchiaro no RHC nº 3973, cuja ementa do acórdão reza: "O parcelamento do débito, quando

novo texto, ao falar em *promover o pagamento*, quer significar o ato de dar início ao pagamento do tributo devido, não importando se parcial ou total. Mesmo parcial, está o agente promovendo, ou seja, dando início ao pagamento, conduta suficiente para a admissibilidade da causa extintiva. A matéria, contudo, é antiga, e o parcelamento extingue o débito anterior do contribuinte, exsurgindo um novo crédito para a Fazenda, parcelado, com vencimentos determinados, a cuja falta de cumprimento corresponde o conceito de inadimplência.[192] Portanto, parcelado o débito, há que se extinguir a punibilidade por estar o agente promovendo o pagamento do tributo devido, quer por dar início ao pagamento, quer por ser o parcelamento uma novação da dívida, extinguindo a anterior. Neste sentido, relativamente às contribuições previdenciárias, o STJ entendeu que o parcelamento e a quitação do débito previdenciário em atraso, antes do oferecimento da denúncia, esvazia o tipo penal previsto no artigo 95, *d*, da Lei nº 8.212/91,[193] tornando-o simples dívida civil sujeita à cobrança pelas vias regulares, motivo pelo qual concederam *habeas corpus* e determinaram o trancamento da ação penal (RHC 5.160-0-5 – Rel. Min. Cid Flaquer Scartezzini – DJU de 5.8.96).[194] Hoje, o pagamento da contribuição previdenciária em parcelas, no caso de apropriação, somente faculta ao juiz deixar de aplicar a pena ou aplicar somente a pena de multa se o agente for primário e de bons antecedentes (art. 168-A, § 3º, inc. I, do CP). Quanto ao parcelamento ou pagamento integral, antes da denúncia, quando o agente deixou de efetuar a denúncia espontânea, mas foi acionado pela fiscalização, aplica-se, analogicamente,

---

permitido repercute na relação jurídica, especificamente no conteúdo, dado modificar o direito de recebimento do credor. Em havendo parcelamento (acordo de vontades), enquanto não vencido o prazo das prestações, o crédito não é exigível. O débito, pelo menos em parte, torna-se vincendo. O parcelamento, ao contrário, mantém a relação jurídica e repercute apenas nas condições de pagamento. O parcelamento não está arrolado entre as causas de extinção do crédito tributário (CTN, art. 156). Impõe-se, também aqui, interpretação lógico-sistemática; invoquem-se, ademais, os princípios gerais das obrigações. O parcelamento não é causa extintiva da obrigação tributária. Todavia, em sendo honrado, implica pagamento. Assim, obtido o parcelamento, na vigência e condições da Lei n. 8.137/90, mantém-se a relação jurídica constituída. Não é afetada(decorrência do direito adquirido) pela Lei n. 8.383/91" (*in* DJ de 15.5.95, p. 13446). No mesmo sentido, a decisão do RHC nº 5153, sendo relator o Min. Vicente Leal, publicada no DJ de 22.4.96, p. 12645. Divergimos, porquanto a novação também pode ocorrer em razão de que o "devedor contrai com o credor nova dívida, para extinguir e substituir a anterior" (Art. 999, I, do CC). Se fosse a mesma dívida, poderia ele discuti-la, o que, normalmente, não lhe é permitido.

[192] O STF, por sua 1ª T., no HC nº 74.995-0-MG, sendo relator o Min. Ilmar Galvão, é no sentido de que o pagamento deve ser total, motivo pelo qual, no caso de parcelamento antes da denúncia, a apreciação desta deveria ser protelada. Menciona o acórdão em que foi relator o Min. Moreira Alves, pelo qual "a extinção só poderá ser decretada se o débito em causa for integralmente extinto pela sua satisfação, o que não ocorre antes de solvida a última parcela do pagamento fracionado." (*in* RT 749/582-583).

[193] A Lei nº 9.983/00 alterou a matéria. Ver 14.2 no que se refere aos crimes previdenciários.

[194] No mesmo sentido, HC 6409/MA, DJ de 9.11.98, p. 1103.

o art. 168-A, porque a matéria foi excluída do artigo 337-A, com o veto dado ao inciso I do § 2º do mencionado artigo.

Entretanto, o STF, em decisões uniformes, decidiu que o parcelamento, por não extinguir o débito em causa, não é causa de extinção da punibilidade. Entende que o débito fiscal deve estar totalmente solvido, quer pelo pagamento total do débito, quer pelo pagamento da última prestação do parcelamento. Veja-se, *v.g.*, o HC nº 74133/DF,[195] sendo Ministro-Relator Celso de Mello. O STF, na matéria, tem usado o argumento de autoridade.

Convém observar, ainda, que, em nossa legislação, costumam-se inserir modificações tributárias via medida provisória. É o que ocorre com a MP nº 1.571 ao estabelecer a suspensão do processo caso o contribuinte tenha obtido o parcelamento do débito previdenciário, não exigindo que o parcelamento tenha sido feito antes da denúncia. Aliás, antes da denúncia, haveria extinção da punibilidade, Depois dela, a norma é privilegiadora. Conseqüentemente, embora não convertida em lei e embora retirada das Medidas Provisórias subseqüentes, aplica-se retroativamente aos parcelamentos ocorridos após o recebimento da denúncia. Tem-se, pois, *pro reo* a aplicabilidade das normas oriundas de medidas provisórias, mesmo que não tenham sido, posteriormente, convertidas em lei.

Após a Lei nº 10.684/03, o parcelamento não é mais causa extintiva da punibilidade conforme entendia o STJ, mas de suspensão da pretensão punitiva. Veja-se nas causas especiais de extinção da punibilidade.

Em relação à *compensação*, a existência de créditos do contribuinte em relação à Fazenda Pública não justifica que ele pratique alguma das falsidades preconizadas pelos incisos do artigo 1º da Lei nº 8.137/90. Contudo, tendo praticado uma das figuras típicas, a compensação que antes da edição da Lei nº 9.249/95 era irrelevante, passa a ser considerada como de direito, extinguindo o valor do tributo sonegado e, via de conseqüência, a punibilidade. Os reflexos na área penal se acentuam no caso do art. 2º, inc. II, quando o contribuinte tinha créditos a compensar antes do vencimento do tributo cobrado ou descontado. Existente, quando do vencimento do valor de tributo a ser recolhido, tal fato funciona, desde que demonstrada a homologação da compensação, como causa extintiva da punibilidade. Se a compensação, embora proposta, não foi homologada, desde que comprovada a existência do crédito, significa falta de justa causa para a ação penal.

A *transação*, por suas características, bem como por ter ela indicado por lei a autoridade, não se aplica, na prática, aos casos do artigo 1º. A

---

[195] DJ de 2.9.99, p. 2.

autoridade fazendária, negociando, age na busca de receita pública, não tendo sua atuação relevância para afastar a existência do crime. Concluída a transação autorizada por lei, exsurge, na verdade, uma nova dívida. Assim como no parcelamento, ela afasta a punibilidade. A forma mais comum seria em relação aos fatos do artigo 2º, inc. II. Se a transação ocorrer antes do vencimento do débito, estabelecendo novo prazo para o recolhimento do tributo, o delito, antes do novo prazo, não se consuma. Se for após o novo termo fixado, da mesma forma como no parcelamento, é causa extintiva da punibilidade.

A *remissão* só pode ser concedida por lei em razão das circunstâncias expressas no art. 172 do CTN. E, para que as circunstâncias admitidas no Direito Tributário possam repercutir na esfera penal, devem, por este, ser admitidas. Convém ressaltar que a concessão da remissão pela autoridade fazendária não gera direito adquirido (art. 172, parágrafo único, do CTN), desde que comprovado o beneficiado não satisfazer as condições para a concessão, motivo pelo qual deve ser revogado. Se ele, na esfera civil, deve ser revogado, impõe-se, na esfera penal, a verificar se as condições admitidas pela autoridade administrativa são existentes. Assim, destaca-se:

a) *a situação econômica do sujeito passivo*: se o contribuinte praticar o fato em estado de necessidade, ou seja, se sua situação econômica indica que praticou o fato por estar em estado de necessidade, reflete-se na esfera penal;

b) se a remissão foi concedida por *erro ou ignorância escusáveis do sujeito passivo, quanto à matéria de fato,* há reflexos na esfera penal, porquanto o erro ou a ignorância escusáveis, quanto à matéria de fato, constituem erro de proibição, afastando a culpabilidade e fazendo incidir a norma do art. 20, § 1º, do Código Penal. A lei tributária, pois, admitindo o erro ou a ignorância escusável como causa para a concessão da remissão, afasta a necessidade de o acusado provar uma destas circunstâncias na esfera penal. Como não há previsão de crime culposo na Lei 8.137/90, na verdade, fica afastado o dolo;

c) se a remissão ocorrer em razão da *diminuta importância do crédito tributário*, inegável que pode ser aplicada a teoria do crime de bagatela[196].

---

[196] O princípio da bagatela corresponde à aplicação do princípio da insignificância, sem descurar o mencionado pelo STF, no julgamento do Quest. ord. em Agravo de Instrumento nº 550904, sendo relator o Min. Sepúlveda Pertence: "Para a incidência do princípio da insignificância só se consideram aspectos objetivos, referentes à infração praticada, assim a mínima ofensividade da conduta do agente; a ausência de periculosidade social da ação; o reduzido grau de reprovabilidade do comportamento; a inexpressividade da lesão jurídica causada (HC 84.412, 2ª T., Celso de Mello, DJ 19.11.04). A caracterização da infração penal como insignificante não abarca considerações de ordem subjetiva: ou o ato apontado como delituoso é insignificante, ou não é. E sendo, torna-se atípico, impondo-se o trancamento da ação penal por falta de justa causa (HC 77.003, 2ª T., Marco Aurélio, RTJ 178/310)."

Como no furto, falta, segundo parte da doutrina, justa causa para a ação penal. Assim, nos crimes contra a ordem tributária, se a norma (CTN) já reconhece a característica *bagatela* como causa extintiva do débito tributário, faltará justa causa para a ação penal. Adota-se, neste passo, para não se ficar com subjetividade, o valor adotado pela lei como não-executável judicialmente;

d) as considerações de *eqüidade, em relação às características pessoais ou materiais do caso*, têm relevância jurídica na esfera penal desde que o fato enseje questões de ordem penal, viabilizando-as. Se as considerações forem somente de ordem política na concessão da remissão, sob tal fundamento inexistem reflexos na ordem penal, especialmente por este não se prestar aos interesses políticos;

e) *as condições peculiares a determinada região* do território da autoridade tributante devem ser analisadas caso a caso, no despacho que a deferiu, devendo-se verificar se uma das causas que afastam o ilícito penal está presente. Difícil, nestas circunstâncias, é imaginar uma situação somente política que tenha o condão de afastar a responsabilidade penal, a menos que a lei assim determine. Contudo, no não-recolhimento do tributo cobrado ou descontado, desde que não tenha expirado o termo *a quo*, haverá reflexos, afastando o delito.

A prescrição e a decadência. Embora, inicialmente, possa causar certa perplexidade, a matéria é simples. A prescrição e a decadência, na área tributária, distinguem-se da prescrição penal por duas razões: têm prazos diversos para suas ocorrências e têm termos iniciais distintos, além de que a decadência, em matéria penal, concerne à ação penal. A primeira distinção concernente ao prazo registra que, no tributário, o prazo é de 5 anos, enquanto, no Direito Penal Tributário, o prazo prescricional, em abstrato, para os crimes do art. 1º, é de 12 anos, ocorrendo ela bem depois daquela da esfera tributária. Por outro lado, o prazo prescricional nos delitos tipificados no art. 2º é menor, sendo de 4 anos. Ainda, no penal, diversamente do que preconiza o art. 173 do CTN, o marco inicial da prescrição é o fato gerador do qual se origina a obrigação tributária. Logo, irrelevante é a prescrição e a decadência do débito tributário no Direito Penal. Ainda, consigne-se que as causas interruptivas são diversas, conforme se depreende do cotejo dos artigos 117 do CP e 174, parágrafo único, do CTN.

A conversão do depósito em renda, cuja finalidade é discutir o débito do contribuinte, gera, na esfera tributária, o efeito de suspender a exigibilidade do tributo. Reiteradamente, tem havido tentativas de colocar o procedimento administrativo como condição de procedibilidade para a ação penal. Pelas razões analisadas especificamente em capítulo próprio, o depósito feito para possibilitar a discussão, na esfera administrativa, não tem repercussão na esfera penal. O que extingue a punibilidade é o pagamento. O depósito não tem esse condão, nem o processo administrativo cria uma condição de procedibilidade. Uma das poucas decisões versando sobre a influência do depósito judicial do STJ, por sua 6ª Turma, decidiu, com precisão:

"Penal. Tipicidade ou atipicidade de conduta em crime de sonegação fiscal.
I – No crime de sonegação fiscal como, de resto, nos demais crimes, o depósito judicial da quantia alcançada para posterior discussão da exigência tributária em ação civil, como também, a reparação do dano, não elide a caracterização da figura típica, caso ela for encontrada.
II – Encontrando-se os fatos, ainda, sob investigação policial, é prematuro o trancamento do inquérito, porque depende de maior exame a suposta boa-fé dos indiciados, que não pode ser presumida pelo só fato de haver sido por eles ajuizada ação anulatória de débito fiscal, precedida de depósito judicial.
III – Recurso improvido." (RHC nº 1145, DJU 19.8.1991, p. 11.001).

No mesmo sentido, a 5ª Turma, sendo relator o Min. Cid Flaquer Scartezzini: "O fato por si só de haver sido ajuizada ação anulatória de débito fiscal, precedida de depósito judicial, não constitui óbice à procedibilidade da ação penal por sonegação fiscal, se os fatos, tal como descritos na denúncia, revestem-se, em tese, de ilicitude penal. – Jurisprudência reiterada da corte. – Recurso provido para que se prossiga na ação penal." (REsp 17776/RS, DJ de 2.3.95, p. 6.136).

O *pagamento antecipado*, significando o pagamento resultante do autolançamento, cuja validade depende, posteriormente, da homologação pela Fazenda, significa que o contribuinte declarou e pagou. Se a declaração foi verdadeira ou se houve erro decorrente de culpa, não se cogita de crime. Se ela foi falsa, decorrente do dolo, o pagamento antecipado, em que se omitiu a parte correspondente à falsidade, simplesmente comprova a sonegação. Para ter relevância na esfera penal, importa haver o pagamento antecipado do imposto devido. Neste contexto, equivale ele ao pagamento do tributo devido, sendo causa extintiva da punibilidade.

A *consignação em pagamento* tem os mesmos efeitos do pagamento na esfera penal. Ela se faz interessante quando o auto de lançamento incluir ilícitos tributários que são ilícitos penais e outros não-penais. Se o agente quer discutir os não-penais e pretende extinguir a punibilidade dos ilícitos penais, a consignação passa a ser um instrumento útil.

Finalmente, a *decisão judicial transitada em julgado* merece análise. Há que se verificar, caso a caso, o que se decidiu: se, *v.g.*, a extinção do crédito tributário pela prescrição, a decisão não influi na esfera penal; se a decisão judicial entendeu não haver incidência de tributo no caso, há repercussão na esfera penal: ou haveria falta de tipicidade (sem incidência de tributo não há sonegação fiscal) ou erro escusável, etc.

Não se poderia deixar de analisar as duas formas de *exclusão* do crédito tributário, definidas no art. 175 do CTN, como a *isenção e anistia*. *Isenção* "é a dispensa do pagamento do tributo devido, feita por disposição expressa de lei e por isso mesmo excepcionada da tributação".[197] Se houver isenção, evidente que havia a obrigação tributária, mas o legislador excluiu o crédito, não havendo possibilidade de crime contra a ordem tributária. Contudo a isenção deve ter norma expressa, estabelecendo condições e requisitos para a sua concessão. Tais requisitos, evidentemente, podem e devem ser analisados pelo promotor de justiça e pelo juiz, quando da análise dos elementos para oferecimento ou recebimento da denúncia.

Já a *anistia* tributária, aplicável somente às infrações anteriores à lei que a concede, não se aplica aos atos qualificados, em lei, como crime ou contravenção (art. 180, I, do CTN), motivo por que, na esfera penal, é irrelevante. A existência de infração penal é fator impeditivo de concessão de anistia regulada pelo CTN. Logo, a autoridade fazendária, ao analisar, no caso concreto, os requisitos para a concessão da anistia, deverá verificar se houve crime ou contravenção, não podendo, caso afirmativo, concedê-la. Donde decisão do STJ, por sua 1ª Turma, no REsp 45942, cuja parte da ementa que trata da matéria diz: "1. A importação e internação de veículo automotor sem a necessária guia ou de documento equivalente, configuram infração fiscal que, pelos efeitos de posterior legislação permitindo a entrada, não fica albergada por anistia (hipótese de exclusão do crédito tributário), nem extingue punibilidade de sanção aplicável ao ilícito administrativo." (DJU 23.5.94, p. 12.576)

E a *moratória*? Para sua concessão, a norma tributária estabelece vários requisitos (art. 153 do CTN). De modo semelhante ao depósito, ela somente suspende a exigibilidade do crédito tributário, não podendo ser concedida a quem tenha agido com dolo, fraude ou simulação. Daí a incompatibilidade de sua concessão para os fatos capitulados, especialmente, no art. 1º da Lei nº 8.137/90.

E a *imunidade*? Segundo lição de Amilcar Falcão é "uma forma qualificada ou especial de não-incidência, por supressão, na Constituição, da competência impositiva ou do poder de tributar, quando se confi-

---

[197] NOGUEIRA, Ruy Barbosa, *op. cit.*, p. 171.

guram certos pressupostos, situações ou circunstâncias previstos pelo estatuto supremo".[198] Com a imunidade, o constituinte vedou a tributação, donde, como corolário lógico, não se pode cogitar de crime, quando ela ocorrer. Não é extinta a punibilidade, mas existe falta de tipicidade, não se configurando ilícito penal.

A imunidade e a isenção são situações privilegiadoras para os contribuintes. Inegavelmente, o grande filão da sonegação situa-se neste campo, quando se frauda a fiscalização tributária definindo como imunes ou isentas operações que não o são. Agem na esfera da ilusão, quando deveria ser elisão. Mas, uma e outra não pertencem às causas extintivas da punibilidade, pertencem, sim, quando presentes, à descaracterização da tipicidade, em cujo capítulo devem ser vistas.

Por fim, cumpre observar a existência do depósito judicial para discussão da matéria judicialmente. O depósito não equivale a pagamento. Na jurisprudência, não tem sido aceito como forma de extinção da punibilidade. O STJ, em acórdão proferido no RHC 1145, sendo relator para o acórdão o Min. Carlos Thibau, decidiu: "No crime de sonegação fiscal, como de resto nos demais crimes, o depósito judicial da quantia alcançada para posterior discussão da exigência tributária em ação civil, como também a reparação do dano, não elide a caracterização da figura típica, caso ela for encontrada." (DJU 19.8.91).

Parece ser recomendável, quer em relação ao depósito judicial para discussão da matéria, bem como no caso de parcelamento (a primeira, por rigorosa, e a segunda, por benigna), que a legislação preveja tais condutas como causas suspensivas do processo criminal. Seria uma forma de evitar a burla pelo parcelamento posteriormente não cumprido ou de permitir que o contribuinte pudesse fazer valer direito seu, na interpretação das normas (especialmente na esfera cinzenta), cujo conteúdo pretende discutir no Judiciário. A suspensão, nos dois casos, deveria, também, ser acompanhada pela suspensão da contagem do prazo prescricional, uma vez que muitas vezes longo é o parcelamento ou o trâmite do processo.[199]

---

[198] *Apud* NOGUEIRA, *op. cit.*, p. 173.

[199] A Lei nº 9.964/00, posterior ao que acima se disse, buscou corrigir no sentido mencionado. Contudo, ao prever para fatos passados, perdeu a oportunidade de corrigir a distorção. Faz-se ainda necessário corrigir o problema, especialmente porque há interpretações bem divergentes, possibilitando soluções conflitantes para réus que tenham cometido a mesma espécie de delito. E, quando o agente que parcelou depende da distribuição do processo, no Tribunal, alguma coisa está errada ou, no mínimo, caracteriza-se a ofensa ao princípio de que todos são iguais perante a lei.

15. Prisão preventiva

15.1. CONSIDERAÇÕES GERAIS

Interessante é o estudo das decisões sobre a prisão preventiva nos delitos contra a ordem tributária. Existem as mais variadas espécies de decisões, desde aquela em que o Desembargador concede o *habeas corpus* do sócio-gerente porque o Ministério Público não havia oferecido denúncia contra o outro sócio, conforme especificado no ofício da autoridade fazendária, quando tal sócio possuía 1% das quotas, não participava da administração, sendo tipicamente o sócio de favor ou aquele existente para somente transformar a sociedade individual em sociedade de quotas de responsabilidade limitada, até aquela que pretende prender preventivamente por inadimplência. Com o amadurecimento da sociedade, bem como do Judiciário, a matéria irá se sedimentar.

Não há regra específica em relação à ordem tributária. Sabe-se do rigorismo existente em outros países, bastando mencionar o caso do pai de uma famosa tenista, mas, no Brasil, há que ser aplicada a matéria existente no Código de Processo Penal relativa à prisão preventiva.

O artigo 312 do CPP especifica as hipóteses: a) garantia da ordem pública; b) garantia da ordem econômica; c) conveniência da instrução criminal; ou d) para assegurar a aplicação da lei penal.

A hipótese da ordem econômica não abrange a ordem tributária no sentido estrito. Em sentido lato, há uma decisão de juiz singular de Porto Alegre, decretando a prisão preventiva sob semelhante fundamento. Daí que, pela simples natureza do delito, não cabe a prisão preventiva nos crimes contra a ordem tributária.

O artigo 312, ao mencionar as hipóteses em que cabe o decreto prisional, estabelece dois requisitos genéricos: prova da existência do crime e indícios suficientes da autoria. A prova da existência do crime, geralmente, é feita com documentos, em face da natureza do delito dos artigos 1º e 3º, porquanto as condutas previstas no artigo 2º são punidas com detenção. Diz-se isso em razão do artigo 313 do CPP, em que se apontam requisitos relativos aos crimes:

"I – punidos com reclusão;
II – punidos com detenção, quando se apurar que o indiciado é vadio ou, havendo dúvida sobre sua identidade, não fornecer ou não indicar elementos para esclarecê-la;
II – se o réu tiver sido condenado por outro crime doloso, em sentença transitada em julgado, ressalvado o disposto no parágrafo único do art. 46 do Código Penal."

Restringe-se, pois, pelo inciso I, às condutas dos artigos 1º e 3º da Lei nº 8.137 e do art. 95 da Lei nº 8.212/91, as quais são punidas com reclusão. As condutas previstas nos incisos do artigo 2º, quando caracterizada a situação prevista no inciso II do art. 313 do CPP, ensejam, desde que presentes os requisitos específicos, a prisão preventiva.

Os indícios suficientes da autoria não significam prova irrefutável, mas elementos probatórios capazes de significar a autoria por parte do indiciado. Em crimes contra a ordem tributária, tem-se que ter presente as questões relativas à autoria. A prova suficiente é aquela que decorre como coerente com a espécie de empresa, *v.g.*, do contrato social no qual consta o nome do indiciado como gerenciador da empresa. Atente-se para a exclusão necessária da responsabilidade objetiva na questão da autoria.

15.2. AS HIPÓTESES DE PRISÃO PREVENTIVA

15.2.1. Garantia da ordem pública

A garantia da ordem pública é o fundamento que mais tem suscitado controvérsia. Historicamente, tem-se caracterizado a garantia da ordem pública como a necessidade de se frear a atividade criminosa do agente que reiteradamente comete delitos.

Conforme observou o saudoso Des. Alaor Terra, no seu voto, "a garantia da ordem pública tem um leque, pelo menos de três pontas: 1) quando há agitação social – e o Supremo, agora, quase criou uma quarta ponta, quando cuidava desse problema, que era a periculosidade do réu, diante da crueldade da violência do crime – 2) porque o réu pode cometer, de novo, crime, repetir a conduta, ou, então, 3) aquele fator criminógeno, quer dizer, a liberdade entusiasma outros a procederem de modo igual, porque não houve reação do Poder Judiciário diante daquela fraude à lei".[200] Aliás, o STJ, diante da postura do STF, passou, em determinado período, a sustentar não caber prisão preventiva para garantia da ordem pública por tratar-se de crime cometido sem violência contra a pessoa. É evidente o equívoco da argumentação. Se fosse ela verdadeira, não caberia, também, prisão preventiva em casos como furto, estelionato, concussão, peculato, corrupção ativa, etc., o que seria absurdo. A questão da garantia da ordem pública não se centra na violência contra a pessoa. Pode ser uma das pontas mencionadas, mas não é exclusiva. Na verdade, cabe prisão preventiva para garantia da ordem pública, em crimes contra a ordem tributária, quando os fatos apontados na denúncia são indicativos de que há necessidade de pôr fim à atividade criminosa do denunciado. É dos fatos concretos, dos elementos e da documentação acostada, inclusive de afirmativas e, especialmente, da conduta do denunciado ou indiciado, que deve decorrer a conclusão da necessidade de sua prisão. Não basta a natureza do delito, nem a existência de denúncia.

15.2.2. Conveniência da instrução criminal

A segunda hipótese de prisão preventiva está calcada na garantia da instrução criminal, ou seja, em razão de uma relação de poder, hierarquia, suborno ou coação, existe intimidação das testemunhas ou de peritos, o que dificultaria a instrução da causa. Se a conduta do agente, em liberdade, compromete a averiguação da verdade, deve a prisão ser decretada.

A hipótese, nos casos de crime contra a ordem tributária, é rara. É rara em razão de que a prova, nos crimes contra a ordem tributária do artigo 1º da Lei nº 8.137/90, em geral, é documental, sendo irrelevante muitas vezes a prova testemunhal. Existe, contudo, a situação em que se realiza perícia ou, então, pela omissão, se faz necessária a prova complementar testemunhal.

15.2.3. Assegurar a aplicação da lei

A terceira hipótese, embora mais rara, ocorre nas situações de grande sonegação fiscal, sem a existência de infra-estrutura empresarial, quando a fuga do distrito da culpa se apresenta como provável. Além da situação mencionada, ocorre nas hipóteses em que há intervenção de terceiro, alheio à empresa, como idealizador da conduta criminosa. Deve haver algum elemento indicativo da provável fuga do indiciado.

---
[200] HC nº 691050413 do TJRS.

Sem a presença de tal elemento indicativo, não deve ser decretada a prisão pelo fundamento.

Como nos demais casos, a decretação deve ser fundamentada. Não basta fazer referência genérica à causa (*v.g. para assegurar a aplicação da lei*), mas dizer quais os elementos e fatos concretos indicativos de que se impõe a prisão sob pena de, condenado, não poder ser a pena aplicada.

15.3. HABEAS CORPUS

Em qualquer das hipóteses, não fundamentada a decisão que decretou a prisão preventiva ou se decretada de forma equivocada (ausência dos requisitos necessários), cabe *habeas corpus*, remédio constitucional contra prisão ilegal.

O *habeas corpus* destina-se a assegurar a liberdade da pessoa presa. Já se viu, contudo, há alguns anos, usado, com resultado positivo, para liberar caixas de documentos apreendidos.

16. Procedibilidade e condição objetiva de punibilidade

16.1. PROCEDIBILIDADE

Previa a Lei nº 8.137/90, em seu artigo 14, que o pagamento do tributo, antes do oferecimento da denúncia, seria causa extintiva da punibilidade. Tal determinação não significava, contudo, que a ação penal fosse pública condicionada. Igualmente, o disposto no art. 83 da Lei 9.430/96 significa condição de procedibilidade na esfera penal. Reiteradamente, qualquer determinação administrativa tem sido vista por alguns como condição de procedibilidade da ação penal.

Impõe-se, antes de tudo, distinguir o Direito Penal Tributário e o Direito Tributário. O Direito Penal não se subordina a este senão quanto à caracterização do fato típico. Para a ação penal, pouco importa que tenha sido iniciado ou não o processo administrativo-fiscal ou que se tenha esgotado a esfera administrativa. Relevante é haver adequação típica do fato praticado pelo agente à norma penal tributária. Se o fato é típico, se há indícios da autoria, se há prova da materialidade, exsurgem elementos suficientes para ser proposta a ação penal. Daí por que o art. 16 da Lei nº 8.137/90, ao afirmar que "qualquer pessoa poderá provocar a iniciativa do Ministério Público nos crimes descritos nesta Lei, fornecendo-lhe, por escrito, informações sobre o fato e a autoria, bem como indicando o tempo, o lugar e os elementos de convicção", disse o que era dispensável consignar. Aliás, a lei anterior, Lei nº 4.729/65, também dizia: "se os elementos comprobatórios forem suficientes, o MP oferecerá, desde logo, a denúncia" (art. 7º, § 1º). Ambas as disposições legais foram criticadas por Manoel Pedro Pimentel (RT 617/261), por ser desnecessário determinar o que decorre das normas gerais de Direito Processual Penal. Se, pois, a lei não estabelece qualquer condição de procedibilidade, não pode o julgador estabelecê-las, sob pena de estar cerceando a atividade do Ministério Público. O delito se perfaz com a prática da conduta pela qual ele reduz ou suprime tributo, etc., e não pelo processo fiscal. No processo fiscal, a matéria não se rege pelo Direito Penal, mas, unicamente, pelo Tributário.

O STF, ao se manifestar sobre a matéria, ainda quando vigia a Lei nº 4.729, assim decidiu:

> "*Sonegação fiscal – Pretendida condição ao exercício da ação penal* – A Lei 4.729 não faz alusão ao procedimento administrativo como pressuposto ou condição ao exercício da ação penal, que é pública e pode ter início com a simples *notitia criminis*." (RF 245/282)

No HC nº 50.523-SP, julgado pela 1ª Turma do STF, o Min. Djaci Falcão, ao votar sobre o assunto, assim se manifestou:

> "Improcede, por igual (embora prestigiada pelo venerando acórdão invocado a fl. 12) a alegação de que falta condição de procedibilidade, que seria a prévia inscrição como dívida líquida e certa do tributo sonegado.
> Tal condição não foi pela Lei 4.729, nem pelos diplomas posteriores, que cuidaram da sonegação fiscal. Nem pode ser deduzida das regras gerais do processo penal.
> Com efeito, a única questão prejudicial a ser resolvida em *Juízo* diverso da penal, e que constitui, não propriamente condição de procedibilidade, mas causa de suspensão necessária da ação penal, é a prevista no art. 92 do CPP. As outras questões, debatidas no Juízo Cível, apenas facultam a suspensão da ação penal.
> Falta, entre nós, regra geral que vincule o Judiciário, em matéria de sonegação fiscal, à decisão definitiva proferida na instância administrativa.
> Na ausência de regra excepcional, vigora o princípio geral que reconhece ao juiz penal competência para resolver questões de direito não-penal, integradas na competência normal de outro órgão.
> 'Se a resolvere la questione pregiudiziale è normalmente competente un organo giuridizionale diverso (es.: questioni di diritto privato amministrativo), ció nos esclude que se possa essere conosciuta dal giudice penale per quanto ocorre al suo giudizio, dato que unico è nello Stato il potere giuridizione, como già abbiamo veduto. Ansi, il giudice penale ha dei regola il potere e il dovere di risolvere la questione attessa al fini del processo penale sensa richiedere o attendere la decisione del giudice di altro organo normalmente competente pela questione de cui si tratta.' (Manzzini, *Trattato di Diritto Processuale Penale*, 4. ed.,I/295, nº 82)

Assim, a) o juiz penal não está obrigado a aguardar a solução da instância administrativa tributária, para permitir a movimentação da ação penal, e b) no julgamento do fato denunciado como sonegação fiscal não está vinculado à solução eventualmente dada pela instância administrativa. Isto é, pode o juiz condenar quando o contribuinte tenha sido liberado pela administração fiscal, como absolvê-lo, na hipótese contrária."

E adiante consigna:

"Do exposto resulta que não é possível erigir a inscrição da dívida ativa como condição de procedibilidade. Pois não é a inscrição que constitui o crime de sonegação fiscal que é preexistente e que continua a existir ainda que a dívida não seja inscrita e mesmo que a autoridade fiscal tenha absolvido o sonegador.
Aliás o Supremo Tribunal Federal já consagrou o entendimento de que a Lei 4.729 não erige tal procedimento administrativo como pressuposto ou condição para o exercício da ação penal. Ao contrário, esta, sendo pública, pode ter início com a simples *notitia criminis*, segundo princípio elementar" (RTJ 57/167). (RTJ 65/61-62)

Acrescente-se que o STJ, em decisão do RHC nº 1.145, DJU de 19.8.91, p. 11.001, decidiu:

"No crime de sonegação fiscal como, de resto, nos demais crimes, o depósito judicial da quantia alcançada para posterior discussão da exigência tributária em ação civil, como também, a reparação do dano, não elide a caracterização da figura típica, caso ela for encontrada".[201]

Na vigência da Lei nº 4.729, o fundamento básico para a interpretação de que o esgotamento da esfera administrativa é condição de procedibilidade para a ação penal relaciona-se com o cálculo da pena de multa previsto: a multa era calculada com base no valor do tributo devido. Diante disso, usava-se o argumento de que não havia como calcular a multa se o imposto devido estava sendo discutido na esfera administrativa. Dizia-se que, existente decisão administrativa, sabia-se qual o valor do tributo devido, possibilitando o pagamento dele ou, não efetuado o pagamento, a dosimetria da pena de multa.

O argumento não subsiste em razão de que a denúncia deve descrever fatos típicos. O denunciado somente pode ser condenado, se provados forem os fatos tipificados como crime. Se um ou uns dos fatos não for comprovado, qual a relevância da decisão administrativa para a dosimetria da pena de multa? Nenhuma. A pena, no crime, somente

---

[201] No mesmo sentido REsp nº 17776, DJ de 20.3.95, p. 6136.

pode ser aplicada aos fatos provados, em relação aos quais é fácil verificar o *quantum* do tributo sonegado. Isto fica mais reforçado, quando se tem ciência de que, no processo administrativo, quando foi autuado o contribuinte, este é que deve fazer a contraprova, enquanto, no processo penal, o ônus de prova dos fatos imputados cabe ao Ministério Público.

Outro argumento usado na defesa da tese da necessidade do esgotamento da esfera administrativa, sustentada pela Câmara de Férias do TARS, quando da apreciação de crimes tipificados na Lei n° 4.729/65, é no seguinte sentido:

> "... no entender da maioria dos integrantes da Câmara, no entanto, essa condição decorre do sistema. Isto porque, pelos termos da regra prevista no § 3° do art. 11 da Lei n° 4.357/64 e no parágrafo único do art. 2° do Dec.-Lei 326/67, a ação penal pela prática do crime de apropriação indébita, consistente no não recolhimento dos tributos que nos referidos diplomas se especifica, está condicionada à decisão final condenatória proferida na esfera administrativa. Essa norma possui caráter geral, estendendo seus efeitos às hipóteses fáticas definíveis como crimes de sonegação fiscal. Inexiste razão alguma para se tratar de forma diversa situações em tudo assemelhadas de ofensa ao mesmo bem jurídico tutelado. Observe-se que no art. 5° do Dec.-Lei 1.060/69 o legislador, de forma indireta, estendeu dita condição de procedibilidade aos crimes de sonegação fiscal, ao estatuir que dever-se-ia aplicar ao crime previsto no art. 1° da Lei n° 4.729/65 as normas que regulam a extinção da punibilidade, prevista no art. 11 da Lei 4.357/64 e no art. 2° do Dec.-lei 326/67. A rigor, não haveria razão para restringir-se a remissão à causa extintiva da punibilidade, posto que a Lei 4.729/65, no seu art. 2°, expressamente a contemplava. Na verdade o que se estendeu à lei definidora do crime de sonegação foi não apenas a causa extintiva da punibilidade, mas também a condição de procedibilidade naqueles diplomas legais contemplados" (HC 291071702).

Ora, a Lei n° 4.357/64 é anterior à Lei n° 4.729/65. Naquela, trata-se de equiparação dos casos à apropriação indébita, o que não foi aceito, em relação aos crimes de sonegação (Lei n° 4.729/65). Nesta, não há previsão legal quanto à apropriação do imposto, e preponderam, como elementares do delito de sonegação, os delitos de falsificação material ou ideológica. Desta forma, não se pode deduzir que os textos legislativos sejam em tudo assemelhados. Na verdade, são situações inteiramente distintas, sendo que a apropriação não é crime-meio da sonegação fiscal previsto na Lei n° 4.729/65, nem nesta está prevista a inadimplência como crime.

Inicialmente, o legislador exigia que o pagamento do tributo devido, para efeitos da extinção da punibilidade, tivesse ocorrido antes de iniciada a ação fiscal, isto é, antes de qualquer ato da autoridade administrativa fazendária. Em 1967, o Dec.-Lei n° 157 ampliou sua aplicação, admitindo que, "mesmo iniciada a ação fiscal, o agente promover o recolhimento dos tributos e multas devidos" ou "não estando julgado o respectivo processo, depositar, nos prazos fixados, na repartição competente as importâncias nele consideradas devidas, para liquidação do débito após o julgamento da autoridade da primeira instância" (art. 18, *caput*). E, no § 2° do artigo mencionado, distingue: "extingue-se a punibilidade quando a imputação diversa da Lei 4.729/65 decorra de ter o agente elidido o pagamento de tributo, desde que ainda não tenha sido iniciada a ação penal, se o montante do tributo e multas for pago ou depositado na forma deste artigo". Já o Dec.-Lei n° 236/67, em seu parágrafo único, especifica: "a ação penal será iniciada por meio de representação da Procuradoria da República, a qual a autoridade de primeira instância é obrigada a encaminhar as peças principais do feito, destinadas a comprovar a existência do crime, logo após decisão final condenatória proferida na esfera administrativa". Ora, tal texto legal traduz exigência de comportamento da autoridade administrativa, inclusive para efeitos de prevaricação. Daí não se infere, em hipótese alguma, uma condição de procedibilidade para a ação penal oriunda de outro texto legal. Finalmente, o Dec.-Lei 1.060/69, que trata sobre declaração de bens, dinheiro ou valores no estrangeiro, insere, no seu art. 5°, a norma de que se aplicam ao crime de sonegação fiscal, definido no art. 1° da Lei 4.729/65, as regras que regulam a extinção da punibilidade dos crimes de apropriação indébita previstos no art. 11 da Lei n° 4.357/64 e no art. 2° do Dec.-Lei 326/67. Dentre elas, qual a norma a ser aplicada aos crimes de sonegação fiscal? O pagamento do tributo antes da decisão administrativa e a existência de crédito do infrator superior aos tributos devidos. Nenhuma das hipóteses estava prevista legalmente como causa de extinção da punibilidade.

Posteriormente, foi editada a Lei n° 9.430, de 27 de dezembro de 1996, cujo art. 83 determina: "A representação fiscal para fins penais, relativa aos crimes contra a ordem tributária definidos nos arts. 1° e 2° da Lei 8.137, de 27 de dezembro de 1990, será encaminhada ao Ministério Público após proferida a decisão final, na esfera administrativa, sobre a exigência fiscal do crédito tributário correspondente".

O texto legal ora em vigência não diverge, em essência, do existente no art. 7° da Lei 4.729/65 e no art. 11, § 3°, da Lei n° 4.357/64, em que se determinava que *a autoridade julgadora de primeira instância é obrigada a encaminhar as peças principais do feito, destinadas a comprovar a existência do crime, logo após a decisão final condenatória proferida na esfera administrativa* para a Procuradoria da República.

Aliás, a obrigatoriedade da remessa nem precisava ser especificada em texto expresso. Entretanto, inegavelmente, trata-se de norma de cunho eminentemente administrativo, de conduta administrativa imposta ao funcionário público. A representação mencionada no art. 83 da Lei nº 9.430/96 não corresponde à penal, especificada no Código Penal e no Código de Processo Penal como condições especiais para que o Ministério Público possa mover a ação penal. Noutras palavras, a ação penal dos crimes definidos na Lei nº 8.137/90 é pública incondicionada. Conseqüentemente, não é condição de procedibilidade o esgotamento da esfera administrativa para que o Ministério Público possa iniciar a ação penal. O dever imposto ao funcionário no término do processo administrativo não impede que ele, havendo crime, remeta a prova ao Ministério Público, nem é empecilho ao Ministério Público de, tendo os elementos suficientes, oferecer a denúncia. Outro, aliás, não é o entendimento reiterado pelo STF, recentemente, quando o Min. Néri da Silveira rejeitou a preliminar, afirmando que a norma de cunho administrativo do art. 83 não impede a ação do Ministério Público (ADIn 1.571-UF): "Decerto, o art. 83 em foco quer não aja a Administração, desde logo, sem antes concluir o processo administrativo fiscal, mas essa conduta imposta às autoridades fiscais não impede a ação do Ministério Público, que, com apoio no art. 129 e seus incisos, da Constituição, poderá proceder, de forma ampla, na pesquisa da verdade, na averiguação de fatos e na promoção imediata da ação penal pública, sempre que assim entender configurado o ilícito, inclusive no plano tributário. Não define o art. 83, da Lei 9.430/96, desse modo, condição de procedibilidade para a instauração da ação penal pública, pelo Ministério Público, que poderá, na forma de direito, mesmo antes de encerrada a instância administrativa, que é autônoma, iniciar a instância penal, com a propositura da ação correspondente".[202]

Apesar disso, a matéria não é pacífica. Sobre a representação penal e os crimes tributários, David Teixeira de Azevedo tem sustentado que a *representação fiscal* mencionada no artigo 83 da Lei nº 9.430/96 é "expressa condição de procedibilidade". Segundo ele, "considerar que a representação aludida no dispositivo significa tão-só mera comunicação ao Ministério Público da existência do ilícito tributário, mas não o exercício de uma potestade jurídica, condição do exercício da ação penal, e que este último poderá *sponte propria* iniciar o procedimento investigatório preliminar e apresentar subseqüente denúncia, é votar o dis-

---

[202] *Apud* RT 751/700.

positivo à ociosidade, tornando absolutamente supérflua a norma".[203] E adiante: "Condicionar a persecução penal por delito fiscal à decisão administrativa final no processo respectivo representa clara opção político-criminal, coordenada à pretensão de recebimento do tributo no âmbito administrativo e à economia processual: a lesão ao bem juridicamente tutelado (capacidade de arrecadação do Estado) é determinada definitivamente com a resolução final no processo administrativo da legitimidade do crédito tributário. E nesta, verificada a exigência tributária após criteriosa análise técnico-jurídica, fará útil e proveitosa a persecução penal".[204] Divergimos, porque não se pode atribuir à representação mencionada no art. 83 o caráter que se lhe atribui. Nem se trata de votar o dispositivo à ociosidade, porquanto, como sói acontecer em relação às normas relativas à ordem tributária, é comum a repetição de normas que já se encontram no Código Penal e que são repetidas por despreparo legislativo. Veja-se, neste sentido, a crítica procedente de Manoel Pedro Pimentel em relação à Lei nº 4.729/65 já mencionada. Ademais, o bem jurídico tutelado na Lei nº 8.137/90 não é o pretendido. Pode sê-lo nos delitos tipificados no art. 2º, inc. II, mas com restrições, porquanto a reprovabilidade não se situa simplesmente na ausência de pagamento, mas no fato de o agente não recolher o que foi *cobrado* ou *descontado* do sujeito passivo da obrigação tributária, importância essa que não lhe pertence. Daí por que muitos autores equiparam o tipo penal à apropriação indébita. Se fosse a capacidade de arrecadação o bem jurídico protegido, o legislador não teria usado a elementar *cobrado ou descontado*. O que a norma pretende é impor uma obrigação à autoridade fazendária de remeter o processo ao Ministério Público. Quem trabalhou na área sabe da dificuldade de tal remessa ocorrer, e, nos processos de execução fiscal, vê-se elevado número de processos que deveria ter sido encaminhado ao Ministério Público para fins penais e não o foi.

Fundamentalmente, a divergência concernente à matéria tem sua origem na própria concepção do momento consumativo dos delitos ou do bem jurídico protegido pela ordem tributária, bem como de como os delitos devem ou podem ser provados, especialmente os do artigo 1º, por serem crimes de dano. Veja-se, *v.g.*, a decisão do TRF da 3ª Região, no julgamento do HC nº 96.03.060711-8 (D.J.U. de 9.10.96), quando observa: "se a denúncia arrima-se tão-somente em Autos de Infração lavrados pela fiscalização autárquica, e se tais Autos de Infração foram anulados por decisão judicial, inexiste prova da materialidade delitiva." E prossegue: "O princípio da independência das instâncias administra-

---

[203] Artigo: Representação Penal e os Crimes Tributários: Reflexões sobre o art. 83 da Lei 9.430/96. RT 739/477.
[204] Idem, RT 739/480.

tiva e penal não autoriza a que se impute ao contribuinte a prática de crime de natureza fiscal antes mesmo de a Administração proceder à regular apuração da existência do débito, ou quando nulo o procedimento administrativo de que resultou a lavratura do Auto de Infração".

Com a devida vênia, a questão posta não pode ser abordada sob o prisma de condição de procedibilidade, de independência das esferas.[205] Tudo não passa de prova da materialidade do delito. O Auto de Infração lavrado pela autoridade fiscal não é prova da materialidade, mesmo quando não anulado. Ou se procede à perícia, dentro das normas exigidas pelo Código de Processo Penal, ou se junta aos autos toda a materialidade dos fatos praticados pelo denunciado. Não se pode abstrair, na análise dos fatos, especialmente quando a conduta for do artigo 1°, a necessidade de existência do crime-meio: falsidade material ou ideológica, cuja prova deve ser juntada aos autos. Somente pode ser dispensada a juntada da documentação, se houver perícia, e a perícia não é o auto de infração lavrado pela autoridade administrativa fazendária, mas aquela que atende aos requisitos do CPP. Assim, não há como cogitar de aguardar a decisão administrativa quando a falsidade está comprovada com documentos nos autos ou com perícia. Nestes casos, desaconselhável é cogitar-se, inclusive, de suspensão do processo. Contudo, naqueles casos situados na faixa cinzenta da criminalidade, em que se estabelecem sérias controvérsias sobre a exigibilidade ou existência do tributo, em que, na verdade, se discute a elementar *tributo*, nada impede que seja oferecida a denúncia e, tendo o juiz dúvidas (fundadas) sobre a matéria, seja suspenso o processo para apreciação da questão prejudicial, em processo judicial, nos termos do art. 93 do Código de Processo Penal.

Nessas circunstâncias, o artigo 83 da Lei n° 9.430/96 nada mais é que uma norma de cunho administrativo, não estabelecendo ela nenhuma condição de procedibilidade. A ação penal, repita-se, nos crimes contra a ordem tributária, é pública incondicionada. A pretensão de condicioná-la ao esgotamento da esfera administrativa significa ofensa ao Judiciário como se ele tivesse de acatar a decisão administrativa. Esta pode ser correta ou não, assim como as decisões do Judiciário, mas a esfera administrativa não tem força alguma de fazer coisa julgada no penal, especialmente considerando-se que a decisão administrativa, quando equivocada em relação à Fazenda Pública, não tem esta como modificá-la: elas valem contra a Fazenda Pública, mas, se for contra o contribuinte, tem este o direito de ingressar no Judiciário. Conseqüente-

---

[205] PUCHEUS, mencionando decisão da Corte Suprema da França, afirma que os dois procedimentos, penal e administrativo, são distintos e independentes um do outro por sua natureza e por seu objeto, e que a missão do juiz penal consiste unicamente se os elementos constitutivos da infração prevista no art. 1741 estão presentes. (in *L'Application du Droit Pénal en Matière Fiscale.*, p. 31.).

mente, não tem a discussão administrativa, na esfera penal, a relevância que alguns pretendem lhe dar. Continua a ação penal pública incondicionada. A prova numa e noutra esfera se produz de forma diversa. A esfera administrativa não faz e nem pode fazer coisa julgada no penal. As normas de conduta administrativa dos funcionários públicos, por interpretação analógica, não se constituem em normas processuais penais, e, menos ainda, em elementares do tipo. Contudo, sempre que a discussão que se realiza na esfera administrativa for prejudicial, pode o juiz, se houver dúvida fundada sobre elementar do tipo caracterizável pelo Direito Tributário, determinar a suspensão do processo.

Parecem-nos totalmente deslocadas do ordenamento jurídico posições postas nos seguintes termos: "Como o Ministério Público não está impedido de intentar a ação penal, pois ela continua a ser pública incondicionada e caso tenha sido oferecida a denúncia antes do término do procedimento administrativo, deverá o Juiz rejeitá-la, nos termos do art. 43, inc. III, do CPP, por inexistência de justa causa para a instauração do processo criminal". É óbvia a contradição presente na afirmativa. Se a ação é pública incondicionada, se o crime-meio envolve falsidade material ou ideológica (art. 1º) ou, na mais simples das situações, qual seja a do art. 2º, inc. II, da Lei nº 8.137/90, pelo qual se reprova a conduta de quem cobrou ou descontou tributo e não o recolheu, nenhuma relevância jurídica há a exigir que se aguarde a decisão administrativa. É óbvio, também, existirem situações de autuação pela Fazenda Pública, cujo conteúdo enseja discussão. Entretanto, em nenhuma circunstância, é permitido ao contribuinte praticar uma falsidade material ou ideológica para, posteriormente, pretender discutir o tributo. A possibilidade e, mais que ela, o direito de discutir, na esfera administrativa, a validade, a existência, o valor de um tributo, etc., não legitima o contribuinte a praticar algum dos crimes-meio previstos nos incisos do artigo 1º, nem o autoriza a não recolher aquilo que cobrou, descontou, arrecadou de terceiro como tributo devido à pessoa jurídica de direito público. E se, mesmo assim, praticou uma das condutas tipificadas como crime-meio, e se, apesar da prova, persistir dúvida da elementar *tributo*, por parte do magistrado penal, pode suspender o curso da ação penal, para que a *prejudicial* possa ser resolvida. Aliás, nessas circunstâncias, o Ministério Público poderia, por aconselhável, antes de denunciar, aguardar: caso inexigível o tributo, subsistiria o outro crime-meio.

É necessário consignar só ser semelhante raciocínio viável dentro da visão global da matéria, especialmente pela distinção fundamental que se faz necessária entre sonegação e inadimplência, porquanto, caso o contribuinte entenda indevido o tributo, declara-o sem falsidades, podendo discuti-lo na autuação por inadimplência, ou, antes mesmo da autuação, pode ingressar com a devida ação no juízo cível.

Finalmente, não se pode invocar o princípio constitucional da ampla defesa, do contraditório nos processos, como forma de transformar a existência de processo administrativo em causa impeditiva da ação penal. Assegura a Constituição Federal a ampla defesa no processo administrativo, como assegura no processo cível e no processo criminal. Da garantia, contudo, não se infere que um e outro passem a ser dependentes. Como bem ressalta a decisão da 3ª T. do TRF da 1ª Região, sendo relator o Juiz Tourinho Neto, "o prazo de trinta dias dado, em processo administrativo, é para o contribuinte se defender, e, querendo, pagar amigavelmente a dívida, evitando a cobrança judicial, não influindo na esfera penal".[206]

Pode-se, pois, sintetizar com a 6ª Turma do STJ, sendo relator o Min. Vicente Leal, no julgamento do RHC 5.805-SP, de 2.12.96, cuja ementa diz: "A apuração do débito tributário na instância administrativa não é condição de procedibilidade de ação penal, nem é pressuposto para o oferecimento da denúncia por crime de sonegação fiscal, pois as instâncias são autônomas".[207] E no HC nº 6409/MA: "Em sede de crimes contra a ordem tributária, a representação fiscal a que se refere o art. 83 da Lei nº 9.430/96 não é condição de procedibilidade para promoção da ação penal, podendo o Ministério Público, no exercício de sua competência legal, valer-se de quaisquer outros elementos informativos da ocorrência do delito para oferecer a denúncia". Ou, sendo relator o Min. Anselmo Santiago, no julgamento do RHC 7726/PR, cuja ementa diz: "1. Não se reconhece no art. 83, da Lei nº 9.430/96, condição de procedibilidade para que o Ministério Público possa ofertar denúncia contra alguém sujeito às cominações da Lei nº 8.137/90. Tal norma se dirige ao Executivo e não ao *Parquet*, que não necessita aguardar o final do procedimento administrativo-fiscal para a *persecutio criminis*". Ou, ainda, sendo relator o Min. Fernando Gonçalves (RHC nº 69851/SP, DJ de 8.9.98, p. 1107): "A Lei 9.430/96 (art. 83) não trouxe qualquer inovação para a sistemática processual penal, porquanto seu comando é dirigido à administração fazendária, mostrando o momento em que a *notitia criminis* deve ser comunicada ao Ministério Público que, gozando de ampla autonomia, pode a ela se antecipar, caso reúna elementos suficientes ao oferecimento da denúncia". E da 5ª Turma, sendo relator o Ministro Félix Fischer, é incisivo ao afirmar que o mencionado artigo não criou nenhum óbice à atuação do Ministério Público, e nem o pro-

---

[206] AC 95.01.22.265-9-DF, D.J.U. de 26.2.96.
[207] RT 740/564.

cedimento administrativo tem o condão de obstaculizar formalmente uma apuração criminal (RHC n° 6851/SP, DJ de 18/06/1998, p. 75). "II – O procedimento administrativo de apuração de débitos tributários não se constitui em condição de procedibilidade para a propositura de ação penal para a apuração de delito contra a ordem tributária. III – Irresignação que merece ser provida para cassar o acórdão recorrido e determinar o prosseguimento da ação penal instaurada contra o recorrido (REsp. n° 453861/SP – Rel. Ministro Gilson Dipp – DJU 22/09/2003 – p. 353)". E "O art. 83, da Lei 9.430, de 1996, consoante pacífico entendimento pretoriano, capitaneado pelo Supremo Tribunal Federal, não define condição de procedibilidade para a instauração da ação penal pública pelo Ministério Público. A matéria tributária não interfere na matéria penal, nada obstante as perplexidades que este direcionamento normalmente pode causar. 2 – Precedentes do Supremo Tribunal Federal e do Superior Tribunal de Justiça (RHC n° 11735/MG – Rel. Ministro Fernando Gonçalves – DJU 17/03/2003 – p. 287)". "O procedimento administrativo de apuração de débitos tributários não se constitui em questão prejudicial extralegal. Da mesma forma, o art. 83 da Lei n° 9.430/96 não instituiu condição de procedibilidade especial em sede de crime comum que é o ilícito penal tributário" (Recurso Ordinário em *Habeas Corpus* n° 14.161 – SP. Rel. Min. Félix Fischer).

No mesmo sentido, Pucheus,[208] na França, é incisivo ao separar as duas instâncias, e Spiegelberg,[209] na Espanha, diz que a Lei 2/85 deixou sem efeito o requisito de procedibilidade e cita decisão do Tribunal Constitucional, cuja sentença de 26 de abril de 1990, afirma que "à luz da doutrina constitucional, não é admissível que o processo penal possa resultar condicionado por uma presunção prévia derivada do procedimento administrativo de inspeção e comprovação tributária do contribuinte, pois isto significaria que a documentação da Inspeção teria, para efeitos penais, um valor de certeza dos fatos que nela constem, sendo obrigado o pretendido infrator a destruir aquela certeza mediante prova em contrário de sua inocência".[210] E a inversão do ônus probatório do Direito Penal tumultuaria a ordem jurídica. Se há uma denúncia de crime tributário, cabe ao órgão acusador o ônus de provar, independentemente das provas do processo administrativo, aquilo que se imputa na denúncia.

---

[208] INSTITUT DE DROIT DES AFFAIRES. *L' Aplication du Droit Pénal en Matière Fiscale*. Marseille: Presses Universitaires d'Aix, 1982, p. 26/30.
[209] *Op. cit.*, p. 95.
[210] *Op. cit.*, p. 97.

16.2. CONDIÇÃO OBJETIVA DE PUNIBILIDADE

16.2.1. Jurisprudência do STF

Estabelecida, no STF, a orientação de que o término do processo administrativo não era condição de procedibilidade para a ação penal, em crimes tributários, no julgamento do HC n° 70.002, sendo relator o Min. Néri da Silveira, embora não concluído, pelo voto do Min. Sepúlvade Pertence, iniciou-se a alteração da jurisprudência anterior (RHC n° 53410, julgado em 13/05/1975, e RHC n° 55934, julgado em 02/04/1978, sendo relator, em ambos, o Ministro Xavier de Albuquerque), firmando uma nova orientação no sentido de ser a decisão definitiva do processo administrativo condição objetiva de punibilidade.

É no julgamento do HC n° 81.611-8, sendo relator o Min. Sepúlveda Pertence que se firma o entendimento de que, estando pendente de decisão definitiva do processo administrativo o lançamento definitivo do tributo, faltaria justa causa para a ação penal, quer se considere o lançamento definitivo uma condição objetiva de punibilidade ou um elemento normativo do tipo.[211]

No julgamento do HC n° 84.262-3, sendo relator o Min. Celso de Mello, já se foi além, afirmando-se:

> "Tratando-se dos delitos contra a ordem tributária, tipificados no art. 1° da Lei n° 8.137/90, a *instauração* da concernente persecução penal depende da existência de decisão definitiva, proferida em sede de procedimento administrativo, na qual haja reconhecido a exigibilidade do crédito tributário (*an debeatur*), além de definido o respectivo valor (*quantum debeatur*), sob pena de, em inocorrendo essa condição objetiva de punibilidade, não se legitimar, por ausência de tipicidade penal, a válida formulação de denúncia pelo Ministério Público. Precedentes.
> Enquanto não se constituir, definitivamente, em sede administrativa, o crédito tributário, não se terá por caracterizado, no plano da tipicidade penal, o crime contra a ordem tributária, tal como previsto no art. 1° da Lei n° 8.137/90. Em conseqüência, e por ainda não se achar configurada a própria criminalidade da conduta do agente, sequer é lícito cogitar-se da fluência da prescrição penal, que somente se iniciará com a consumação do delito (CP, art. 111, I). Precedentes".

---

[211] O acórdão transcreve a denúncia, e esta deveria ter sido declarada inepta porquanto não descreve todas as elementares do tipo. Se a acusação diz que efetuou contratos, há que se mencionar e especificar cada contrato com respectivo valor e qual o valor da receita auferida, especificando-se o valor correspondente ao tributo suprimido. Não especificando-se os valores, a denúncia é inepta.

Postos os três acórdãos paradigmas, a jurisprudência firmou-se com pequenas variações de expressões, estabelecendo o término do processo administrativo, ou a necessidade da existência de decisão definitiva na esfera administrativa, como condição objetiva de punibilidade (HC n°s 64.092 e 84.423 do STF) ou, também, ampliando tal condição, em alguns acórdãos, entende que "a existência do crédito tributário é pressuposto para a caracterização do crime contra a ordem tributária, não se podendo admitir a denúncia penal enquanto pendente o efeito preclusivo da decisão definitiva em processo administrativo" (HC 89.983).

O STJ seguiu a orientação do STF – (REsp 771667, HC 60324, etc.), como condição objetiva de punibilidade ou, pela razão de serem crimes materiais ou de resultado, somente haveria consumação do delito com o lançamento definitivo do crédito fiscal e afirma, num caso concreto em que a administração fiscal decaíra do direito de lançar o crédito tributário, em razão da decadência do direito de exigir o pagamento do tributo, haver falta de justa causa para a ação penal, "em razão da impossibilidade de se demonstrar a consumação do crime de sonegação fiscal" (HC 56799-3).

16.2.2. Doutrina

Nos trabalhos preparatórios da reforma penal de 1931, na Itália, já havia a preocupação com a distinção entre condições do crime e condições objetivas de punibilidade, afirmando-se que estas "pressupõem que o crime seja perfeito; mas a aplicação da sanção é subordinada a uma causa indicada pelo legislador como circunstância indispensável para poder incriminar o fato".[212] E observa Vittore Cameli que alguns autores indicam alguns elementos como condição objetiva de punibilidade, quando, na verdade, se apresentam como parte integrante e essenciais do respectivo tipo penal. Quer sendo resultado da conduta criminosa, quer sendo "modalidade da conduta criminosa e, como tal, como elementos indissoluvelmente ligados à conduta e ao evento", "integram a objetividade jurídica do crime".[213]

Bettiol, citado pelo STF, diz:

"Podemos portanto dizer que o crime é qualquer fato humano lesivo de interesses penalmente tutelados pelos quais se possa censurar o seu autor, emrazão do que se prevê uma pena como conseqüência jurídica. A pena é, pois, a conseqüência jurídica necessária do

---

[212] CAMELI, Vittore. *Le condizioni obietive di punibilitá e la sfera dei principi penali*. Napoli: Morano Editore, 1961, p. 13.
[213] Id., ib., p. 17.

crime: uma vez perpetrado, ela deve, através do processo, ser aplicada. Há porém casos determinados nos quais o legislador, embora considerandoestruturalmente perfeito o crime, faz depender a punibilidade do fato delituoso da verificação de um ulterior evento, que o Código e doutrina chamam de condições de punibilidade".

Jescheck e Weigend observam que as condições objetivas de punibilidade "são circunstâncias que se encontram *em relação imediata com o fato*, mas não pertencem *nem ao tipo de injusto nem à da culpabilidade*. Todas elas pertencem aos pressupostos *materiais* da punibilidade, mas mostram entre si consideráveis diferenças uma vez que constituem, em parte, um grupo especial próprio, mas, em parte também, são semelhantes aos elementos do tipo".[214]

Roxin, ao discorrer sobre os pressupostos da punibilidade, diz que

"Por regra geral, uma ação típica, antijurídica e efetuada responsavelmente também é punível. Portanto, uma quarta categoria delictiva mais além do sistema tripartido do delito não designa um pressuposto geral da punibilidade e por essa razão não pode ter a mesma categoria que o tipo, a antijuridicidade e a responsabilidade. A questão se limita de antemão a que, se em alguns tipos concretos hão de concorrer outras circunstâncias, fora a responsabilidade por uma ação injusta, para que haja punibilidade ou se a concorrência de determinadas circunstâncias exclue a punibilidade que em outro caso se produziria. É sumamente polêmico o problema de se existem tais circunstâncias, quais elementos pertencem-lhes e quais critérios comuns existem no caso delas que as caracterizem; e somente existe acordo sobre o ponto de partida, ou seja, que, em todo caso, esses elementos não podem pertencer ao injusto ou à culpabilidade. (...) *As circunstâncias que hão de agregar-se à ação que realiza um injusto responsável para que se origine a punibilidade, denomimam-se condições objetivas de punibilidade*".[215]

Bettiol, citado pelo acórdão mencionado, observa que "o crime é portanto perfeito em todos os seus elementos constitutivos (ainda que segundo o art. 158 o momento consumativo do crime *sub conditione* coincide, para fins de prescrição, com o momento no qual a condição se verifica) e a condição diz respeito apenas à aplicação concreta da pena".[216]

---

[214] JESCHECK, Hans-Heinrich e WEIGEND, Thomas. *Tratado de Decrecho Penal. Parte General*. Granada: Editorial Comares, 2002, p. 597.

[215] ROXIN, Claus. *Derecho Penal, Parte General,. Tomo I. Fundamentos. La estrutura de la Teoría del Delito*. Madri: Civitas Ediciones, 2003, p. 970.

[216] BETTIOL, Giuseppe. *Direito Penal*. Vol 1. São Paulo: RT, 1977, p. 279

E logo a seguir: "É necessário portanto um critério para averiguar se um determinado elemento é elemento do fato delituoso, ou se pelo contrário se relaciona com a punibilidade". Afirma, ainda, Bettiol: "Se ela se encontra em relação de dependência causal com a ação, no sentido de que possa ser considerada como efeito embora remoto da ação, tal evento não poderá ser considerado condição objetiva de punibilidade mas será elemento constitutivo do fato".[217] Para Bettiol, a condição objetiva de punibilidade atua independente da ação do réu e não deve ser confundida com as condições de procedibilidade. Aliás, Jescheck e Weigend, também, observam que não devem ser confundidas com os pressupostos processuais.[218]

Na Espanha, em razão de que o artigo 305.1 do Código Penal de 1995 estabelece que o valor da defraudação deva ser superior a 15 milhões de pesetas, parte da doutrina (Muñoz Conde e outros) considerou ser a quantia fixada uma condição objetiva de punibilidade e parte entende que a quantia tem "por natureza a de ser *resultado* do delito" (Martínez Pérez, etc.). Ao que acrescentam Boix Reig e Mira Benavent que "não se pode falar em condição objetiva de punibilidade, uma vez que nem se trata de um fato futuro e incerto, nem a quantia defraudada da Fazenda se encontra casualmente desvinculada da conduta do sujeito ativo, devendo estar compreendida no dolo da vontade de fraudar efetivamente dita quantia".[219]

16.2.3. Divergência

No caso do artigo 1° da Lei n° 8.137/90, a ação humana é comissiva ou omissiva de uma falsidade especificada nos incisos, e tal conduta descrita nos incisos tem de ser capaz de reduzir ou de suprimir o tributo. O agente, embora o verbo nuclear do tipo seja *reduzir ou suprimir*, realiza a conduta e, por meio dela, o agente realiza o verbo nuclear do tipo, ou seja, havendo o fato gerador, o fato imponível, fato concretizado e que a lei descreve com incidente de tributo, o agente que, num determinado momento tem o dever de declarar tal fato, ou omite a declaração da existência do fato ou o declara em desconformidade com sua ocorrência de forma que a lei só incida parcialmente, reduzindo o tributo. Que a ação de *reduzir* ou a ação de *suprimir* seja elemento do tipo não há dúvida. Esse resultado, portanto, integra o tipo penal. Sem ele, não há crime do artigo 1°, podendo subsistir o crime-meio presente nos incisos.

---

[217] BETTIOL, *op. cit.*, p. 280.
[218] *Op. cit.* p. 600.
[219] *Op. cit.* p. 72.

Entretanto, o STJ e o STF, colocando que o delito se consuma com a decisão definitiva da esfera administrativa, além de afastar a questão da procedibilidade, de certa forma, afasta, também, a discussão sobre ser ela elemento da tipicidade ou ser ela momento consumativo do delito, porque de uma ou de outra forma, deveria se aguardar a decisão final. Assim, como a questão é polêmica, e permanecer nela seria perpetuar a discussão, debater se, no caso, o resultado seria condição objetiva de punibilidade ou elemento do tipo, o que seria dispensável em razão de que o problema central é outro, quando, na verdade, o cerne da questão é outro, embora se entenda que não é condição objetiva de punibilidade, mas tão só resultado da conduta do agente que pratica a falsidade material ou ideológica, por ação ou omissão.

A questão fundamental está na determinação do momento consumativo do delito. Aqui reside a essência do problema. Como os acórdãos mencionados colocam a consumação do delito relacionada com o momento do término do processo administrativo, várias questões surgem em relação a tal posição. Em primeiro lugar, desloca-se o domínio da ação do agente que pratica o delito do artigo 1º da Lei nº 8.137/90 para a administração pública. Se ela retardar o julgamento do processo administrativo, retarda a consumação do delito, ou seja, não depende a consumação do delito do agente, mas da administração pública, o que é absurdo. Em segundo lugar, se é o agente quem deve praticar a ação de reduzir ou de suprimir o tributo por meio de uma das condutas especificadas nos incisos, o término do processo administrativo não é ato do agente: este praticou a falsidade ideológica ou material especificada nos incisos anteriormente, v.g., se ele inseriu na contabilidade um crédito inexistente, o momento consumativo ocorre na inserção e não após o processo administrativo. Como o término do processo administrativo ocorre com a decisão final, esta teria o poder consumativo do delito. Em terceiro lugar, se a decisão administrativa for equivocada, quando diz não ser devido o tributo, tal decisão, em razão da preclusão, significaria que não haveria condição objetiva de punibilidade pelos acórdãos mencionados, ou seja, a decisão administrativa faria coisa julgada no penal, o que, de longa data, é afastado pela doutrina. Ora, se fizesse coisa julgada no penal, a decisão que entendesse comprovada a redução ou a supressão do tributo também faria coisa julgada? É evidente que não, porque ela, também, pode ser equivocada e porque o poder de decidir se houve ou não crime é do Poder Judiciário, não do Executivo. Em quarto lugar, o prazo prescricional do Direito Tributário difere do prazo prescricional do Direito Penal Tributário. A inexigibilidade do tributo pela prescrição não significa a extinção do processo crime por sonegação, porquanto os prazos são diversos. Dir-se-ia, mas o STF assegurou que a prescrição não corre no período em que se aguarda a decisão definitiva. Ora, suponha-se que o agente entregou a declaração de seu Imposto de Renda de Pessoa Física em abril do corrente ano. Na declaração, ele omitiu rendimento auferidos de outra fonte pagadora, dizendo-se assaltado pelos cofres públicos. A Receita, cruzando dado, identifica a omissão e autua o agente. Este passa a discutir administrativamente a questão, aduzindo que tais rendimentos foram verba indenizatória, embora não o fosse. Pelo acúmulo de processos, o processo demorará anos.[220] Se ao término do processo administrativo é que ocorreria a consumação do delito, pergunta-se: haveria algum juiz que não decretaria a prescrição penal considerando a data da entrega da declaração? É claro que sim, porquanto não existe norma que suspenda o prazo prescricional. Em quinto lugar, há que se distinguir o processo tributário do processo penal tributário. Se naquele o agente é autuado e ele é que tem que fazer a contraprova do que consta no auto de lançamento ou de infração, no processo criminal o Ministério Público faz a acusação e deve fazer a prova do fato. Não basta o auto de lançamento ou a decisão definitiva do processo administrativo. Mesmo com essa decisão administrativa, se o crime for do artigo primeiro, necessário é juntar a prova da falsidade praticada e, através dela, comprovar a redução ou supressão do tributo. Admite-se a juntada de perícia no lugar dos documentos, mas a perícia não é o auto de lançamento ou infração, porquanto os que o firmaram não estavam compromissados para tal. E, em sexto lugar, o imposto é devido a partir do fato gerador. Não se cogita de pagamento do tributo no artigo 1°. Ocorrido o fato gerador, naquele momento ou até posteriormente (Imposto de Renda), deve ser documentado de forma verdadeira. Se nesse momento, o agente falsifica o documento declarado ou omite sua declaração, há a redução do tributo devido. Cuida-se da supressão ou redução do tributo devido e que devia ser declarado, e não da executividade do tributo devido. Se o agente declarou corretamente suas operações e não recolheu o tributo não há incidência do artigo 1°. Assim, o que importa não é a cobrança, a possibilidade de execução da dívida, mas, sim, se o agente, por meio da conduta, reduziu ou suprimiu ou não o tributo. Aliás, se a consumação do delito fosse concretizada com a decisão do processo administrativo, significa que, nesse momento, há a redução do tributo. E se é só aí que ocorre a redução do tributo não teria sentido estabelecer a correção monetária desde quando deveria ter efetuado o pagamento do tributo.

---

[220] Veja-se o HC 90957 do STF, onde se constata que a denúncia cassada fora recebida em 10 de maio de 1995 e o processo administrativo teve decisão definitiva em 9 de maio de 2003, último dia para completar exatamente 8 anos.

Ademais, não há razão nenhuma para se aguardar o término do processo administrativo quando a falsidade praticada está fartamente comprovada e a incidência do tributo é inquestionável. Exemplifique-se com os casos de "nota calçada", "nota paralela", nota de empresa fantasma, etc. Seria menosprezo para com o juiz penal esperar que tais casos ou em outros meramente protelatórios fosse decido, administrativamente, sobre a existência do crime ou não.

E se o juiz penal, ao receber a denúncia com toda a documentação, tiver dúvida da discussão suscitada da incidência ou não do tributo naquela espécie de transação? A discussão sobre a incidência do tributo ou não em determinada operação pode suscitar dúvida séria e fundada no juiz penal. Existente a dúvida, dois caminhos surgem: ou o juiz, entende que o agente incidiu em erro e o erro foi invencível, aplicando a doutrina sobre o erro,[221] o que beneficiaria o réu, ou, pela analogia *in bonam partem*, acolhe a questão prejudicial, suspende a ação penal até que no juizo cível seja a controvérsia dirimida, a teor dos artigos 92 e seguintes do Código de Processo Penal. E veja-se que, embora muitas vezes haja decisão administrativa dizendo haver incidência de tributo, na esfera judicial tal entendimento é modificado.

Assim, face à independência das esferas penal e administrativa, não se pode tirar do juiz penal o poder de dizer, positiva ou negativamente, diante da prova produzida, ou seja, da própria materialidade do delito ou do auto de exame de corpo de delito (perícia), que houve falsidade material ou ideológica e de que o agente, por meio de tal falsidade, reduziu ou suprimiu tributo.

Impedir que haja o oferecimento ou recebimento da denúncia é confundir condição objetiva de punibilidade com condição de procedibilidade. Se não houve redução, nem supressão de tributo, não houve o fato típico, conseqüentemente, deve o juiz absolver, e isto ocorre na sentença, e não no ato de recebimento da denúncia. Se somente se tem uma afirmativa no auto de infração de que o agente sonegou tributo, mas não se tem prova de que ele, por ação ou por omissão, reduziu ou suprimiu o tributo é motivo de absolvição na sentença por falta de prova, mas não é motivo para impedir a instauração da ação penal e produção de prova da acusação formulada. Aliás, a mesma decisão que entende que "a instauração de persecução penal, desse modo, nos crimes contra a ordem tributária definidos no art. 1° da Lei n° 8.137/90 somente se legitimará, mesmo em sede de investigação policial, após a definitiva constituição do crédito tributário, pois, antes que tal ocorra,

---

[221] Ver LOVATTO, Alecio Adão. *O Princípio da Igualdade e o Erro Penal Tributário*. Porto Alegre: Livraria do Advogado, 2008.

o comportamento do agente será penalmente irrelevante, porque manifestamente atípico" (HC 90957 – STF), afirma que "se o Ministério Público, no entanto, independentemente da "representação fiscal para fins penais" a que se refere o art. 83 da Lei nº 9.430/96, dispuser, por outros meios, de elementos que lhe permitam comprovar a definitividade da constituição do crédito tributário, poderá, então, de modo legítimo, fazer instaurar os pertinentes atos de persecução penal por delitos contra a ordem tributária" (HC 90957 – STF), Ora, se o fato não fosse típico nem o Ministério Público, mesmo que tivesse recebido os documentos sem ser pela Fazenda Pública, poderia denunciar. Ainda, suponha-se que não tivesse ocorrido a ação do agente e este não tivesse ingressado com processo administrativo. A mesma conduta do agente teria dois momentos consumativos do crime? Claro que não. Como a conduta do agente é fazer declaração falsa ou omitir informação, inserir elemento inexato ou omitir operação, falsificar ou alterar documento fiscal, etc., há que se verificar o momento em que a declaração deve ser efetuada e se aquela falsidade na declaração foi capaz de reduzir ou suprimir tributo. Análise da existência da redução ou supressão do tributo é algo que o juiz deve decidir em razão das provas apresentadas, não sendo suficiente a apresentação só do auto de lançamento. E, se houver um caso em que haja dúvida séria se há incidência ou não de tributo, o juiz pode absolver por ausência de dolo ou pode determinar a suspensão do processo enquanto a matéria seja discutida na esfera cível, aplicando o previsto no Código de Processo Penal. Se a Constituição afirma que "a lei não excluirá da apreciação do Poder Judiciário lesão ou ameaça a direito", como o próprio Judiciário vai afirmar que ele depende da decisão administrativa para dizer se houve ou não omissão de tributo ou de que ele depende da decisão administrativa para dizer se houve crime? Deduz-se, portanto, ser equivocado o entendimento esposado pelo STF e seguido pelo STJ.

17. Medidas cautelares

Existe o seqüestro previsto no Código de Processo Penal, em seus artigos 125 e ss., cuja finalidade é a apreensão dos bens imóveis adquiridos com o produto do crime. Nele, fundamental é a prova de que o bem se originou do produto da infração. O indiciado, caso não tenha sido esta a origem do bem, pode opor embargos, evitando que permaneça ou se estabeleça o seqüestro.

Semelhante instrumento pode ser usado pelo Ministério Público, mas existe, especificamente, para o caso de crimes contra a ordem tributária, o seqüestro previsto no Decreto-Lei nº 3.240/41, pelo qual "ficam sujeitos a seqüestro os bens de pessoa indiciada por crime de que resulta prejuízo para a Fazenda Pública ou crime (...) desde que dele resulte locupletamento ilícito para o indiciado".

Podem-se detectar os seguintes requisitos para a sua decretação:

a) crime: no caso deverá haver crime que cause dano à Fazenda Pública, no que se enquadram os crimes contra a ordem tributária;

b) prejuízo contra a Fazenda Pública: deve haver crime previsto no artigo 1º da Lei nº 8.137/90, por ser ele crime de resultado, exigindo, para sua consumação, a redução ou a supressão de tributo, como que se tem a presença do prejuízo contra a Fazenda Pública. Os crimes previstos no artigo 2º, incisos I, III e V, em princípio, não representam prejuízo à Fazenda Pública. Já os incisos II e IV contêm o aspecto de prejuízo à Fazenda Pública;

c) pedido do Ministério Público: o pedido pode ser antes da denúncia, junto com a denúncia ou após o oferecimento dela;

d) relação de bens móveis ou imóveis: necessário é que o Ministério Público, ao formular o pedido, apresente a relação dos bens (móveis ou imóveis) a serem seqüestrados;

e) a finalidade do seqüestro é a reparação do dano resultante do crime;

f) não há restrição quanto ao seqüestro dos bens, podendo ser qualquer bem de propriedade do autor do delito, inclusive aquele que tenha sido doado após a prática do crime, bem como aquele que se encontre em poder de terceiro, desde que a aquisição tenha sido praticada com dolo ou culpa grave. Noutras palavras, o adquirente sabia da situação do autor do crime.

Diversamente do seqüestro previsto no Código de Processo Penal, o previsto para reparação do dano causado à Fazenda Pública somente admite embargos de terceiros, como, por exemplo, terceiro que tenha adquirido de boa-fé bem do indiciado ou denunciado.

Há que se distinguir se o bem seqüestrado é móvel ou imóvel:

1) *sendo móvel*, o juiz designa um depositário que prestará compromisso, ficando ele com a responsabilidade de: a) informar ao juiz sobre a existência de outros bens não compreendidos no seqüestro, desde que os seqüestrados não sejam suficientes; b) fornecer a pensão módica, arbitrada pelo juiz, ao indiciado para manter a si e a sua família, com o resultado dos bens seqüestrados; e c) prestar contas da administração mensalmente (art. 5º). Se os bens são suficientes para garantir a reparação do dano, não se vê razão nenhuma para tirar, v.g., o automóvel do uso do indiciado. Caso a caso, o juiz há que analisar a situação fática, somente afastando o indiciado da administração dos bens quando houver perigo de má-gestão ou de gestão dolosa;

2) *sendo imóveis os bens*, o juiz determina, *ex officio*, a averbação do seqüestro no registro de imóveis; pode ter requerimento do promotor de justiça; este deverá promover a hipoteca legal em favor da Fazenda Pública. Para tanto, deverá providenciar a avaliação dos bens, liberando-se aqueles que ultrapassarem os necessários para garantir a reparação do dano.

Cessa o seqüestro nas seguintes hipóteses:

a) se for ele requerido antes da denúncia, e o Ministério Público, no prazo de 90 dias da decretação do seqüestro, não ingressou com a denúncia;

b) se o juiz, por sentença, julgar extinta a ação penal; e

c) se o réu for absolvido.

Cessando o seqüestro, o art. 7º estabelece normas em relação à pessoa que exerce ou tenha exercido função pública, em relação aos bens que foram julgados de aquisição ilegítima. Entretanto, para tal, hoje existe a lei específica (Lei nº 8.429), que trata da improbidade administrativa, inaplicando-se o decreto-lei.

A sentença de absolvição, ao ser proferida, deve, também, determinar a liberação dos bens, ficando ela condicionada ao trânsito em julgado. Igualmente, se o juiz proferir sentença julgando extinta a punibilidade, *v.g.*, deverá liberar os bens seqüestrados.

Se a sentença for condenatória, desde que, nos autos, haja prova dos bens que se originaram como produto ou adquiridos com o produto do crime contra a ordem tributária, o juiz determina a perda deles para a Fazenda Pública. Se eles forem suficientes, liberam-se os demais. Se não forem suficientes, os demais bens irão garantir a reparação do dano na esfera civil.

Convém, contudo, haver controle para que não haja dupla indenização: a decorrente do seqüestro e outra decorrente de execução fiscal, na esfera cível.

Alguns têm defendido a tese de que o seqüestro previsto no Decreto-Lei foi revogado pelo Código de Processo Penal. Sem razão, uma vez que o Decreto-Lei normatiza matéria diversa da prevista no Código de Processo Penal. Este normatiza o seqüestro de bens imóveis oriundos de crimes, enquanto aquele regula o seqüestro de qualquer bem, inclusive daquele que se encontra na posse de terceiro ou tenha sido doado depois da prática do crime, inexistindo restrição quanto à origem. Pelo Código, não fica o criminoso com o produto do crime; pelo Decreto, se o réu se locupletou com a sonegação, deve reparar o dano causado à Fazenda Pública. A única coincidência é que, em ambos os casos, a sentença condenatória determina a perda dos bens que se originaram do crime. É a especificidade do decreto-lei, bem como a presença de requisitos e finalidades diversas, que afastam o entendimento de que o Código teria revogado o seqüestro previsto em norma especial.

No sentido acima exposto, é o posicionamento da 6ª Turma do STJ, sendo relator o Min. William Patterson, no julgamento do REsp nº 132539/SC, cuja ementa reza:

"*Penal. Seqüestro de bens. Crime de sonegação fiscal. Decreto-Lei n. 3.240, de 1941.* – A teor de orientação já firmada na Sexta Turma do STJ, não está revogado, pelo Código de Processo Penal, o Decreto-lei n. 3.240, de 1941, no ponto em que disciplina o seqüestro de bens de pessoa indiciada por crime de que resulta prejuízo para a Fazenda Pública." (DJ de 9.2.98, p. 48).

No mesmo sentido, a ementa do REsp 132539-SC diz:

"O Código de Processo Penal, quando cuida das medidas asseguratórias, previstas em seus arts. 125 a 132, estabelece que haverá o seqüestro de bens imóveis ou móveis adquiridos com o produto do crime; todavia, o Dec.-lei 3.240/41, em seu art. 1º, trata do seqüestro de bens de pessoa indicada por crime de que resulta prejuízo para a Fazenda Pública, sendo perfeitamente admissível a aplicação desta medida ao agente que praticar crime de sonegação fiscal, uma vez que não foi revogado o Estatuto Processual Repressivo, por regularem assuntos de natureza diversa."

E, no voto, o Min. William Patterson diz:

"*Data venia* dos recorrentes, tenho para mim que não se pode falar que o decreto-lei em questão esteja revogado (melhor seria dizer ab-rogado). Pelo § 1º, do art. 2º, da LICC, uma lei só revoga a anterior, quando expressamente o disser, quando com ela incompatível ou quando regular inteiramente a matéria de que tratava a lei velha. Ora, o CPP, quando cuida das 'medidas assecuratórias', normatiza coisa diferente: trata, em seus arts. 125 a 132, de seqüestro de bens imóveis ou móveis adquiridos com o produto de crime. Já o Dec.-Lei 3.240/41, (...), em seu art. 1º, primeira parte, cura de 'seqüestro de bens de pessoa indiciada por crime de que resulta prejuízo para a Fazenda Pública'. Como se vê, as leis regulam assuntos diversos. Logo, têm existência compatíveis.

Hely Lopes Meirelles, como foi mencionado pelo Interveniente (Estado da Paraíba), diz em seu festejado *Direito Administrativo Brasileiro,* 19ª ed. Malheiros, p. 423: 'O seqüestro dos bens adquiridos pelo indiciado com o produto da infração penal está genericamente disciplinado no CPP, arts. 125 a 144. Todavia, quando a vítima é a Fazenda Pública, o procedimento é o previsto no Dec.-Lei 3.240, de 8.5.41, expressamente revigorado pelo Dec.-Lei nº 359/68, arts. 9º a 11). Nesse caso, é requerido pelo Ministério Público, por representação da autoridade policial ou da administrativa, dependendo sua subsistência da instauração da ação penal no prazo de noventa dias (arts. 6º, I, e 2º, § 1º)'.

(...)

Carlos Alberto Alvaro de Oliveira e Galeno Lacerda, no *Comentários ao Código de Processo Civil,* 2ª ed., Forense, v. 8., t. II, comentando sobre o instituto do seqüestro civil, observam à p. 66: 'Em alguns casos, a lei provê explicitamente, quanto à legitimação do Ministério Público: a) Dec.-Lei 3.240, de 8.5.41, art. 2º, quanto aos bens das pessoas indiciadas por crime de que resulte prejuízo à Fazenda Pública; b) Dec.-Lei 3.415, de 10.7.41, art. 2º, relativamente aos bens apreendidos aos acusados de crime contra a Fazenda Nacional; c) Dec.-Lei 3.931, de 11.12.41 (Código de Processo Penal), art. 127, referindo-se ao seqüestro (penal) dos bens imóveis adquiridos pelo indiciado com proventos da infração, mesmo que transferidos a terceiro'.

Assim, Sr. Presidente, em que pesem os entendimentos dos recorrentes, ou por fás ou por nefas, o Dec.-Lei 3.240/41, está vivo em nosso ordenamento legal e é instrumento legal para coibir abuso de sonegadores e fraudadores da Fazenda Pública."

E, finalmente, cumpre assinalar que a lei que estabelece medidas cautelares na esfera tributária, como a denominada medida cautelar fiscal (Lei nº 8.397/92), mas ela não tem a especificidade que a norma *sub examin* tem. Conseqüentemente, não perde a validade e eficácia a medida cautelar penal prevista no Decreto-Lei nº 3.240/41, porquanto a lei especial revoga a lei geral, mas esta não revoga aquela[222].

---

[222] Quanto a outra medida usual, busca e apreensão, ver: BRAGA, Aureo Rogério Gil; VELASQUES, Renato Vinhas. *Crimes contra a Ordem Tributária. Medidas Acautelatórias*. Porto Alegre: Livraria do Advogado, 2008.

18. Sigilo bancário. Garantia constitucional

A medida de quebra de sigilo bancário, como bem observa Celso de Mello na Reclamação n° 511-9, "se reveste de caráter altamente restritivo de direitos, afetando, por isso mesmo, a esfera jurídica das pessoas em geral".

"É preciso ter presente que a tutela jurídica da intimidade constitui – qualquer que seja a dimensão em que se projete – uma das expressões mais significativas em que se pluralizam os direitos da personalidade. Trata-se de valor constitucionalmente assegurado (CF, art. 5°, X), cuja proteção normativa busca erigir e reservar, em *favor do indivíduo* – e contra a ação expansiva do arbítrio do Estado – uma esfera de autonomia intangível e indevassável pela atividade persecutória do Poder Público.
O direito à inviolabilidade dessa franquia individual – que constitui um dos núcleos baóicos em que se desenvolve, em nosso País, o regime das liberdades públicas – ostenta, no entanto, um caráter meramente relativo. Não assume e nem se reveste de natureza absoluta. Cede, por isso mesmo, às exigências impostas pela *preponderância* axiológica e jurídico-social do interesse público.
A pesquisa da verdade real constitui um dos princípios dominantes e fundamentais do processo penal. Do processo penal condenatório, especialmente. Essa busca de elementos informativos – elementos estes que compõem o quadro de dados probatórios essenciais para que o Ministério Público, enquanto destinatário precípuo das atividades investigatórias desenvolvidas pela Polícia Judiciária, a sua *opinio delicti* – sofre os necessários condicionamentos que a ordem jurídica impõe à ação persecutória do Estado.
A quebra do sigilo bancário – ato que se reveste de extrema gravidade jurídica e cuja prática pressupõe, *necessariamente, a competência* do órgão judiciário que a determina – só deve ser decretada, e sempre em caráter de absoluta excepcionalidade, quando exis-

tentes *fundados* elementos de suspeita que se apóiem em indícios idôneos, reveladores de possível autoridade prática delituosa por parte daquele que sofre a investigação penal realizada pelo Estado (Pet. 577- QOO, Rel. Min. Carlos Velloso, DJU de 23/4/93).

A relevância do direito ao sigilo bancário – que traduz, na concreção do seu alcance, uma das projeções realizadoras do direito à intimidade – impõe, por isso mesmo, cautela e prudência ao órgão *competente* do Poder Judiciário na determinação da ruptura da esfera de privacidade individual, que o ordenamento jurídico, em norma de salvaguarda, pretendeu submeter à cláusula tutelar de reserva constitucional (CF, art. 5, X)." (DJU de 24.10.94, p. 28.668)

No STF, a partir do julgamento da Petição n° 577-5/170, pacificada ficou a questão: o sigilo bancário não é absoluto; diante do interesse público ele deve ceder (RTJ 110/195). De acordo com Hugo de Meira Lima, "O segredo não pode, assim, servir de instrumento para proteger o crime". Interesse público, além do esclarecimento nas ações criminais, significa "esclarecimento da verdade, essenciais e indispensáveis ao julgamento e desenlace das demandas submetidas ao Poder Judiciário" (Adroaldo Mesquita da Costa, Rev. Dir. Público, vol. 3, p. 154). Noutras palavras, o sigilo não existe para ocultar fatos, "mas para revestir a revelação deles de caráter de excepcionalidade" (id.).

Como tais textos são anteriores à Constituição Federal de 1988, à exceção da última citação, convém alertar que o STF entende que a CF recepcionou o art. 38 da Lei n° 4.595, de 21 de dezembro de 1964. Mas deve haver uma relação entre "a prova pretendida com as informações bancárias com o objeto das investigações"(Francisco Rezek, *in* Inquérito n° 907-5 DF).

Este posicionamento, mesmo após a Constituição de 1988, permaneceu, o que se evidencia pela decisão do STJ, no julgamento do AAGINQ n° 187, sendo relator o Min. Sálvio de Figueiredo Teixeira: "É certo que a proteção ao sigilo bancário constitui espécie do direito à intimidade consagrado no art. 5°, X, da Constituição. Direito esse que revela uma das garantias do indivíduo contra o arbítrio do Estado. Todavia, não consubstancia ele direito absoluto, cedendo passo quando presentes circunstâncias que denotem a existência de um interesse público superior. Sua relatividade, no entanto, deve guardar contornos na própria lei, sob pena de se abrir caminho para o descumprimento da garantia à intimidade constitucionalmente assegurada". E acrescentava mais um elemento relacionado com o processo penal: "Tendo o inquérito policial por escopo apurar a existência do fato delituoso, completa deve ser a investigação criminal, em prestígio ao princípio da verdade real ínsito ao direito processual penal."[223]

E, ao ser deferida a quebra do sigilo bancário, vinculado fica o destinatário do sigilo a mantê-lo até que ingresse com a ação, não podendo valer-se para fins estranhos à causa em que foi pedido.

Assim, pode-se afirmar, com tranqüilidade:

a) o sigilo bancário não é absoluto;[224]

b) não existe para ocultar fatos;

c) seu rompimento tem caráter de excepcionalidade;

d) o esclarecimento da verdade, em processos judiciais, é admitido, bem como em inquérito civil e medidas e procedimentos administrativos especialmente os movidos pelo Ministério Público, cuja requisição é apreciada pelo Judiciário;

e) deve haver relação entre o que se pretende provar e o que se busca na quebra do sigilo;

f) a quebra do sigilo restringe-se ao uso restrito da finalidade a que destinou seu rompimento.

Impõe-se, portanto, que a quebra do sigilo bancário, prova muitas vezes essencial para os crimes tributários, deve ser buscada, judicialmente, sob pena de ser considerada prova ilícita: "São ilícitas as provas obtidas mediante quebra de sigilo bancário sem autorização da autoridade judiciária competente. Desentranhamento dos autos" (STJ).[225] Contudo não há como se considerar prova ilícita os elementos apreendidos no estabelecimento do contribuinte relativos à movimentação financeira da empresa, mesmo que tais elementos se constituam de extratos bancários do dinheiro da empresa. Igualmente, não se constitui prova ilícita a documentação relativa à movimentação bancária do contribuinte entregue por ele à fiscalização.

Na dúvida quanto à matéria, há que se interpretar em conformidade com os princípios enunciados acima (letras *a* a *f*), jamais olvidando que o sigilo é garantia do cidadão em relação à prepotência do poder público, não se constituindo, no entanto, em nenhum momento, em garantia da delinqüência. Mas diante da norma constitucional, não é

---

[223] DJ de 16.9.96, p. 33651.

[224] O STJ, no julgamento do ROMS nº 7423/SP, por sua 1ª Turma, sendo relator o Min. Milton Luiz Pereira, se pronunciou no mesmo sentido: "O sigilo bancário não é um direito absoluto, quando demonstradas fundadas razões, podendo ser desvendado por requisição do Ministério Público em medidas e procedimentos administrativos, inquéritos e ações, mediante requisição submetida ao poder judiciário".

[225] HC nº 4.927, DJ de 4.11.96, p. 42.489, rel. Min. Edson Vidigal.

demais que esta garantia seja controlada pelo Poder Judiciário a fim de serem evitados abusos.

Após a primeira edição desta obra, foi editada a Lei Complementar nº 105/00, que dispõe sobre o sigilo das operações de instituições financeiras. Estabelece a regra básica da obrigatoriedade de conservar o sigilo nas operações, bem como, no § 4º, a exceção, ou seja, a possibilidade de quebra do sigilo bancário para apuração de ocorrência de qualquer ilícito, especificando alguns crimes, entre os quais os contra a ordem tributária e a previdência social (inc. VII). Por ela, as autoridades e os agentes fiscais tributários da União, dos Estados, do Distrito Federal e dos Municípios poderão examinar documentos, livros e registros de instituições financeiras, inclusive contas de depósitos e aplicações financeiras, desde que haja processo administrativo instaurado ou procedimento fiscal em curso, sendo tais exames considerados indispensáveis pela autoridade administrativa competente (art. 6º).

A matéria foi submetida ao STF pela Confederação Nacional da Indústria, estando a ADIn nº 2.397-7 dependendo de julgamento. Se o STF considerar constitucional a Lei Complementar nº 105, na parte referente à iniciativa da quebra do sigilo, altera-se a sistemática até então existente que exigia a autorização judicial. Se, entretanto, considera inconstitucional a quebra do sigilo bancário pela autoridade fazendária, toda a prova colhida sob a égide do artigo 6º será considerada ilícita, maculando os processos criminais fundamentados em tais elementos de prova, caso o judiciário não ressalve os fatos passados. Diante disso, desaconselhável é a quebra de sigilo bancário diretamente pela autoridade fiscal, uma vez que, havendo processo instaurado ou mesmo procedimento fiscal e haver a consideração de que tais exames são indispensáveis pela autoridade administrativa competente, têm-se os elementos necessários para que o juiz, em decisão fundamentada, determine a quebra do sigilo.

O Tribunal de Justiça do Rio Grande do Sul, no Processo nº 70018524744, entendeu ser lícito que a instituição financeira forneça extratos bancários sem autorização do correntista ou do judiciário. No julgamento, emergiu a tese de que o princípio constitucional do sigilo bancário não se sobrepõe à fundamentada atuação da fiscalização tributária, sendo que "a alteração legislativa teve por escopo alargar o espectro de atuação do Poder Público, na visível intenção de combater a sonegação e a lavagem de dinheiro". Com a devida vênia, o interesse da atuação do fisco não se sobrepõe a direitos fundamentais. Estes, contudo são garantia do cidadão e não da criminalidade. Daí que, o controle, ainda que moroso, deve ser feito pelo Judiciário.

Observa-se, pois, que antes da Lei Complementar nº 105 e após ela, quer pelo juiz, quer pela autoridade administrativa, deve haver fundamentação: comprovar a necessidade de quebra do sigilo por meio dos elementos indiciários ou outros. Assim como no caso de prisão preventiva, a quebra do sigilo necessita de decisão fundamentada, porquanto se rompe com uma proteção constitucional somente se justificando por razões superiores, como *v.g.*, apuração de crime contra a ordem tributária. Como direito fundamental, sua quebra, ao contrário do preconiza a Lei Complementar n° 105, deve ser autorizada somente pelo Judiciário.

19. Competência

A competência para processar e julgar os crimes tributários é fixada em razão da competência tributária. Da Justiça Federal é a competência para os crimes referentes ao impostos sobre importação de produtos estrangeiros (II); exportação, para o exterior, de produtos nacionais ou nacionalizados (IE); renda e proventos de qualquer natureza (IR); produtos industrializados (IPI); operações de crédito, câmbio e seguro, ou relativas a títulos ou valores mobiliários (IOF); propriedade territorial rural e grandes fortunas (ITR e IGF, sendo que em relação às grandes fortunas inexiste, ainda, lei estabelecendo a incidência, dependendo de lei complementar). Igualmente, são da Justiça Federal as taxas e contribuições de melhoria instituídas pela União e a ela destinadas.

Compete à justiça comum processar e julgar os crimes relativos aos tributos dos Estados e dos Municípios. Assim, competem-lhe os crimes relativos aos impostos sobre transmissão *causa mortis* e doação, de quaisquer bens ou direitos (ITD); operações relativas à circulação de mercadorias e sobre prestações de serviços de transporte interestadual e intermunicipal e de comunicação, ainda que as operações e as prestações se iniciem no exterior (ICMS); propriedade de veículos automotores (IPVA); propriedade predial e territorial urbana (IPTU); transmissão *inter vivos*, a qualquer título, por ato oneroso, de bens imóveis, exceto os de garantia, bem como cessão de direitos a sua aquisição (ITBI); serviço de qualquer natureza, não compreendidos no artigo 155, II, definidos em lei complementar (ISS). Igualmente, as taxas a serem cobradas em razão do poder de polícia ou pela utilização, efetiva ou potencial, de serviços públicos específicos e divisíveis, prestados ao contribuinte ou postos a sua disposição e as contribuições de melhoria decorrentes de obras públicas estaduais e municipais.

Dúvida surge quando o agente comete crime de competência da Justiça Federal e crime da competência da Justiça Estadual, havendo conexão probatória. Ora, como o fato gerador de um e de outro tributo é diverso, bem como se trata de competência absoluta, a melhor solução é que a Justiça Federal julgue os crimes de sua competência, e a Justiça Comum Estadual, os relativos aos tributos estaduais e municipais, reproduzindo a prova num e noutro juízo. Esta é a solução preconizada por Tourinho Filho. No caso, a razão fundamental é a conveniência da separação, especialmente pelo fato de que a lei penal tributária é lei penal em branco, e o juiz estadual não está acostumado a julgar tributos federais, nem o juiz federal está acostumado a julgar casos de tributos estaduais (art. 80 do CPP). Mas a conveniência é questão a ser decidida pelo magistrado, o qual remeterá à Justiça Federal quando não há como cindir as ações do agente.

Nas demais questões relativas à competência e aos conflitos a ela relativos, aplicam-se as regras do Código de Processo Penal pertinentes à matéria.

Anexo – legislação

LEI Nº 4.502, DE 30 DE NOVEMBRO DE 1964.

Dispõe Sôbre o Impôsto de Consumo e reorganiza a Diretoria de Rendas Internas.

...

Art . 71. Sonegação é toda ação ou omissão dolosa tendente a impedir ou retardar, total ou parcialmente, o conhecimento por parte da autoridade fazendária:
I – da ocorrência do fato gerador da obrigação tributária principal, sua natureza ou circunstâncias materiais;
II – das condições pessoais de contribuinte, suscetíveis de afetar a obrigação tributária principal ou o crédito tributário correspondente.

Art . 72. Fraude é toda ação ou omissão dolosa tendente a impedir ou retardar, total ou parcialmente, a ocorrência do fato gerador da obrigação tributária principal, ou a excluir ou modificar as suas características essenciais, de modo a reduzir o montante do imposto devido a evitar ou diferir o seu pagamento.

Art . 73. Conluio é o ajuste doloso entre duas ou mais pessoas naturais ou jurídicas, visando a qualquer dos efeitos referidos nos arts. 71 e 72.

...

LEI Nº 4.729, DE 14 DE JULHO DE 1965.

Define o crime de sonegação fiscal e dá outras providências.

O PRESIDENTE DA REPÚBLICA, faço saber que o CONGRESSO NACIONAL decreta e eu sanciono a seguinte Lei:

Art. 1º Constitui crime de sonegação fiscal:
I – prestar declaração falsa ou omitir, total ou parcialmente, informação que deva ser produzida a agentes das pessoas jurídicas de direito público interno, com a intenção de eximir-se, total ou parcialmente, do pagamento de tributos, taxas e quaisquer adicionais devidos por lei;
II – inserir elementos inexatos ou omitir, rendimentos ou operações de qualquer natureza em documentos ou livros exigidos pelas leis fiscais, com a intenção de exonerar-se do pagamento de tributos devidos à Fazenda Pública;
III – alterar faturas e quaisquer documentos relativos a operações mercantis com o propósito de fraudar a Fazenda Pública;
IV – fornecer ou emitir documentos graciosos ou alterar despesas, majorando-as, com o objetivo de obter dedução de tributos devidos à Fazenda Pública, sem prejuízo das sanções administrativas cabíveis.

V – Exigir, pagar ou receber, para si ou para o contribuinte beneficiário da paga, qualquer percentagem sôbre a parcela dedutível ou deduzida do impôsto sôbre a renda como incentivo fiscal. (Incluído pela Lei nº 5.569, de 1969)

Pena: Detenção, de seis meses a dois anos, e multa de duas a cinco vêzes o valor do tributo.

§ 1º Quando se tratar de criminoso primário, a pena será reduzida à multa de 10 (dez) vêzes o valor do tributo.

§ 2º Se o agente cometer o crime prevalecendo-se do cargo público que exerce, a pena será aumentada da sexta parte.

§ 3º O funcionário público com atribuições de verificação, lançamento ou fiscalização de tributos, que concorrer para a prática do crime de sonegação fiscal, será punido com a pena dêste artigo aumentada da têrça parte, com a abertura obrigatória do competente processo administrativo.

Art. 2º (Revogado pela Lei nº 8.383, de 1991)

Art. 3º Sòmente os atos definidos nesta Lei poderão constituir crime de sonegação fiscal.

Art. 4º A multa aplicada nos têrmos desta Lei será computada e recolhida, integralmente, como receita pública extraordinária.

Art. 5º No art. 334, do Código Penal, substituam-se os §§ 1º e 2º pelos seguintes:

"§ 1º Incorre na mesma pena quem:

a) pratica navegação de cabotagem, fora dos casos permitidos em lei;

b) pratica fato assimilado, em lei especial, a contrabando ou descaminho;

c) vende, expõe à venda, mantém em depósito ou, de qualquer forma, utiliza em proveito próprio ou alheio, no exercício de atividade comercial ou industrial, mercadoria de procedência estrangeira que introduziu clandestinamente no País ou importou fraudulentamente ou que sabe ser produto de introdução clandestina no território nacional ou de importação fraudulenta por parte de outrem;

d) adquire, recebe ou oculta, em proveito próprio ou alheio, no exercício de atividade comercial ou Industrial, mercadoria de procedência estrangeira, desacompanhada de documentação legal, ou acompanhada de documentos que sabe serem falsos.

§ 2º Equipara-se às atividades comerciais, para os efeitos dêste artigo, qualquer forma de comércio irregular ou clandestino de mercadorias estrangeiras, inclusive o exercido em residências.

§ 3º A pena aplica-se em dôbro, se o crime de contrabando ou descaminho é praticado em transporte aéreo".

Art. 6º Quando se trata de pessoa jurídica, a responsabilidade penal pelas infrações previstas nesta Lei será de todos os que, direta ou indiretamente ligados à mesma, de modo permanente ou eventual, tenham praticado ou concorrido para a prática da sonegação fiscal.

Art. 7º As autoridades administrativas que tiverem conhecimento de crime previsto nesta Lei, inclusive em autos e papéis que conhecerem, sob pena de responsabilidade, remeterão ao Ministério Público os elementos comprobatórios da infração, para instrução do procedimento criminal cabível.

§ 1º Se os elementos comprobatórios forem suficientes, o Ministério Público oferecerá, desde logo, denúncia.

§ 2º Sendo necessários esclarecimentos, documentos ou diligências complementares, o Ministério Público os requisitará, na forma estabelecida no Código de Processo Penal.

Art. 8º Em tudo o mais em que couber e não contrariar os arts. 1º a 7º desta Lei, aplicar-se-ão o Código Penal e o Código de Processo Penal.

Art. 9º (Revogado pela Lei nº 8.021, de 1990)

Art. 10. O Poder Executivo procederá às alterações do Regulamento do Impôsto de Renda decorrentes das modificações constantes desta Lei.

Art. 11. Esta Lei entrará em vigor 60 (sessenta) dias após sua publicação.

Art. 12. Revogam-se as disposições em contrário.

Brasília, em 14 de julho de 1965; 144º da Independência e 77º da República.

LEI Nº 7.752, DE 14 DE ABRIL DE 1989.

Dispõe sobre benefícios fiscais na área do imposto sobre a renda e outros tributos, concedidos ao desporto amador.

...

Art. 14. Obter redução do Imposto de Renda, utilizando-se fraudulentamente de qualquer dos benefícios desta Lei, constitui crime punível com detenção de 1 (um) a 3 (três) anos e multa.

§ 1º No caso de pessoa jurídica, respondem pelo crime o acionista controlador e os administradores que para ele efetivamente tenham concorrido.

§ 2º Na mesma pena incorre aquele que, recebendo recursos, bens ou valores, em função desta Lei, deixe de promover, sem justa causa, a atividade desportiva objeto do incentivo.

...

LEI Nº 8.137, DE 27 DE DEZEMBRO DE 1990.

Define crimes contra a ordem tributária, econômica e contra as relações de consumo, e dá outras providências.

O PRESIDENTE DA REPÚBLICA, faço saber que o Congresso Nacional decreta e eu sanciono a seguinte lei:

CAPÍTULO I
Dos Crimes Contra a Ordem Tributária
Seção I
Dos crimes praticados por particulares

Art. 1º Constitui crime contra a ordem tributária suprimir ou reduzir tributo, ou contribuição social e qualquer acessório, mediante as seguintes condutas:

I – omitir informação, ou prestar declaração falsa às autoridades fazendárias;

II – fraudar a fiscalização tributária, inserindo elementos inexatos, ou omitindo operação de qualquer natureza, em documento ou livro exigido pela lei fiscal;

III – falsificar ou alterar nota fiscal, fatura, duplicata, nota de venda, ou qualquer outro documento relativo à operação tributável;

IV – elaborar, distribuir, fornecer, emitir ou utilizar documento que saiba ou deva saber falso ou inexato;

V – negar ou deixar de fornecer, quando obrigatório, nota fiscal ou documento equivalente, relativa a venda de mercadoria ou prestação de serviço, efetivamente realizada, ou fornecê-la em desacordo com a legislação.

Pena – reclusão de 2 (dois) a 5 (cinco) anos, e multa.

Parágrafo único. A falta de atendimento da exigência da autoridade, no prazo de 10 (dez) dias, que poderá ser convertido em horas em razão da maior ou menor complexidade da matéria ou da dificuldade quanto ao atendimento da exigência, caracteriza a infração prevista no inciso V.

Art. 2º Constitui crime da mesma natureza:

I – fazer declaração falsa ou omitir declaração sobre rendas, bens ou fatos, ou empregar outra fraude, para eximir-se, total ou parcialmente, de pagamento de tributo;

II – deixar de recolher, no prazo legal, valor de tributo ou de contribuição social, descontado ou cobrado, na qualidade de sujeito passivo de obrigação e que deveria recolher aos cofres públicos;

III - exigir, pagar ou receber, para si ou para o contribuinte beneficiário, qualquer percentagem sobre a parcela dedutível ou deduzida de imposto ou de contribuição como incentivo fiscal;

IV - deixar de aplicar, ou aplicar em desacordo com o estatuído, incentivo fiscal ou parcelas;

V - utilizar ou divulgar programa de processamento de dados que permita ao sujeito passivo da obrigação tributária possuir informação contábil diversa daquela que é, por lei, fornecida à Fazenda Pública.

Pena - detenção, de 6 (seis) meses a 2 (dois) anos, e multa.

Seção II
Dos crimes praticados por funcionários públicos

Art. 3º Constitui crime funcional contra a ordem tributária, além dos previstos no Decreto-Lei nº 2.848, de 7 de dezembro de 1940 - Código Penal (Título XI, Capítulo I):

I - extraviar livro oficial, processo fiscal ou qualquer documento, de que tenha a guarda em razão da função; sonegá-lo, ou inutilizá-lo, total ou parcialmente, acarretando pagamento indevido ou inexato de tributo ou contribuição social;

II - exigir, solicitar ou receber, para si ou para outrem, direta ou indiretamente, ainda que fora da função ou antes de iniciar seu exercício, mas em razão dela, vantagem indevida; ou aceitar promessa de tal vantagem, para deixar de lançar ou cobrar tributo ou contribuição social, ou cobrá-los parcialmente.

Pena - reclusão, de 3 (três) a 8 (oito) anos, e multa.

III - patrocinar, direta ou indiretamente, interesse privado perante a administração fazendária, valendo-se da qualidade de funcionário público.

Pena - reclusão, de 1 (um) a 4 (quatro) anos, e multa.

CAPÍTULO II
Dos crimes Contra a Economia e as Relações de Consumo

Art. 4º Constitui crime contra a ordem econômica:

I - abusar do poder econômico, dominando o mercado ou eliminando, total ou parcialmente, a concorrência mediante:

a) ajuste ou acordo de empresas;

b) aquisição de acervos de empresas ou cotas, ações, títulos ou direitos;

c) coalizão, incorporação, fusão ou integração de empresas;

d) concentração de ações, títulos, cotas, ou direitos em poder de empresa, empresas coligadas ou controladas, ou pessoas físicas;

e) cessação parcial ou total das atividades da empresa;

f) impedimento à constituição, funcionamento ou desenvolvimento de empresa concorrente.

II - formar acordo, convênio, ajuste ou aliança entre ofertantes, visando:

a) à fixação artificial de preços ou quantidades vendidas ou produzidas;

b) ao controle regionalizado do mercado por empresa ou grupo de empresas;

c) ao controle, em detrimento da concorrência, de rede de distribuição ou de fornecedores.

III - discriminar preços de bens ou de prestação de serviços por ajustes ou acordo de grupo econômico, com o fim de estabelecer monopólio, ou de eliminar, total ou parcialmente, a concorrência;

IV - açambarcar, sonegar, destruir ou inutilizar bens de produção ou de consumo, com o fim de estabelecer monopólio ou de eliminar, total ou parcialmente, a concorrência;

V - provocar oscilação de preços em detrimento de empresa concorrente ou vendedor de matéria-prima, mediante ajuste ou acordo, ou por outro meio fraudulento;

VI - vender mercadorias abaixo do preço de custo, com o fim de impedir a concorrência;

VII – elevar sem justa causa o preço de bem ou serviço, valendo-se de posição dominante no mercado. (Redação dada pela Lei nº 8.884, de 11.6.1994)

Pena – reclusão, de 2 (dois) a 5 (cinco) anos, ou multa.

Art. 5º Constitui crime da mesma natureza:

I – exigir exclusividade de propaganda, transmissão ou difusão de publicidade, em detrimento de concorrência;

II – subordinar a venda de bem ou a utilização de serviço à aquisição de outro bem, ou ao uso de determinado serviço;

III – sujeitar a venda de bem ou a utilização de serviço à aquisição de quantidade arbitrariamente determinada;

IV – recusar-se, sem justa causa, o diretor, administrador, ou gerente de empresa a prestar à autoridade competente ou prestá-la de modo inexato, informando sobre o custo de produção ou preço de venda.

Pena – detenção, de 2 (dois) a 5 (cinco) anos, ou multa.

Parágrafo único. A falta de atendimento da exigência da autoridade, no prazo de 10 (dez) dias, que poderá ser convertido em horas em razão da maior ou menor complexidade da matéria ou da dificuldade quanto ao atendimento da exigência, caracteriza a infração prevista no inciso IV.

Art. 6º Constitui crime da mesma natureza:

I – vender ou oferecer à venda mercadoria, ou contratar ou oferecer serviço, por preço superior ao oficialmente tabelado, ao regime legal de controle;

II – aplicar fórmula de reajustamento de preços ou indexação de contrato proibida, ou diversa daquela que for legalmente estabelecida, ou fixada por autoridade competente;

III – exigir, cobrar ou receber qualquer vantagem ou importância adicional de preço tabelado, congelado, administrado, fixado ou controlado pelo Poder Público, inclusive por meio da adoção ou de aumento de taxa ou outro percentual, incidente sobre qualquer contratação.

Pena – detenção, de 1 (um) a 4 (quatro) anos, ou multa.

Art. 7º Constitui crime contra as relações de consumo:

I – favorecer ou preferir, sem justa causa, comprador ou freguês, ressalvados os sistemas de entrega ao consumo por intermédio de distribuidores ou revendedores;

II – vender ou expor à venda mercadoria cuja embalagem, tipo, especificação, peso ou composição esteja em desacordo com as prescrições legais, ou que não corresponda à respectiva classificação oficial;

III – misturar gêneros e mercadorias de espécies diferentes, para vendê-los ou expô-los à venda como puros; misturar gêneros e mercadorias de qualidades desiguais para vendê-los ou expô-los à venda por preço estabelecido para os demais mais alto custo;

IV – fraudar preços por meio de:

a) alteração, sem modificação essencial ou de qualidade, de elementos tais como denominação, sinal externo, marca, embalagem, especificação técnica, descrição, volume;

b) divisão em partes de bem ou serviço, habitualmente oferecido à venda em conjunto;

c) junção de bens ou serviços, comumente oferecidos à venda em separado;

d) aviso de inclusão de insumo não empregado na produção do bem ou na prestação dos serviços;

V – elevar o valor cobrado nas vendas a prazo de bens ou serviços, mediante a exigência de comissão ou de taxa de juros ilegais;

VI – sonegar insumos ou bens, recusando-se a vendê-los a quem pretenda comprá-los nas condições publicamente ofertadas, ou retê-los para o fim de especulação;

VII – induzir o consumidor ou usuário a erro, por via de indicação ou afirmação falsa ou enganosa sobre a natureza, qualidade do bem ou serviço, utilizando-se de qualquer meio, inclusive a veiculação ou divulgação publicitária;

VIII – destruir, inutilizar ou danificar matéria-prima ou mercadoria, com o fim de provocar alta de preço, em proveito próprio ou de terceiros;

IX – vender, ter em depósito para vender ou expor à venda ou, de qualquer forma, entregar matéria-prima ou mercadoria, em condições impróprias ao consumo;

Pena – detenção, de 2 (dois) a 5 (cinco) anos, ou multa.

Parágrafo único. Nas hipóteses dos incisos II, III e IX pune-se a modalidade culposa, reduzindo-se a pena e a detenção de 1/3 (um terço) ou a de multa à quinta parte.

CAPÍTULO III
Das Multas

Art. 8º Nos crimes definidos nos arts. 1º a 3º desta lei, a pena de multa será fixada entre 10 (dez) e 360 (trezentos e sessenta) dias-multa, conforme seja necessário e suficiente para reprovação e prevenção do crime.

Parágrafo único. O dia-multa será fixado pelo juiz em valor não inferior a 14 (quatorze) nem superior a 200 (duzentos) Bônus do Tesouro Nacional BTN.

Art. 9º A pena de detenção ou reclusão poderá ser convertida em multa de valor equivalente a:

I – 200.000 (duzentos mil) até 5.000.000 (cinco milhões) de BTN, nos crimes definidos no art. 4º;

II – 5.000 (cinco mil) até 200.000 (duzentos mil) BTN, nos crimes definidos nos arts. 5º e 6º;

III – 50.000 (cinqüenta mil) até 1.000.000 (um milhão de BTN), nos crimes definidos no art. 7º.

Art. 10. Caso o juiz, considerado o ganho ilícito e a situação econômica do réu, verifique a insuficiência ou excessiva onerosidade das penas pecuniárias previstas nesta lei, poderá diminuí-las até a décima parte ou elevá-las ao décuplo.

CAPÍTULO IV
Das Disposições Gerais

Art. 11. Quem, de qualquer modo, inclusive por meio de pessoa jurídica, concorre para os crimes definidos nesta lei, incide nas penas a estes cominadas, na medida de sua culpabilidade.

Parágrafo único. Quando a venda ao consumidor for efetuada por sistema de entrega ao consumo ou por intermédio de outro em que o preço ao consumidor é estabelecido ou sugerido pelo fabricante ou concedente, o ato por este praticado não alcança o distribuidor ou revendedor.

Art. 12. São circunstâncias que podem agravar de 1/3 (um terço) até a metade as penas previstas nos arts. 1º, 2º e 4º a 7º:

I – ocasionar grave dano à coletividade;

II – ser o crime cometido por servidor público no exercício de suas funções;

III – ser o crime praticado em relação à prestação de serviços ou ao comércio de bens essenciais à vida ou à saúde.

Art. 13. (Vetado).

Art. 14. Artigo revogado pela Lei nº 8.383, de 30.12.1991.

Art. 15. Os crimes previstos nesta lei são de ação penal pública, aplicando-se-lhes o disposto no art. 100 do Decreto-Lei nº 2.848, de 7 de dezembro de 1940 – Código Penal.

Art. 16. Qualquer pessoa poderá provocar a iniciativa do Ministério Público nos crimes descritos nesta lei, fornecendo-lhe por escrito informações sobre o fato e a autoria, bem como indicando o tempo, o lugar e os elementos de convicção.

Parágrafo único. Nos crimes previstos nesta Lei, cometidos em quadrilha ou co-autoria, o co-autor ou partícipe que através de confissão espontânea revelar à autoridade policial ou judicial toda a trama delituosa terá a sua pena reduzida de um a dois terços. (Parágrafo incluído pela Lei nº 9.080, de 19.7.1995)

Art. 17. Compete ao Departamento Nacional de Abastecimento e Preços, quando e se necessário, providenciar a desapropriação de estoques, a fim de evitar crise no mercado ou colapso no abastecimento.

Ar. 18. (Revogado pela Lei nº 8.176, de 8.2.1991)

Art. 19. O *caput* do art. 172 do Decreto-Lei nº 2.848, de 7 de dezembro de 1940 – Código Penal, passa a ter a seguinte redação:

"Art. 172. Emitir fatura, duplicata ou nota de venda que não corresponda à mercadoria vendida, em quantidade ou qualidade, ou ao serviço prestado.

Pena – detenção, de 2 (dois) a 4 (quatro) anos, e multa".

Art. 20. O § 1º do art. 316 do Decreto-Lei nº 2 848, de 7 de dezembro de 1940 Código Penal, passa a ter a seguinte redação:

"Art. 316. ...

§ 1º Se o funcionário exige tributo ou contribuição social que sabe ou deveria saber indevido, ou, quando devido, emprega na cobrança meio vexatório ou gravoso, que a lei não autoriza;

Pena – reclusão, de 3 (três) a 8 (oito) anos, e multa".

Art. 21. O art. 318 do Decreto-Lei nº 2.848, de 7 de dezembro de 1940 Código Penal, quanto à fixação da pena, passa a ter a seguinte redação:

"Art. 318. ...

Pena – reclusão, de 3 (três) a 8 (oito) anos, e multa".

Art. 22. Esta lei entra em vigor na data de sua publicação.

Art. 23. Revogam-se as disposições em contrário e, em especial, o O art. 318 do Decreto-Lei nº 2.848, de 7 de dezembro de 1940 – Código Penal.

Brasília, 27 de dezembro de 1990; 169º da Independência e 102º da República.

FERNANDO COLLOR
Jarbas Passarinho
Zélia M. Cardoso de Mello

LEI Nº 8.212, DE 24 DE JULHO DE 1991.

Dispõe sobre a organização da Seguridade Social, institui Plano de Custeio e dá outras providências.

...

Art. 95. Constitui crime:

a) deixar de incluir na folha de pagamentos da empresa os segurados empregado, empresário, trabalhador avulso ou autônomo que lhe prestem serviços;

b) deixar de lançar mensalmente nos títulos próprios da contabilidade da empresa o montante das quantias descontadas dos segurados e o das contribuições da empresa;

c) omitir total ou parcialmente receita ou lucro auferidos, remunerações pagas ou creditadas e demais fatos geradores de contribuições, descumprindo as normas legais pertinentes;

d) deixar de recolher, na época própria, contribuição ou outra importância devida à Seguridade Social e arrecadada dos segurados ou do público;

e) deixar de recolher contribuições devidas à Seguridade Social que tenham integrados custos ou despesas contábeis relativos a produtos ou serviços vendidos;

f) deixar de pagar salário-família, salário-maternidade, auxílio-natalidade ou outro benefício devido a segurado, quando as respectivas quotas e valores já tiverem sido reembolsados à empresa;

g) inserir ou fazer inserir em folha de pagamentos, pessoa que não possui a qualidade de segurado obrigatório;

h) inserir ou fazer inserir em Carteira de Trabalho e Previdência Social do empregado, ou em documento que deva produzir efeito perante a Seguridade Social, declaração falsa ou diversa da que deveria ser feita;

i) inserir ou fazer inserir em documentos contábeis ou outros relacionados com as obrigações da empresa declaração falsa ou diversa da que deveria constar, bem como omitir elementos exigidos pelas normas legais ou regulamentares específicas;

j) obter ou tentar obter, para si ou para outrem, vantagem ilícita, em prejuízo direto ou indireto da Seguridade Social ou de suas entidades, induzindo ou mantendo alguém em erro, mediante artifício, contrafação, imitação, alteração ardilosa, falsificação ou qualquer outro meio fraudulento.

§ 1º No caso dos crimes caracterizados nas alíneas d, e, e f deste artigo, a pena será aquela estabelecida no art. 5º da Lei nº 7.492, de 16 de junho de 1986, aplicando-se à espécie as disposições constantes dos arts. 26, 27, 30, 31 e 33 do citado diploma legal.

§ 2º A empresa que transgredir as normas desta lei, além das outras sanções previstas, sujeitar-se-á, nas condições em que dispuser o regulamento:

a) suspensão de empréstimos e financiamentos, por instituições financeiras oficiais;

b) à revisão de incentivos fiscais de tratamento tributário especial;

c) à inabilitação para licitar e contratar com qualquer órgão ou entidade da administração pública direta ou indireta federal, estadual, do Distrito Federal ou municipal;

d) à interdição para o exercício do comércio, se for sociedade mercantil ou comerciante individual;

e) à desqualificação para impetrar concordata;

f) à cassação de autorização para funcionar no país, quando for o caso.

§ 3º Consideram-se pessoalmente responsáveis pelos crimes acima caracterizados o titular de firma individual, os sócios solidários, gerentes, diretores ou administradores que participem ou tenham participado da gestão de empresa beneficiada, assim como o segurado que tenha obtido vantagens.

§ 4º A Seguridade Social, através de seus órgãos competentes, e de acordo com o regulamento, promoverá a apreensão de comprovantes de arrecadação e de pagamento de benefícios, bem como de quaisquer documentos pertinentes, inclusive contábeis, mediante lavratura do competente termo, com a finalidade de apurar administrativamente a ocorrência dos crimes previstos neste artigo.

(Lei revogada pela Lei nº 9.983/2000).

LEI N° 8.313, DE 23 DE DEZEMBRO DE 1991.

Restabelece princípios da Lei nº 7.505, de 2 de julho de 1986, institui o Programa Nacional de Apoio à Cultura (Pronac) e dá outras providências.

...

Art. 40. Constitui crime, punível com reclusão de dois a seis meses e multa de vinte por cento do valor do projeto, obter redução do imposto de renda utilizando-se fraudulentamente de qualquer benefício desta Lei.

§ 1º No caso de pessoa jurídica respondem pelo crime o acionista controlador e os administradores que para ele tenham concorrido.

§ 2º Na mesma pena incorre aquele que, recebendo recursos, bens ou valores em função desta Lei, deixa de promover, sem justa causa, atividade cultural objeto do incentivo.

LEI Nº 8.383, DE 30 DE DEZEMBRO DE 1991.

Institui a Unidade Fiscal de Referência, altera a legislação do imposto de renda e dá outras providências.

...

Art. 98. Revogam-se o art. 44 da Lei nº 4.131, de 3 de setembro de 1962, os §§ 1º e 2º do art. 11 da Lei nº 4.357, de 16 de julho de 1964, o art. 2º da Lei nº 4.729, de 14 de julho de 1965, o art. 5º do Decreto-Lei nº 1.060, de 21 de outubro de 1969, os arts. 13 e 14 da Lei nº 7.713, de 1988, os incisos III e IV e os §§ 1º e 2º do art. 7º e o art. 10 da Lei nº 8.023, de 1990, o inciso III e parágrafo único do art. 11 da Lei nº 8.134, de 27 de dezembro de 1990 e o art. 14 da Lei nº 8.137, de 27 de dezembro de 1990.

LEI Nº 9.080, DE 19 DE JULHO DE 1995.

Acrescenta dispositivos às Leis nºs 7.492, de 16 de junho de 1986, e 8.137, de 27 de dezembro de 1990.

O VICE-PRESIDENTE DA REPÚBLICA no exercício do cargo de PRESIDENTE DA REPÚBLICA
Faço saber que o Congresso Nacional decreta e eu sanciono a seguinte Lei:
Art. 1º Ao art. 25 da Lei nº 7.492, de 16 de junho de 1986, é acrescentado o seguinte parágrafo:
"Art. 25. ...
2º Nos crimes previstos nesta Lei, cometidos em quadrilha ou co-autoria, o co-autor ou partícipe que através de confissão espontânea revelar à autoridade policial ou judicial toda a trama delituosa terá a sua pena reduzida de um a dois terços."
Art. 2º Ao art. 16 da Lei nº 8.137, de 27 de dezembro de 1990, é acrescentado o seguinte parágrafo único:
"Art. 16. ...
Parágrafo único. Nos crimes previstos nesta Lei, cometidos em quadrilha ou co-autoria, o co-autor ou partícipe que através de confissão espontânea revelar à autoridade policial ou judicial toda a trama delituosa terá a sua pena reduzida de um a dois terços."
Art. 3º Esta Lei entra em vigor na data de sua publicação.
Art. 4º Revogam-se as disposições em contrário.
Brasília, 19 de julho de 1995; 174º da Independência e 107º da República.
MARCO ANTONIO DE OLIVEIRA MACIEL
Nelson A. Jobim

LEI Nº 9.249, DE 26 DE DEZEMBRO DE 1995.

Altera a legislação do imposto de renda das pessoas jurídicas, bem como da contribuição social sobre o lucro líquido, e dá outras providências.

...

Art. 34. Extingue-se a punibilidade dos crimes definidos na Lei nº 8.137, de 27 de dezembro de 1990, e na Lei nº 4.729, de 14 de julho de 1965, quando o agente promover o pagamento do tributo ou contribuição social, inclusive acessórios, antes do recebimento da denúncia.

LEI N° 9.430, DE 27 DE DEZEMBRO DE 1996.

Dispõe sobre a legislação tributária federal, as contribuições para a seguridade social, o processo administrativo de consulta e dá outras providências.

Art. 83. A representação fiscal para fins penais relativa aos crimes contra a ordem tributária definidos nos arts. 1º e 2º da Lei nº 8.137, de 27 de dezembro de 1990, será encaminhada ao Ministério Público após proferida a decisão final, na esfera administrativa, sobre a exigência fiscal do crédito tributário correspondente.

Parágrafo único. As disposições contidas no *caput* do art. 34 da Lei nº 9.249, de 26 de dezembro de 1995, aplicam-se aos processos administrativos e aos inquéritos e processos em curso, desde que não recebida a denúncia pelo juiz.

LEI N° 9.964, DE 10 DE ABRIL DE 2000.

Institui o Programa de Recuperação Fiscal – Refis e dá outras providências, e altera as Leis n°s 8.036, de 11 de maio de 1990, e 8.844, de 20 de janeiro de 1994.

Art. 1º É instituído o Programa de Recuperação Fiscal – Refis, destinado a promover a regularização de créditos da União, decorrentes de débitos de pessoas jurídicas, relativos a tributos e contribuições, administrados pela Secretaria da Receita Federal e pelo Instituto Nacional do Seguro Social – INSS, com vencimento até 29 de fevereiro de 2000, constituídos ou não, inscritos ou não em dívida ativa, ajuizados ou a ajuizar, com exigibilidade suspensa ou não, inclusive os decorrentes de falta de recolhimento de valores retidos.

...

Art. 15. É suspensa a pretensão punitiva do Estado, referente aos crimes previstos nos arts. 1º e 2º da Lei nº 8.137, de 27 de dezembro de 1990, e no art. 95 da Lei nº 8.212, de 24 de julho de 1991, durante o período em que a pessoa jurídica relacionada com o agente dos aludidos crimes estiver incluída no Refis, desde que a inclusão no referido Programa tenha ocorrido antes do recebimento da denúncia criminal.

§ 1º A prescrição criminal não corre durante o período de suspensão da pretensão punitiva.

§ 2º O disposto neste artigo aplica-se, também:

I – a programas de recuperação fiscal instituídos pelos Estados, pelo Distrito Federal e pelos Municípios, que adotem, no que couber, normas estabelecidas nesta Lei;

II – aos parcelamentos referidos nos arts. 12 e 13.

§ 3º Extingue-se a punibilidade dos crimes referidos neste artigo quando a pessoa jurídica relacionada com o agente efetuar o pagamento integral dos débitos oriundos de tributos e contribuições sociais, inclusive acessórios, que tiverem sido objeto de concessão de parcelamento antes do recebimento da denúncia criminal.

LEI N° 9.983, DE 14 DE JUNHO DE 2000.

Altera o Decreto-Lei nº 2.848, de 7 de dezembro de 1940 – Código Penal e dá outras providências.

O PRESIDENTE DA REPÚBLICA Faço saber que o Congresso Nacional decreta e eu sanciono a seguinte Lei:

Art. 1º São acrescidos à Parte Especial do Decreto-Lei nº 2.848, de 7 de dezembro de 1940 – Código Penal, os seguintes dispositivos:

"Apropriação indébita previdenciária" (AC)
"Art. 168-A. Deixar de repassar à previdência social as contribuições recolhidas dos contribuintes, no prazo e forma legal ou convencional:" (AC)
"Pena – reclusão, de 2 (dois) a 5 (cinco) anos, e multa." (AC)
"§ 1º Nas mesmas penas incorre quem deixar de:" (AC)
"I – recolher, no prazo legal, contribuição ou outra importância destinada à previdência social que tenha sido descontada de pagamento efetuado a segurados, a terceiros ou arrecadada do público;" (AC)
"II – recolher contribuições devidas à previdência social que tenham integrado despesas contábeis ou custos relativos à venda de produtos ou à prestação de serviços;" (AC)
"III – pagar benefício devido a segurado, quando as respectivas cotas ou valores já tiverem sido reembolsados à empresa pela previdência social." (AC)
"§ 2º É extinta a punibilidade se o agente, espontaneamente, declara, confessa e efetua o pagamento das contribuições, importâncias ou valores e presta as informações devidas à previdência social, na forma definida em lei ou regulamento, antes do início da ação fiscal." (AC)
"§ 3º É facultado ao juiz deixar de aplicar a pena ou aplicar somente a de multa se o agente for primário e de bons antecedentes, desde que:" (AC)
"I – tenha promovido, após o início da ação fiscal e antes de oferecida a denúncia, o pagamento da contribuição social previdenciária, inclusive acessórios; ou" (AC)
"II – o valor das contribuições devidas, inclusive acessórios, seja igual ou inferior àquele estabelecido pela previdência social, administrativamente, como sendo o mínimo para o ajuizamento de suas execuções fiscais." (AC)
"Inserção de dados falsos em sistema de informações" (AC)
"Art. 313-A. Inserir ou facilitar, o funcionário autorizado, a inserção de dados falsos, alterar ou excluir indevidamente dados corretos nos sistemas informatizados ou bancos de dados da Administração Pública com o fim de obter vantagem indevida para si ou para outrem ou para causar dano:" (AC)
"Pena – reclusão, de 2 (dois) a 12 (doze) anos, e multa." (AC)
"Modificação ou alteração não autorizada de sistema de informações" (AC)
"Art. 313-B. Modificar ou alterar, o funcionário, sistema de informações ou programa de informática sem autorização ou solicitação de autoridade competente:" (AC)
"Pena – detenção, de 3 (três) meses a 2 (dois) anos, e multa." (AC)
"Parágrafo único. As penas são aumentadas de um terço até a metade se da modificação ou alteração resulta dano para a Administração Pública ou para o administrado." (AC)
"Sonegação de contribuição previdenciária" (AC)
"Art. 337-A. Suprimir ou reduzir contribuição social previdenciária e qualquer acessório, mediante as seguintes condutas:" (AC)
"I – omitir de folha de pagamento da empresa ou de documento de informações previsto pela legislação previdenciária segurados empregado, empresário, trabalhador avulso ou trabalhador autônomo ou a este equiparado que lhe prestem serviços;" (AC)
"II – deixar de lançar mensalmente nos títulos próprios da contabilidade da empresa as quantias descontadas dos segurados ou as devidas pelo empregador ou pelo tomador de serviços;" (AC)
"III – omitir, total ou parcialmente, receitas ou lucros auferidos, remunerações pagas ou creditadas e demais fatos geradores de contribuições sociais previdenciárias:" (AC)
"Pena – reclusão, de 2 (dois) a 5 (cinco) anos, e multa." (AC)
"§ 1º É extinta a punibilidade se o agente, espontaneamente, declara e confessa as contribuições, importâncias ou valores e presta as informações devidas à previdência social, na forma definida em lei ou regulamento, antes do início da ação fiscal." (AC)
"§ 2º É facultado ao juiz deixar de aplicar a pena ou aplicar somente a de multa se o agente for primário e de bons antecedentes, desde que:" (AC)
"I – (VETADO)"

"II – o valor das contribuições devidas, inclusive acessórios, seja igual ou inferior àquele estabelecido pela previdência social, administrativamente, como sendo o mínimo para o ajuizamento de suas execuções fiscais." (AC)
"§ 3º Se o empregador não é pessoa jurídica e sua folha de pagamento mensal não ultrapassa R$ 1.510,00 (um mil, quinhentos e dez reais), o juiz poderá reduzir a pena de um terço até a metade ou aplicar apenas a de multa." (AC)
"§ 4º O valor a que se refere o parágrafo anterior será reajustado nas mesmas datas e nos mesmos índices do reajuste dos benefícios da previdência social." (AC)
Art. 2º Os arts. 153, 296, 297, 325 e 327 do Decreto-Lei nº 2.848, de 1940, passam a vigorar com as seguintes alterações:
"Art. 153. ..."
"§ 1º-A. Divulgar, sem justa causa, informações sigilosas ou reservadas, assim definidas em lei, contidas ou não nos sistemas de informações ou banco de dados da Administração Pública:" (AC)
"Pena – detenção, de 1 (um) a 4 (quatro) anos, e multa." (AC)
"§ 1º (parágrafo único original)..."
"§ 2º Quando resultar prejuízo para a Administração Pública, a ação penal será incondicionada." (AC)
"Art. 296. ..."
"§ 1º ..."
"III – quem altera, falsifica ou faz uso indevido de marcas, logotipos, siglas ou quaisquer outros símbolos utilizados ou identificadores de órgãos ou entidades da Administração Pública." (AC)
"..."
"Art. 297. ..."
"§ 3º Nas mesmas penas incorre quem insere ou faz inserir:" (AC)
"I – na folha de pagamento ou em documento de informações que seja destinado a fazer prova perante a previdência social, pessoa que não possua a qualidade de segurado obrigatório;" (AC)
"II – na Carteira de Trabalho e Previdência Social do empregado ou em documento que deva produzir efeito perante a previdência social, declaração falsa ou diversa da que deveria ter sido escrita;" (AC)
"III – em documento contábil ou em qualquer outro documento relacionado com as obrigações da empresa perante a previdência social, declaração falsa ou diversa da que deveria ter constado." (AC)
"§ 4º Nas mesmas penas incorre quem omite, nos documentos mencionados no § 3º, nome do segurado e seus dados pessoais, a remuneração, a vigência do contrato de trabalho ou de prestação de serviços." (AC)
"Art. 325. ..."
"§ 1º Nas mesmas penas deste artigo incorre quem:" (AC)
"I – permite ou facilita, mediante atribuição, fornecimento e empréstimo de senha ou qualquer outra forma, o acesso de pessoas não autorizadas a sistemas de informações ou banco de dados da Administração Pública;" (AC)
"II – se utiliza, indevidamente, do acesso restrito." (AC)
"§ 2º Se da ação ou omissão resulta dano à Administração Pública ou a outrem:" (AC)
"Pena – reclusão, de 2 (dois) a 6 (seis) anos, e multa." (AC)
"Art. 327. ..."
"§ 1º Equipara-se a funcionário público quem exerce cargo, emprego ou função em entidade paraestatal, e quem trabalha para empresa prestadora de serviço contratada ou conveniada para a execução de atividade típica da Administração Pública."(NR)
"..."
Art. 3º O art. 95 da Lei nº 8.212, de 24 de julho de 1991, passa a vigorar com a seguinte redação:
"Art. 95. *Caput.* Revogado."
"a) revogada;"

"b) revogada;"
"c) revogada;"
"d) revogada;"
"e) revogada;"
"f) revogada;"
"g) revogada;"
"h) revogada;"
"i) revogada;"
"j) revogada."
"§ 1º Revogado."
"§ 2º ..."
"a) ..."
"b) ..."
"c) ..."
"d) ..."
"e) ..."
"f) ..."
"§ 3º Revogado."
"§ 4º Revogado."
"§ 5º Revogado."
Art. 4º Esta Lei entra em vigor noventa dias após a data de sua publicação.
Brasília, 14 de julho de 2000; 179º da Independência e 112º da República.

FERNANDO HENRIQUE CARDOSO
José Gregori
Waldeck Ornelas

LEI COMPLEMENTAR Nº 105, DE 10 DE JANEIRO DE 2001.

Dispõe sobre o sigilo das operações de instituições financeiras e dá outras providências.

O PRESIDENTE DA REPÚBLICA Faço saber que o Congresso Nacional decreta e eu sanciono a seguinte Lei Complementar:

Art. 1º As instituições financeiras conservarão sigilo em suas operações ativas e passivas e serviços prestados.

§ 1º São consideradas instituições financeiras, para os efeitos desta Lei Complementar:
I – os bancos de qualquer espécie;
II – distribuidoras de valores mobiliários;
III – corretoras de câmbio e de valores mobiliários;
IV – sociedades de crédito, financiamento e investimentos;
V – sociedades de crédito imobiliário;
VI – administradoras de cartões de crédito;
VII – sociedades de arrendamento mercantil;
VIII – administradoras de mercado de balcão organizado;
IX – cooperativas de crédito;
X – associações de poupança e empréstimo;
XI – bolsas de valores e de mercadorias e futuros;

XII – entidades de liquidação e compensação;

XIII – outras sociedades que, em razão da natureza de suas operações, assim venham a ser consideradas pelo Conselho Monetário Nacional.

§ 2º As empresas de fomento comercial ou factoring, para os efeitos desta Lei Complementar, obedecerão às normas aplicáveis às instituições financeiras previstas no § 1º.

§ 3º Não constitui violação do dever de sigilo:

I – a troca de informações entre instituições financeiras, para fins cadastrais, inclusive por intermédio de centrais de risco, observadas as normas baixadas pelo Conselho Monetário Nacional e pelo Banco Central do Brasil;

II – o fornecimento de informações constantes de cadastro de emitentes de cheques sem provisão de fundos e de devedores inadimplentes, a entidades de proteção ao crédito, observadas as normas baixadas pelo Conselho Monetário Nacional e pelo Banco Central do Brasil;

III – o fornecimento das informações de que trata o § 2º do art. 11 da Lei nº 9.311, de 24 de outubro de 1996;

IV – a comunicação, às autoridades competentes, da prática de ilícitos penais ou administrativos, abrangendo o fornecimento de informações sobre operações que envolvam recursos provenientes de qualquer prática criminosa;

V – a revelação de informações sigilosas com o consentimento expresso dos interessados;

VI – a prestação de informações nos termos e condições estabelecidos nos artigos 2º, 3º, 4º, 5º, 6º, 7º e 9 desta Lei Complementar.

§ 4º A quebra de sigilo poderá ser decretada, quando necessária para apuração de ocorrência de qualquer ilícito, em qualquer fase do inquérito ou do processo judicial, e especialmente nos seguintes crimes:

I – de terrorismo;

II – de tráfico ilícito de substâncias entorpecentes ou drogas afins;

III – de contrabando ou tráfico de armas, munições ou material destinado a sua produção;

IV – de extorsão mediante seqüestro;

V – contra o sistema financeiro nacional;

VI – contra a Administração Pública;

VII – contra a ordem tributária e a previdência social;

VIII – lavagem de dinheiro ou ocultação de bens, direitos e valores;

IX – praticado por organização criminosa.

Art. 2º O dever de sigilo é extensivo ao Banco Central do Brasil, em relação às operações que realizar e às informações que obtiver no exercício de suas atribuições.

§ 1º O sigilo, inclusive quanto a contas de depósitos, aplicações e investimentos mantidos em instituições financeiras, não pode ser oposto ao Banco Central do Brasil:

I – no desempenho de suas funções de fiscalização, compreendendo a apuração, a qualquer tempo, de ilícitos praticados por controladores, administradores, membros de conselhos estatutários, gerentes, mandatários e prepostos de instituições financeiras;

II – ao proceder a inquérito em instituição financeira submetida a regime especial.

§ 2º As comissões encarregadas dos inquéritos a que se refere o inciso II do § 1º poderão examinar quaisquer documentos relativos a bens, direitos e obrigações das instituições financeiras, de seus controladores, administradores, membros de conselhos estatutários, gerentes, mandatários e prepostos, inclusive contas correntes e operações com outras instituições financeiras.

§ 3º O disposto neste artigo aplica-se à Comissão de Valores Mobiliários, quando se tratar de fiscalização de operações e serviços no mercado de valores mobiliários, inclusive nas instituições financeiras que sejam companhias abertas.

§ 4º O Banco Central do Brasil e a Comissão de Valores Mobiliários, em suas áreas de competência, poderão firmar convênios:

I – com outros órgãos públicos fiscalizadores de instituições financeiras, objetivando a realização de fiscalizações conjuntas, observadas as respectivas competências;

II – com bancos centrais ou entidades fiscalizadoras de outros países, objetivando:

a) a fiscalização de filiais e subsidiárias de instituições financeiras estrangeiras, em funcionamento no Brasil e de filiais e subsidiárias, no exterior, de instituições financeiras brasileiras;

b) a cooperação mútua e o intercâmbio de informações para a investigação de atividades ou operações que impliquem aplicação, negociação, ocultação ou transferência de ativos financeiros e de valores mobiliários relacionados com a prática de condutas ilícitas.

§ 5º O dever de sigilo de que trata esta Lei Complementar estende-se aos órgãos fiscalizadores mencionados no § 4º e a seus agentes.

§ 6º O Banco Central do Brasil, a Comissão de Valores Mobiliários e os demais órgãos de fiscalização, nas áreas de suas atribuições, fornecerão ao Conselho de Controle de Atividades Financeiras – COAF, de que trata o art. 14 da Lei nº 9.613, de 3 de março de 1998, as informações cadastrais e de movimento de valores relativos às operações previstas no inciso I do art. 11 da referida Lei.

Art. 3º Serão prestadas pelo Banco Central do Brasil, pela Comissão de Valores Mobiliários e pelas instituições financeiras as informações ordenadas pelo Poder Judiciário, preservado o seu caráter sigiloso mediante acesso restrito às partes, que delas não poderão servir-se para fins estranhos à lide.

§ 1º Dependem de prévia autorização do Poder Judiciário a prestação de informações e o fornecimento de documentos sigilosos solicitados por comissão de inquérito administrativo destinada a apurar responsabilidade de servidor público por infração praticada no exercício de suas atribuições, ou que tenha relação com as atribuições do cargo em que se encontre investido.

§ 2º Nas hipóteses do § 1º, o requerimento de quebra de sigilo independe da existência de processo judicial em curso.

§ 3º Além dos casos previstos neste artigo o Banco Central do Brasil e a Comissão de Valores Mobiliários fornecerão à Advocacia-Geral da União as informações e os documentos necessários à defesa da União nas ações em que seja parte.

Art. 4º O Banco Central do Brasil e a Comissão de Valores Mobiliários, nas áreas de suas atribuições, e as instituições financeiras fornecerão ao Poder Legislativo Federal as informações e os documentos sigilosos que, fundamentadamente, se fizerem necessários ao exercício de suas respectivas competências constitucionais e legais.

§ 1º As comissões parlamentares de inquérito, no exercício de sua competência constitucional e legal de ampla investigação, obterão as informações e documentos sigilosos de que necessitarem, diretamente das instituições financeiras, ou por intermédio do Banco Central do Brasil ou da Comissão de Valores Mobiliários.

§ 2º As solicitações de que trata este artigo deverão ser previamente aprovadas pelo Plenário da Câmara dos Deputados, do Senado Federal, ou do plenário de suas respectivas comissões parlamentares de inquérito.

Art. 5º O Poder Executivo disciplinará, inclusive quanto à periodicidade e aos limites de valor, os critérios segundo os quais as instituições financeiras informarão à administração tributária da União, as operações financeiras efetuadas pelos usuários de seus serviços.

§ 1º Consideram-se operações financeiras, para os efeitos deste artigo:

I – depósitos à vista e a prazo, inclusive em conta de poupança;

II – pagamentos efetuados em moeda corrente ou em cheques;

III – emissão de ordens de crédito ou documentos assemelhados;

IV – resgates em contas de depósitos à vista ou a prazo, inclusive de poupança;

V – contratos de mútuo;

VI – descontos de duplicatas, notas promissórias e outros títulos de crédito;
VII – aquisições e vendas de títulos de renda fixa ou variável;
VIII – aplicações em fundos de investimentos;
IX – aquisições de moeda estrangeira;
X – conversões de moeda estrangeira em moeda nacional;
XI – transferências de moeda e outros valores para o exterior;
XII – operações com ouro, ativo financeiro;
XIII – operações com cartão de crédito;
XIV – operações de arrendamento mercantil; e
XV – quaisquer outras operações de natureza semelhante que venham a ser autorizadas pelo Banco Central do Brasil, Comissão de Valores Mobiliários ou outro órgão competente.

§ 2º As informações transferidas na forma do *caput* deste artigo restringir-se-ão a informes relacionados com a identificação dos titulares das operações e os montantes globais mensalmente movimentados, vedada a inserção de qualquer elemento que permita identificar a sua origem ou a natureza dos gastos a partir deles efetuados.

§ 3º Não se incluem entre as informações de que trata este artigo as operações financeiras efetuadas pelas administrações direta e indireta da União, dos Estados, do Distrito Federal e dos Municípios.

§ 4º Recebidas as informações de que trata este artigo, se detectados indícios de falhas, incorreções ou omissões, ou de cometimento de ilícito fiscal, a autoridade interessada poderá requisitar as informações e os documentos de que necessitar, bem como realizar fiscalização ou auditoria para a adequada apuração dos fatos.

§ 5º As informações a que refere este artigo serão conservadas sob sigilo fiscal, na forma da legislação em vigor.

Art. 6º As autoridades e os agentes fiscais tributários da União, dos Estados, do Distrito Federal e dos Municípios somente poderão examinar documentos, livros e registros de instituições financeiras, inclusive os referentes a contas de depósitos e aplicações financeiras, quando houver processo administrativo instaurado ou procedimento fiscal em curso e tais exames sejam considerados indispensáveis pela autoridade administrativa competente.

Parágrafo único. O resultado dos exames, as informações e os documentos a que se refere este artigo serão conservados em sigilo, observada a legislação tributária.

Art. 7º Sem prejuízo do disposto no § 3º do art. 2º, a Comissão de Valores Mobiliários, instaurado inquérito administrativo, poderá solicitar à autoridade judiciária competente o levantamento do sigilo junto às instituições financeiras de informações e documentos relativos a bens, direitos e obrigações de pessoa física ou jurídica submetida ao seu poder disciplinar.

Parágrafo único. O Banco Central do Brasil e a Comissão de Valores Mobiliários, manterão permanente intercâmbio de informações acerca dos resultados das inspeções que realizarem, dos inquéritos que instaurarem e das penalidades que aplicarem, sempre que as informações forem necessárias ao desempenho de suas atividades.

Art. 8º O cumprimento das exigências e formalidades previstas nos artigos 4º, 6º e 7º, será expressamente declarado pelas autoridades competentes nas solicitações dirigidas ao Banco Central do Brasil, à Comissão de Valores Mobiliários ou às instituições financeiras.

Art. 9º Quando, no exercício de suas atribuições, o Banco Central do Brasil e a Comissão de Valores Mobiliários verificarem a ocorrência de crime definido em lei como de ação pública, ou indícios da prática de tais crimes, informarão ao Ministério Público, juntando à comunicação os documentos necessários à apuração ou comprovação dos fatos.

§ 1º A comunicação de que trata este artigo será efetuada pelos Presidentes do Banco Central do Brasil e da Comissão de Valores Mobiliários, admitida delegação de competência, no prazo máximo de quinze dias, a contar do recebimento do processo, com manifestação dos respectivos serviços jurídicos.

§ 2º Independentemente do disposto no *caput* deste artigo, o Banco Central do Brasil e a Comissão de Valores Mobiliários comunicarão aos órgãos públicos competentes as irregularidades e os ilícitos administrativos de que tenham conhecimento, ou indícios de sua prática, anexando os documentos pertinentes.

Art. 10. A quebra de sigilo, fora das hipóteses autorizadas nesta Lei Complementar, constitui crime e sujeita os responsáveis à pena de reclusão, de um a quatro anos, e multa, aplicando-se, no que couber, o Código Penal, sem prejuízo de outras sanções cabíveis.

Parágrafo único. Incorre nas mesmas penas quem omitir, retardar injustificadamente ou prestar falsamente as informações requeridas nos termos desta Lei Complementar.

Art. 11. O servidor público que utilizar ou viabilizar a utilização de qualquer informação obtida em decorrência da quebra de sigilo de que trata esta Lei Complementar responde pessoal e diretamente pelos danos decorrentes, sem prejuízo da responsabilidade objetiva da entidade pública, quando comprovado que o servidor agiu de acordo com orientação oficial.

Art. 12. Esta Lei Complementar entra em vigor na data de sua publicação.

Art. 13. Revoga-se o art. 38 da Lei nº 4.595, de 31 de dezembro de 1964.

Brasília, 10 de janeiro de 2001; 180º da Independência e 113º da República.

FERNANDO HENRIQUE CARDOSO
José Gregori
Pedro Malan
Martus Tavares

LEI N° 10.684, DE 30 DE MAIO DE 2003.

Altera a legislação tributária, dispõe sobre parcelamento de débitos junto à Secretaria da Receita Federal, à Procuradoria-Geral da Fazenda Nacional e ao Instituto Nacional do Seguro Social e dá outras providências.

...

Art. 9º É suspensa a pretensão punitiva do Estado, referente aos crimes previstos nos arts. 1º e 2º da Lei nº 8.137, de 27 de dezembro de 1990, e nos arts. 168-A e 337-A do Decreto-Lei nº 2.848, de 7 de dezembro de 1940 – Código Penal, durante o período em que a pessoa jurídica relacionada com o agente dos aludidos crimes estiver incluída no regime de parcelamento.

§ 1º A prescrição criminal não corre durante o período de suspensão da pretensão punitiva.

§ 2º Extingue-se a punibilidade dos crimes referidos neste artigo quando a pessoa jurídica relacionada com o agente efetuar o pagamento integral dos débitos oriundos de tributos e contribuições sociais, inclusive acessórios.

DECRETO-LEI N° 3.240 – DE 8 DE MAIO DE 1941

Sujeita a sequestro os bens de pessoas indiciadas por crimes de que resulta prejuizo para a fazenda pública, e outros

O PRESIDENTE DA REPÚBLICA, usando da atribuição que lhe confere o art. 180 da Constituição,

DECRETA:

Art. 1º Ficam sujeitos a sequestro os bens de pessoa indiciada por crime de que resulta prejuizo para a fazenda pública, ou por crime definido no Livro II, Títulos V, VI e VII da Consolidação das Leis Penais desde que dele resulte locupletamento ilícito para o indiciado.

Art. 2º O sequestro é decretado pela autoridade judiciária, sem audiência da parte, a requerimento do ministério público fundado em representação da autoridade incumbida do processo administrativo ou do inquérito policial.

§ 1º A ação penal terá início dentro de noventa dias contados da decretação do sequestro.

§ 2º O sequestro só pode ser embargado por terceiros.

Art. 3º Para a decretação do sequestro é necessário que haja indícios veementes da responsabilidade, os quais serão comunicados ao juiz em segredo, por escrito ou por declarações orais reduzidas a termo, e com indicação dos bens que devam ser objeto da medida.

Art. 4º O sequestro pode recair sobre todos os bens do indiciado, e compreender os bens em poder de terceiros desde que estes os tenham adquirido dolosamente, ou com culpa grave.

Os bens doados após a pratica do crime serão sempre compreendidos no sequestro.

§ 1º Quanto se tratar de bens moveis, a autoridade judiciária nomeará depositário, que assinará termo de compromisso de bem e fielmente desempenhar o cargo e de assumir todas as responsabilidades a este inerentes.

§ 2º Tratando-se de imóveis:

1) o juiz determinará, ex-officio, a averbação do sequestro no registo de imóveis;

2) o ministério público promoverá a hipoteca legal em favor da fazenda pública.

Art. 5º Incumbe ao depósitario, alem dos demais atos relativo ao cargo:

1) informar à autoridade judiciária da existência de bens ainda não compreendidos no sequestro;

2) fornecer, à custa dos bens arrecadados, pensão módica, arbitrada pela autoridade judiciária, para a manutenção do indiciado e das pessoas que vivem a suas expensas;

3) prestar mensalmente contas da administração.

Art. 6º Cessa o sequestro, ou a hipoteca:

1) se a ação penal não é iniciada, ou reiniciada, no prazo do artigo 2º, parágrafo único;

2) se, por sentença, transitada em julgado, é julgada extinta a ação ou o réu absolvido.

Art. 7º A cessação do sequestro, ou da hipoteca, não exclue:

1) tratando-se de pessoa que exerça, ou tenha exercido função pública, à incorporação, à fazenda pública, dos bens que foram julgados de aquisição ilegítima;

2) o direito, para a fazenda pública, de pleitear a reparação do dano de acordo com a lei civil.

Art. 8º Transitada em julgado, a sentença condenatória importa a perda, em favor da fazenda pública, dos bens que forem produto, ou adquiridos com o produto do crime, ressalvado o direito de terceiro de boa fé.

Art. 9º Se do crime resulta, para a fazenda pública, prejuizo que não seja coberto na forma do artigo anterior, promover-se-á, no juizo competente, a execução da sentença condenatória, a qual recairá sobre tantos bens quantos bastem para ressarci-lo.

Art. 10. Esta lei aplica-se aos processos criminais já iniciados na data da sua publicação.

Rio de Janeiro, em 8 de maio de 1941, 120º da Independência e 53º da República.

GETULIO VARGAS
Francisco Campos
de Souza Costa

Bibliografia

ANDRADE FILHO, Edmar Oliveira. *Direito Penal Tributário*. São Paulo: Atlas, 1995.

ASCANI, Ottorino e RISO, Angelo de. *Il nuovo sistema penale tributário*. Aspetti sostanziali e processuali. Milano: Il Sole 24 Ore, 2000.

AZEVEDO, David Teixeira. *Representação penal e os crimes tributários*. Reflexões sobre o art. 83 da Lei n. 9.430/96. Artigo publicado na RT 739.

BALEEIRO, Aliomar. *Direito tributário brasileiro*. 10ª ed. Rio de Janeiro: Forense, 1991.

BALTAZAR JUNIOR, José Paulo. *Direito previdenciário*. Aspectos materiais, processuais e penais. 2ª ed. Coord. Vladimir Passos de Freitas. Porto Alegre: Livraria do Advogado, 1999.

BASOCO, Juan Terradillos. *Derecho penal de la empresa*. Madrid: Editorial Trotta, 1995.

BASTOS, Celso Ribeiro. *Curso de direito financeiro e de direito tributário*. São Paulo: Saraiva, 1991.

BELLAGAMBA, Gianni e CARITI, Giuseppe. *I nuovi Reati Tributari*. Milano, Giuffrè Editore, 2000.

BELZUNCE, García. *Derecho tributario penal*. Buenos Aires: Depalma, 1985.

BETTIOL, Giuseppe. *Direito penal*. 3 vol. São Paulo: RT, 1977.

BITENCOURT, Cezar Roberto. *Manual de direito penal*. São Paulo: RT, 1999.

BOIX REIG, Javier; MIRA BENAVENT, Javier. *Los delitos contra la Hacienda Pública y contra la seguridad social*. Valência: Tirant lo Blanch, 2000.

BORGES, José Cassiano; REIS, Maria Lúcia Américo. *O ICMS ao alcance de todos*. Rio de Janeiro: Forense, 1995.

BRAGA, Aureo Rogério Gil e VELASQUES, Renato Vinhas. *Crimes contra a Ordem Tributária. Medidas Acautelatórias*. Porto Alegre: Livraria do Advogado Editora, 2008.

BROCKSTEDT, Fernando A. *O ICM. Comentários interpretativos e críticos*. Porto Alegre, 1972.

CALLEGARI, André Luís. *Direito Penal Empresarial*. São Paulo; Dialética, 2001.

CAMELI, Vittore. *Le condizioni obietive di punibilitá e la sfera dei principi penali*. Napoli: Morano Editore, 1961.

CASSONE, Vitório. *Direito tributário*. 6ª ed. São Paulo: Atlas,1993.

CATANIA, Alejandro. *Régimen Penal Tributario. Estudio sobre la ley 24.769*. Buenos Aires: Del Puerto, 2005.

COÊLHO, Sacha Calmon Navarro. *Comentários à Constituição de 1988:* sistema tributário. Rio de Janeiro: Forense, 1990.

COELHO, Walter M. "Erro de Tipo e Erro de Proibição no Novo Código Penal". In *O Direito Penal e o Novo Código Penal Brasileiro*. Org. Vladimir Giacomuzzi. Porto Alegre: Sergio Fabris, 1985.

CORREA, Antonio. *Dos crimes contra a ordem tributária*. São Paulo: Saraiva, 1994.

COSTA, Álvaro Mayrink. *Direito penal. Parte geral*. Rio de Janeiro: Forense, 1982.

COSTA JUNIOR, Paulo José. *Comentários ao Código Penal*. São Paulo: Saraiva, 1986.

COSSON, Jean. *Les industriels de la fraude fiscale*. Nouvelle Édition Revue et Augmentee. Éditions du Seuil, 1971.

DECOMAIN, Pedro Roberto. *Crimes contra a ordem tributária*. Florianópolis: Obra Jurídica Editora, 1995.

DIAS, Jorge de Figueiredo. *O problema da consciência da ilicitude em direito penal*. Coimbra: Coimbra Editora, 1995.

DÍAZ, Carlos Alberto Chiara. *Ley penal tributaria y previsional n° 24.769*. Buenos Aires: Rubinzal-Culzoni Editores.

DIAZ, Vicente Oscar. *La falsedad Del hecho tributário en la dogmatica penal (Lei n° 23.771)*. Buenos Aires: Ediciones Macchi, 1992.

FALCÃO, Amílcar de Araújo. *Fato gerador da obrigação tributária*. Financeiras, 1964.

FALSITTA, Vittorio Emanuele e outros. *Diritto Penale Tributário. Aspetti problematici*. Milano, Giufrè Editore, 2001.

FERREIRA SOBRINHO, José Wilson. *Imunidade tributária*. Porto Alegre: Fabris, 1996.

——. *Obrigação tributária acessória*. Porto Alegre: Fabris, 1996.

FOLCO, Carlos Maria. *El delito de evasión fiscal*. Buenos Aires: Rubinzal-Culzoni Editores, 1997.

GIORGETTI, Armando. *La evasión tributaria*. Buenos Aires: Depalma, 1967.

GONZALEZ, Luis Manuel Alonso. *Jurisprudencia constitucional tributaria*. Madrid: Instituto de Estudios Fiscales, Ediciones Jurídicas, S.A., 1993.

GONZÁLEZ GARCÍA, Eusebio. *El Fraude a la Ley Tributária.Elcano*. Editorial Aranzadi, 2001.

HUCK, Hermes Marcelo. *Evasão e elisão*. São Paulo: Saraiva, 1997.

HUNGRIA, Nelson; FRAGOSO, Cláudio Heleno. *Comentários ao Código Penal*. Rio de Janeiro: Forense, 1977.

IGLESIAS RÍO, Miguel Ángel. *La regtularización Fiscal em el Delito de Defraudación Tributaria. (Um análisis de la autodenuncia. Art. 305-4 CP)*.Valencia: Tirant lo Blanch, 2003.

INSTITUT DE DROIT DES AFFAIRES. L' Aplication du Droit Pénal en Matière Fiscale. 3° Colloque de la Société de Droit Fiscal. Marseille, Presses Universitaires D'Aix1982.

JARDIM, Eduardo Marcial Ferreira. *Dicionário Jurídico Tributário*. São Paulo: Saraiva, 1995.

JESCHECK, Hans-Heinrich e WEIGEND, Thomas. *Tratado de Decrecho Penal*. Parte General. Granada: Editorial Comares, 2002.

JESUS, Damásio de. *Direito Penal*. 3 vol. São Paulo: Saraiva, 1983.

JESÚS MARTOS, Juan. *Defraudación Fiscal y Nuevas Tecnologías*. Navarra: Editorial Aranzadi, 2007.

LAURET, Bianca. *Droit Pénal des affaires*. Paris: Economica, 2001/02

LOVATTO, Alecio Adão. *O Princípio da Igualdade e o Erro Penal Tributário*. Porto Alegre: Livraria do Advogado, 2008.

——. "Dos crimes contra a ordem tributária ou sonegação fiscal". In *Revista do Ministério Público RGS*, vol. 28.

MAIWALD, Manfred. *Conocimiento Del Ilícito y Dolo en el Derecho Penal Tributario*. Buenos Aires: Ad-Hoc, 1997.

MARTÍNEZ, Soares. *Direito Fiscal*. Coimbra: Almedina, 1997.

MARTINS, Ives Gandra (coordenador) e outros. *Cadernos de pesquisas tributárias*. Elisão e evasão fiscal. São Paulo: Resenha Tributária, 1988.

—— e outros. *Crimes contra a ordem tributária*. São Paulo: Co-edição Centro de Extensão Universitária e RT, 1995.

——. *Sistema tributário na Constituição de 1988*. São Paulo: Saraiva, 1989.

——. "Sonegação fiscal e os crimes contra a ordem tributária". Artigo. In *Revista dos Tribunais* n° 675

MIRABETE, Julio Fabbrini. *Manual de direito penal*. Parte Geral. São Paulo: Atlas, 1993.

MIRANDA, Pontes de. *Tratado de direito privado*, Vol. IV. São Paulo: RT, 1984.

NANNUCCI, Ubaldo; D'AVIRRO, Antonio (coord.) *La Riforma Del Diritto Penale Tributário* (D.LGS. 10 marzo 2000 n. 74), Padova: CEDAM, 2000.

NAPOLEONI, Valerio. *I Fondamenti Del Nuovo Diritto Penale Tributário nel D.Lgs*. 10 marzo, n. 74. IPSOA, 2000.

NOGUEIRA, Ruy Barbosa. *Curso de direito tributário*. São Paulo: Saraiva, 1989.

NOVOA, César García e DIAS, Antonio López (Coords.). *Temas de Derecho Penal Tributário*. Madri – Barcelona: Marcial Pons, 2000.

PARADISO, Piero. *La criminaliutà negli affari*. Um approccio criminologico. Padova: CEDAM, 1983.

PAULSEN, Leandro. *Direito Tributário, Constituição e Código Tributário à Luz da Doutrina e da Jurisprudência*, 2ª ed. Porto Alegre: Livraria do Advogado, 2000.

PERDOMO TORRES, Jorge Fernando. *La problemática de la posición de garante en los delitos de comisión por omisión*. Bogotá: Ed. Universidad Externado de Colombia, Centro de Investigaciones de Derecho Penal y Filosofía del Derecho, 2001.

PIMENTEL, Manoel Pedro. *Do Crime continuado* – Aplicações Práticas. São Paulo: RT.

RODRIGUES, Silvio. *Direito civil*, parte geral, vol. I. São Paulo: Saraiva, 1994.

ROXIN, Claus. *Derecho Penal*, Parte General,. Tomo I. Fundamentos. La estrutura de la Teoría del Delito. Madri: Civitas Ediciones, 2003.

SALOMÃO, Heloisa Estelliuta (Coord.) e outros. *Direito Penal Empresarial*. São Paulo: Dialética, 2001.

SANTOS, Gerson Pereira dos. *Direito penal econômico*. São Paulo: Saraiva, 1981.

SARTI, Amir. *A apropriação indébita nos impostos*. Palestra não publicada.

SCHOUERI, José Eduardo. *Planejamento fiscal através de acordos de bitributação*: treaty shopping. São Paulo: RT, 1995.

SIENA, Marco di. *La Nuova Disciplina dei Reati Tributari*. Imposte Dirette ed IVA. Milano: Giuffè, 2000.

SILVA, Isabel Marques da. *Responsabilidade Fiscal Penal Cumulativa das Sociedades e dos seus Administradores e Representantes*. Lisboa: Universidade Católica Editora, 2000.

SILVA, Juary C. *Elementos de Direito Penal Tributário*. São Paulo: Saraiva, 1998.

SILVA JUNIOR, José. *Código Penal e sua interpretação jurisprudencial*. São Paulo: RT, 1980.

SOUZA, Washington Peluso Albino de. *Primeiras linhas de direito econômico*. São Paulo: LTr, 1994.

STOCO, Rui. *Leis penais especiais e sua interpretação jurisprudencial*, tomo II. São Paulo: RT, 1993.

TOLEDO, Francisco de Assis. *A ilicitude penal e causas de sua exclusão*. Rio de Janeiro: Forense, 1984.

——. *Princípios básicos de direito penal*. São Paulo: Saraiva, 1994.

TORRES, Ricardo Lobo. *Normas de interpretação e integração do direito tributário*. Rio de Janeiro: Forense, 1991.

VILLEGAS, Hector B. *Régimen penal tributario argentino*. Buenos Aires: Depalma, 1995.

WENDY, Lilian Gurfinkel; RUSSO, Eduardo Angel. *Ilícitos tributários en las leyes 11.683 y 23.771*. Buenos Aires: Depalma, 1993.

WESSELS, Johannes. *Direito penal. Parte geral*. Porto Alegre: Fabris, 1978.

Índice analítico

Ação 82 e ss, 88, 97, 104
Ação fiscal 117
Ação penal 60, 187 e ss.
Advocacia administrativa 138
Agravantes 150
Anistia, graça, indulto 163-165
Aplicação da lei penal no espaço 33
Aplicação da lei penal no tempo 19
Atenuantes 151
Auto de exame de corpo de delito 60
Autoria 42 e ss.
Autoria mediata 42 e 151
Auxílio 46
Bem jurídico 88, 121
Bens 121
Bens de capital 122
Bens de produção 122
Bens do ativo imobilizado 122
BTN 146
Coação 77
Co-autoria 42
Compensação 174, 177
Competência 216
Concurso de crimes 140
Concurso de pessoas 40
Conflito aparente de normas 28
Concurso formal 141

Concurso material 141
Concussão 136
Condição de procedibilidade 187
Condição objetiva de punibilidade 198
Conflito de leis 19
Conluio 156
Consignação em pagamento 175, 180
Consumação do delito 143
Contabilidade dupla 121, 130
Contador 48
Contribuição social 99
Conversão do depósito em renda 175, 179
Corrupção ativa 136
Corrupção passiva 136
Crime continuado 21, 140
Crime plurissubsistente 142, 144, 145
Crime unissubsistente 144, 145
Crime-fim 28, 96
Crime-meio 28, 96 e ss.
Crimes do artigo 1º 97
Crimes do artigo 2º 119
Crimes do artigo 3º 131
Crimes em espécie 100
Crimes funcionais 131
Culpabilidade 61
Decisão administrativa 175

Decisão judicial passada em julgado 175, 181
Depositário 207
Dever de informar-se 72
Direito penal tributário 38
Descriminantes putativas 77
Dispensa do auto de exame 61
Dolo 82
Elisão 156
Empresa fantasma 64
Empresa fria 64
Empresa laranja 42 e ss.
Erro 73
Erro de proibição 74
Erro de tipo 74
Evasão 158
Exaurimento do crime 90 e ss.
Exportação 69
Extinção da punibilidade 162 e ss.
Extravio de livro, documento fiscal 133
Falsidade 110
Falsidade ideológica 107 e ss.
Falsidade material 110 e ss.
Fato gerador 19, 80 e ss.
Fato imponível 38
Fatos 121
Fraude 103 e ss, 154
Gangues de notas fiscais frias 112
Garantidor 48, 76
Hipoteca legal 207
Ilícito penal 39, 94, 129 e ss.
Ilícito tributário 39, 94
Impostos 97
Imunidade 99, 181
Inadimplemento 124
Incentivo fiscal 129
Incidência 35

Infração formal 117
Inutilização de livro ou documento fiscal 133
Irretroatividade 21
Isenção 99
Majorantes 149
Materialidade 59
Medidas cautelares 206
Mercadoria 122 e ss.
Mercosul 33, 57
Minorantes 150
Moratória 181
Morte do agente 162
Não-incidência 99
Nota calçada 61
Nota fria 64
Nota paralela 63
Novação 175
Omissão 100 e ss.
Pagamento 166 e ss.
Pagamento antecipado e homologação 168 e ss.
Pagamento do tributo 166 e ss.
Parcelamento 172
Participação 47
Pena de multa 146
Pena privativa de liberdade 146
Penas alternativas 151
Prescrição e decadência 174
Princípio da especialidade 28
Prisão preventiva 183 e ss
Procedibilidade 187
Programa de computador 130
Prova da materialidade 59 e ss.
Refis 23
Remissão 174
Rendas 121
Reparação do dano 151

Responsabilidade penal da pessoa jurídica   50
Responsabilidade própria   127
Retroatividade   19, 20
Seqüestro de bens   206
Sigilo bancário   211
Simulação   155
Sonegação de livro   133
Substituição da pena privativa de liberdade   151
Substituição tributária   128
Taxa   98

Tentativa   143
Teoria administrativista   37
Teoria do domínio do fato   40
Teoria penalista   36
Teoria tributarista   38
Testa-de-ferro   49
Tipicidade   79 e ss.
Transação   177
Tributo   97
Tributo cobrado   124 e ss.
Tributo descontado   124 e ss.
Ultra-atividade   19

Impressão e Acabamento
Rotermund
Fone/Fax (51) 3589-5111
comercial@rotermund.com.br